青年法学学术著作
资助出版项目

青年法学学术著作
资助出版项目

我国宪法中的

公共财政问题研究

Research on the Public Finance Issues
in Chinese Constitution

闫然 著

法律出版社
LAW PRESS · CHINA
—— 北京 ——

图书在版编目(CIP)数据

我国宪法中的公共财政问题研究 / 闫然著. -- 北京:法律出版社, 2024

ISBN 978-7-5197-7800-2

Ⅰ. ①我… Ⅱ. ①闫… Ⅲ. ①公共财政-宪法-研究-中国 Ⅳ. ①D921.04

中国国家版本馆 CIP 数据核字(2023)第 064100 号

我国宪法中的公共财政问题研究
WOGUO XIANFA ZHONG DE GONGGONG CAIZHENG WENTI YANJIU

闫 然 著

责任编辑 董 昱
装帧设计 李 瞻

出版发行 法律出版社
编辑统筹 法规出版分社
责任校对 晁明慧
责任印制 耿润瑜
经　　销 新华书店

开本 710 毫米×1000 毫米 1/16
印张 21.5 **字数** 286 千
版本 2024 年 4 月第 1 版
印次 2024 年 4 月第 1 次印刷
印刷 北京虎彩文化传播有限公司

地址:北京市丰台区莲花池西里 7 号(100073)
网址:www.lawpress.com.cn
投稿邮箱:info@lawpress.com.cn
举报盗版邮箱:jbwq@lawpress.com.cn

销售电话:010-83938349
客服电话:010-83938350
咨询电话:010-63939796

书号:ISBN 978-7-5197-7800-2
定价:88.00 元

凡购买本社图书,如有印装错误,我社负责退换。电话:010-83938349

青年法学学术著作出版基金资助出版说明

法律出版社作为全国规模最大的法律专业出版机构，一直秉承“为人民传播法律”的理念，与学术界共同推动法学研究的繁荣与发展。2018年5月，法律出版社设立青年法学学术著作出版基金，用于资助法学学术著作出版和奖励优秀法学图书，旨在支持优秀法学学术著作出版，扶持具有较大潜力的青年学者。

经过法律出版社学术委员会委员推荐、专家匿名评审和法律出版社编辑委员会评审，共有8部作品获得法律出版社第四届(2021年)青年法学学术著作出版基金资助。

期待更多年轻法律人的优秀学术作品！

法律出版社

2022年5月

目　录

导　　论

国家的预算是一个重大的问题，里面反映着整个国家的政策，因为它规定政府活动的范围和方向。

——1949年12月2日毛泽东同志在中央人民政府委员会第四次会议上的讲话

一、问题的提出与研究意义

（一）研究背景

财政是宪法起源的直接和主要动力，也是宪法规范的核心问题之一。公共财政的宪法制度规范是财政领域国家治理体系和治理能力现代化的基础，是现代国家建构中的一个核心命题。从西方现代国家的历史发展来看，随着现代国家的成长演变和制度建构，其政府理念也随之经历了演进变迁。自西方古典自由主义时期始，通过限制政府公权力、保障公民权利，西方现代国家最终确立有限政府的制度理念，成为“小政府、大社会”的基本形态。然而自第二次世界大战结束以来，西方国家政权建设的下渗和国家集权能力的逐步增强，政府所要承载的使命越来越丰富，进入福利国家阶段之后，国家的功能性作用逐渐凸显，在交通、能源、通信、劳工、福利、公共健康、住房、贸易、工业、航空等领域，国家干预的广度和深度不断拓展。有限政府的制度架构已经无法满足福利国家对于政府的责任要求，政府成为调节社会经济生活、保障公民生存和生活环境、提供优质的公共产品及均等的公共服务、提高公民生活质量的核心机制，这一对西方现代国家公共财政体制提出的挑战持续至今。

当代中国面临着有限政府的制度建设与责任政府的国家任务双重使命。一方面，西方现代国家形成早期所面临的问题同样是我国现代化国家建设中绕不过的任务。随着改革开放以来社会主义市场经济体制及现代产权制度的建立，公共权力的制度化和程序化成为法治政府建设的一项中心工作，政府通过改革行政审批制度、优化营商环境等措施不断完善政府行为的制度约束机制。另一方面,除了基本的国家安全、政局稳定,社会主义国家的历史任务赋予了政府更多经济文化生态保障上的责任,人民有了更多的福利保障需求。在我国当前财政支出监督不断强化、中央与地方财政分权不断完善、地方债务问题逐渐引起高度重视的背景下,过度依赖土地出让收入以及偶见报端的违规融资、违规使用政府性债务资金、超额罚没等问题也都在警醒我们高度重视公共财政实施中的制度规范,我国的公共财政制度运作与法律规范将面临制度变革的现实挑战,需要我们在公共财政的制度建构研究中予以高度重视。

党的十八大以来,全国人大及其常委会坚持和完善人民代表大会制度,制定、修改了《立法法》《预算法》《全国人民代表大会组织法》《全国人民代表大会议事规则》《全国人民代表大会常务委员会议事规则》《地方各级人民代表大会和地方各级人民政府组织法》《审计法》等一系列宪法性法律以及《关于加强国有资产管理情况监督的决定》《关于加强中央预算审查监督的决定》《关于加强经济工作监督的决定》等,公共财政法律法规体系不断健全完善。在全面推进中国式现代化的道路上,应对财政领域国家治理体系和治理能力现代化的全面改革的时代要求,以现代国家建构与公共财政权的发展历程为经验背景,有必要从宪法视角,立足人大工作对完善我国公共财政法律制度体系作出研究阐释。

本书要论证的核心问题是如何通过宪法在文本规范与制度实践层面的配置构造,建立与中国国情相适应的公共财政宪法制度规范,实现公共财政治理体系与治理能力的现代化。通过对公共财政权制度的宪法法理分析,在历史考察中比较世界各国在宪法文本中规范公共财政权制度运行的实践经验,落脚于中国公共财政宪法构造的实践经验与现实问题的分析,深入研究阐释我国宪法关于税收、计划和预算、中央和地方关系规定的制度内涵及其在制度实践和立法中出现的发展变迁,最终提出通过公共财政权的宪法规范与制度构造实现现代国家建构的制度路径。本书认为,实现公共财政的宪法构造,至少需要具备四个基本要素:一是丰富完善公共财政的宪法制度内涵,深入阐释探讨我国宪法关于税收、计划和预算、中央和地方关系规定的制度内涵,研究提出并通过大量实例论证“宪法关于公共财政规定通过制度实践和立法规范进行发展变迁”的重要原创性命题;二是立足我国国情实际研究提出完善我国公共财政宪法制度的现实路径,建立现代公共财政法律规范体系;三是保障公共财政权力运行的有效性,通过加强国家权力的有效性,满足国家建设的任务及民众对于均等化公共服务产品的需求;四是规范公共财政的权力有限性,通过国家权力有限性的构建,规范国家财政资源的汲取能力及对经济政策的约束,使宪法成为财政政策最后的羁束,保障公民的基本权利和公共财政制度的顺利运行。

(二)研究的理论与现实意义

宪法中的公共财政问题在我国国家治理体系现代化的制度建构中具有重要意义。尤其是在中央与地方财政权力的纵向配置、同级国家机关之间的横向预算监督以及公共财政运行中对于公民权利的保障等方面,事关国家制度活力和公民基本权利保障的宪法体制得到有效的实施,已经成为当前和今后相当一段时间内我国现代化国家建设的一项重要任务。在过往研究中,政治学、财税法学、财政学等学科对预算监督、税收法定等公共财政问题做了大量研究,从宪法视角探讨公共财政的问题却一直没有引起足够的重视,在过往公法研究中比较缺少对宪法和财政制度的研究。为此,在政治学界、财政学界已经开展的实证研究和理论诠释的基础上,迫切需要法学界特别是宪法学界加入进来,提出宪法学视野下公共财政难题的破题路径。因此,作为我国宪法研究中的亟待补强的领域,研究公共财政中的宪法问题,不仅具有重要的理论意义,而且具有重要的实践意义。

从理论层面上看,首先,研究宪法中的公共财政问题,有利于推动构建中国特色社会主义宪法理论、宪法话语。财政是西方宪法学研究中的一个基础问题,在中国式现代化的宪法命题下,相关研究尚不充分,还有待于通过研究近现代中国公共财政权力配置变迁的实施情况,将西方公共财政经验与中国实际结合,总结中国宪法规范中的公共财政制度运行和法律逻辑,立足人民代表大会制度探索建构中国宪法中的公共财政命题的技术路径,进一步完善中国特色社会主义法治理论。其次,研究公共财政权中的宪法问题,有利于拓展宪法学研究的视野和范围,深化对于公共财政宪法制度的研究。作为现代责任政府中的核心问题之一,公共财政问题的研究,实际上也正是对政治学范畴中的国家成长理论在宪法学层面的探讨,进一步拓宽了宪法学的研究领域,打破了公共财政领域财政学、政治学的研究边界和学术壁垒,弥补了宪法学传统研究内容及研究方法的不足和局限,为开拓宪法学研究方法的边界提供了理论支持。

从现实层面上看,首先,研究宪法中的公共财政问题,有利于完善以宪法为核心的中国特色社会主义法律体系。党的十八大以来,全国人大及其常委会坚持和完善人民代表大会制度,积极修改完善了相关法律,公共财政法律法规体系不断健全完善,这对于完善我国预算、税收等财政制度具有重大现实意义。其次,研究宪法中的公共财政问题,有利于为现代国家成长中的财政制度提供宪法学理论支持。完善宪法中的公共财政制度内涵,有利于促进中央与地方的财政关系规范,有利于落实宪法关于公共财政和公民基本权利的规定,为公共财政治理体系和治理能力现代化提供法治保障。

二、已有相关研究文献综述

(一)国外研究综述

公共财政权的宪法构造问题横跨法学、财政学、政治学等多个学科领域,涉及权力分配、财政立宪、国家建构等多重理论问题。西方学界的研究中,马克思主义政治经济学、传统宪法学、财政社会学以及制度经济学从不同的学科立场对财政权、财产权利与宪法的关系进行了深入而富有成效的探讨和回应。其中特别是财政社会学与制度经济学在研究路径和思路上与宪法学很相近，有很多重叠。

马克思主义经典理论告诉我们，财政不仅是国家机器存在和发展的经济基础，而且是管理经济、解决社会矛盾、维护国家稳定的基础性手段。恩格斯在论述国家权力与财政的关系时谈道："为了维持这种公共权力，就需要公民缴纳捐税……随着文明的发展，甚至捐税也不够了；国家还发行期票、借债，即发行公债……官吏既掌握着公共权力和征税权，他们就成为社会机关而驾于社会之上。"〔1〕我国经济学者张馨认为，马克思主义财政观应在发展的观念下继续坚持，变"阶级性"为"公共性"，将其外延扩大为不仅涵盖"阶级性"而且涵盖"阶层性""利益集团性"等，成为一个中性而包容的概念。〔2〕 相比于经济学的研究，马克思、恩格斯对财政权的论述散见于国家观、劳动价值、税收等章节。〔3〕 作为我国财政学发展的指导理论，马克思、恩格斯经典国家观与权力关系的论述对于我们今天的研究仍有积极的借鉴意义。

在传统宪法学研究中，西方宪法学者将财政问题作为宪法体系中的一个重要问题予以关注研究。在宪法文本上，法、德、日等诸国宪法中皆有对于公共财政问题的系统性规范，从而也进一步促进了宪法学对于财政权问题的研究。戴雪在其宪法学名著《英宪精义》中即专门设置"财政"一章，着眼于国库与国法的相互关系，探讨岁入的法律渊源、岁出的法律依据及国家经费需受法律监护。戴雪认为："在今日，所有公共收入，不复视同君主的私

---

〔1〕 复旦大学法律系国家与法的理论、历史教研组编：《马克思恩格斯论国家和法》，法律出版社1958年版，第115页。

〔2〕 参见张馨：《马克思主义财政学的"创新"与"阶级财政论"的否定》，载《财贸经济》2007年第11期。

〔3〕 在马克思庞大的经济学研究计划中财政学是重要组成部分，通常人们认为马克思在《〈政治经济学批判〉导言》和《〈政治经济学批判〉序言》中提出了他的研究计划，其中实际上包括了财政学。但遗憾的是马克思还没有来得及完成就去世了。留给世人的只是他在不同场合就特定事件发表的财政言论，其中许多是政治论战性质的、是服务于当时工人阶级的政治斗争需要的，如马克思的文章就多次号召拒绝纳税和募债。参见邓子基：《马克思恩格斯财政思想研究》，中国财政经济出版社1990年版，第31页。

产,唯一律看作公家产业……以支出言,除非法律盖被破坏,全国岁入,所得之款项,必须得到巴力门法案之许可,乃能动用。"[1]日本宪法学家芦部信喜在其所著《宪法》中设"财政与地方自治"专章,论述"财政民主主义""租税法律主义""预算"等问题。[2] 长期以来,虽然西方各国在宪法文本上对于财政的规定不断发生变化与革新,但是宪法学理论层面始终对财政权力配置运行问题缺乏足够的理论关怀。相较而言,财政社会学、制度经济学、政治学等领域对财政宪法、财政、国家和公民关系等问题的研究均取得了不小的成绩。德国学者 Isensee 即指出,传统的宪法学说往往忽略财政制度之重要价值,未能从这一"统治工具"深入剖析"财政国家"(国家的财政制度),并经由类型化分析而对此展开细致、深入之研究。[3]

财政社会学作为西方社会科学体系的独立显学,主要以熊彼特 1918 年《税务国家的危机》的发表为开端,其从赋税与财政角度多次阐明财产权与政府的博弈关系。西方社会学界诺斯、保罗·肯尼迪等学者,也习惯从财政权的角度研究分析社会制度的变迁,从财政或赋税等角度反映国家财政权力与个人权力之间的关系以及个人财产权与社会变迁的规律。现代西方学者的研究始终围绕着财产权与自由、法治的内在必然联系。西方学者更多考虑的是公共财政与现代国家理论的内在逻辑性,无论是"左翼"的福利论还是"右翼"的自由主义,都对"财政立宪主义"作了较为充分的研究。[4] 理查德·派普斯在其专著《财产论》中考察了财产权理念与制度的演化历程,阐明了财产权对自由、法治的重要意义。[5] 此外,在制度经济学层

---

[1] [英]戴雪:《英宪精义》,雷宾南译,中国法制出版社 2001 年版,第 348-249 页。

[2] 参见[日]芦部信喜:《宪法》,林来梵、凌维慈、龙绚丽译,北京大学出版社 2006 年版。转引自王世涛:《财政宪法学研究》,法律出版社 2012 年版,第 14 页。

[3] 葛克昌:《国家学与国家法——社会国、租税国与法治国的理念》,台北,月旦出版社股份有限公司 1996 年版,第 141-142 页。

[4] 参见周刚志:《论公共财政与宪政国家——作为财政宪法学的一种理论前言》,北京大学出版社 2005 年版,第 3 页。

[5] 参见[美]理查德·派普斯:《财产论》,蒋琳琦译,经济科学出版社 2003 年版,第 333、344 页。

面，布坎南作为"公共选择学派"的代表性人物，以"财政立宪主义"而著称于世。他认为任何财政决策都基于一定的决策规则，而根本的决策规则就是宪法规制，因而政府失灵的根源在于宪法规则失灵，需要通过改革宪法规则最终实现财政改革的目标，从而约束政府权力的无限扩张。为此，布坎南主张重构"财政—货币宪法"(fiscal-monetary constitution)以约束国家财政货币政策的制定过程。〔1〕 布坎南独著或与他人合著有《宪政经济学》《民主财政论》《自由、市场与国家》《公共财政与公共选择——两种截然对立的国家观》等著作，为我们扩宽研究视野带来了极大的帮助。以《财产与自由》一书为例，布坎南不但承继了洛克关于财产权的观念，而且从"效率"的视角论证了财产权是自由的保证，更是抵制垄断权力的最后堡垒。〔2〕

(二)国内研究概况

自20世纪初，随着民国时期各阶段宪法的相继出台，国内学者即积极从财政权角度为宪法国家建构出谋划策，在宪法学界取得了一系列突出成果。其中宪法学家张君劢曾做《中华民国民主宪法十讲》并辟专章主讲"立宪国家财政"。此稿为张君劢1946年参加政协会议起草宪法草案后的讲稿，可谓"宪法草案"的学术疏议，具有重要的理论和实践价值。张君劢认为："世界上民主国中议会之发生与财政权有莫大关系。英国政治俗语所谓'No representation no tax'(不出代议士，不纳租税)即为最好之例证……财政权为议会权力中最重要之一点，为热心民主政治者所当注意，故将财政与立宪政治之关系提出与诸君共同研究之。"〔3〕张君劢在《政制与法制》〔4〕一书中亦专章讨论国家社会主义下之计划经济的财政目标、指向与具体方案。钱端升等所著的《民国政制史》〔5〕详细介绍了1911年至1936年在临时政府

〔1〕 参见方福前：《公共选择理论——政治的经济学》，中国人民大学出版社2000年版，第233页。
〔2〕 参见[美]詹姆斯·布坎南：《财产与自由》，韩旭译，中国社会科学出版社2002年版。
〔3〕 张君劢：《中华民国民主宪法十讲》，商务印书馆2014年版，第99页。
〔4〕 参见张君劢：《政制与法制》，清华大学出版社2008年版，第93-151页。
〔5〕 钱端升等：《民国政制史》，上海人民出版社2008年版。

时期、临时约法时期、新约法时期、法统时期、民国政府时期等不同阶段相关财政预算制度的设置沿革。在这一阶段中华民国一系列的财政立宪举措下,学界关于财政宪法的研究也逐步深入,其中包括周伯棣的《租税论》、吴贯因的《中国之预算与财务行政及监督》、吴崇毅的《财政立法原理》、曹国卿的《中国财政问题与立法》、孙怀仁的《中国财政之病态及其批判》及中华人民共和国成立后曾任税务总局副局长的中国近代财政学家崔敬伯在《大公报》所刊发的诸如《制宪与财政监督》〔1〕、《宪法与预算》〔2〕等数篇文稿存世。在这一段时间,受德、日等国财政立宪主义思潮影响,学界对于财政的研究已开始关注、考察财政活动与宪法制度的关联。何廉、李锐 1935 年《财政学》认为,财政学的研究范围有三:一为支出,二为收入,三为财务行政,即为“研究公共支出与收入之预决算及公款之征收管理与使用”。进而在该书第三部分“财务行政与立法”的具体论述中,何廉、李锐又进一步谈道:“故现代之国家,所以岁必编制预算者,实缘国民有监督财政之权而生;而议会之控制预算,遂成为强迫行政长官向人民或人民代表报告过去工作及要求赞成将来计划之有力工具矣。”〔3〕

我国宪法学界对于公共财政的研究尚处起步阶段。传统宪法学界研究重心主要在抽象层面的政体框架与国家结构及具体层面的公民权利保护上,并未深入制度的具体运行之中。换言之,将本应由宪法来调整规制的财政体制放手交给了政府财政、经济部门来管控,宪法学界在公共财政的研究中明显失位。韩大元认为,“财政问题在传统宪法学体系中仍然没有应有的地位,总体上看,仍不够体系化,研究方法与基础还比较薄弱”〔4〕。可喜的是,十余年来,随着财税法学的兴起,宪法学界也将研究目光投向公共财政

〔1〕 崔敬伯:《制宪与财政监督》,载《大公报》1933 年 5 月 26 日。
〔2〕 崔敬伯:《宪法与预算》,载《大公报》1934 年 3 月 14 日。
〔3〕 何廉、李锐:《财政学》,商务印书馆 2011 年版,第 5、450 页。
〔4〕 韩大元:《以解决中国宪法问题为基本学术使命》,载《法制资讯》2012 年第 9 期。

领域。其中周刚志的《财政分权的宪政原理:政府间财政关系之宪法比较研究》[1]、《论公共财政与宪政国家——作为财政宪法学的一种理论前言》[2]及多篇学术论文,从宪法的角度对公共财政制度的建构做出了扎实而有建设性的学术努力。此外还有王世涛的《财政宪法学研究》[3]、朱孔武的《财政立宪主义研究》[4]、张献勇的《财政立宪与预算法变革》[5]等著作关注于宪法与公共财政的紧密关系,并在该学科领域做出了有益的基础研究。但不可否认的是,我国宪法学界对于公共财政的研究仍处于初始阶段,并没有形成成熟的学科体系,研究的深度和广度仍有潜力空间。

长期以来,受到"国家财政"的思维影响,公共财政研究始终未得到政府及学界的充分重视。1998 年全国财政工作会议明确提出了"公共财政"的概念,公共财政与宪法构建始得进入国内学者的研究视野。自 21 世纪初始,公共财政领域日益成为学术热点,国内一批法律学者进行了专门的财税体制研究,以北京大学刘剑文及其主编的《财税法论丛》为代表,包括张守文、吕中梅、焦建国、熊伟、姚来燕等人,较为系统地研究了财政法的基本原则、财政权力分配、地方与中央财政权力划分等基础性问题,针对财税法中的宪法体制进行了深入的探讨,在财税体制的研究上取得了丰硕成果,改变了财政法学仅仅隶属于经济法学的理论疆域,从宪法的角度重新阐释了财政法的本质属性,初步建立了属于财税法学的独立学科场域。相关研究成果包括:刘剑文主编的《财税法论丛》《财税法学前沿问题研究》《民主视野下的财政法治》,丛中笑的《法治国家视角下的公共财政》,李龙、朱孔武的《财政立宪主义:我国宪法时刻的理论基础》,赖勤学的《转型与立序》等。以上相关理

---

[1] 周刚志:《财政分权的宪政原理:政府间财政关系之宪法比较研究》,法律出版社 2010 年版。
[2] 周刚志:《论公共财政与宪政国家——作为财政宪法学的一种理论前言》,北京大学出版社 2005 年版。
[3] 王世涛:《财政宪法学研究》,法律出版社 2012 年版。
[4] 朱孔武:《财政立宪主义研究》,法律出版社 2006 年版。
[5] 张献勇主编:《财政立宪与预算法变革》,知识产权出版社 2013 年版。

论成果从依宪执政、民主角度出发,为我们研究公共财政与宪法的关系带来了务实、求细、求真的新思路。

通过资料检索可以看到,法学界之外,政治学界、财政学界诸位学者也聚焦于本课题中的公共财政权的宪法构造做了卓有成效的前期研究,并且因为前期法学界特别是宪法学界对于该问题的失位,反倒是财政学界、政治学界的学者们对于财政和税收的问题关注有加,有力地促进了公共财政体制在我国的发展和理念传播。在政治学维度层面,本研究主要考察了以王绍光、胡鞍钢为代表的相关研究。王绍光、胡鞍钢在20世纪90年代,面对中国政府财政权力虚弱的状况,提出构建税收国家理念,并随着国家公共财政体制发展,进一步提出由税收国家向预算国家转型的主张。其间,王绍光、胡鞍钢的《分权的底限》《美国进步时代的启示》《安邦之道:国家转型的目标与途径》《中国国家能力报告》《政府与市场》等著作,持续从国家能力角度关注中国公共财政体系。同时,复旦大学林尚立及其学术团队也在国家成长与国家构建方面做出了突出成果。其中刘守刚的博士后出站专著《国家成长的财政逻辑:近现代中国财政转型与政治发展》[1],通过对于中国近现代三次财政转型的回顾梳理,详尽分析了国家成长的财政逻辑;刘慧的博士生论文以《预算监督与民主成长:全国人大预算监督制度的政治学分析(1978—2006)》为题,结合预算制度进行了很好的学术探索。杨雪冬在《市场发育、社会生长和公共权力构建》一书及相关文章中对用现代国家理论解读中国政府公共权力建立的过程有较好的阐明。

在财政学维度,自1978年至20世纪90年代,随着经济领域市场化倾向的增强、国家和社会的逐渐分离,财政研究领域也发生了一系列变化。一批财政学者开始摒弃中华人民共和国成立以来承继苏联财政学的研究套路,进而提出“公共财政”的理论概念。厦门大学张馨1997年发表的《论公

---

〔1〕 刘守刚:《国家成长的财政逻辑:近现代中国财政转型与政治发展》,天津人民出版社2009年版。

共财政》一文对公共财政做出了界定:国家或政府为市场提供公共服务的分配活动或经济活动,是与市场经济相适应的一种财政类型和模式。也正是从此文开始,逐渐形成了财政理论学界对于“公共财政”的争论大潮,并最终为公共财政在中国的话语确立打下了扎实基础。这一批学人中,包括贾康、高培勇、李炜光等财政学者,尽管他们并不专注于财政与依宪执政关系的研究,但他们勾勒出的财政制度的基本框架与改革目标正是依宪执政精神的实质反映。正如李炜光所言:“在现代国家,财政、税收首先或从根本上说是一种政治的和法律的制度,然后它才是一种经济制度,有什么样的政治和法律制度,就有什么样的财政制度。财政、税收不仅是由国家政体的性质决定的,而且还是由与国家政体相适应的政体形式决定的,是由议会决定的,是为全体纳税人和所有的公民提供公共服务的,它与市场经济制度的作用发挥、国家自由民主制度的构建、人民的主人翁地位的确定、现代法治的形成等国家的政治、经济、文化、军事等所有大事都密切相连。所以,财政、税收问题根本就不是一个纯粹的经济问题。理解这一点,突破传统的财政观念,对于我们构建现代公共财政制度和现代税收制度极其重要。长期以来,我们习惯上总是把财政、税收问题单纯理解为一个经济问题,这是一种狭隘的理解。”在公共财政的宪法构造上,中山大学马骏及其团队在预算民主以及财政体制改革领域做出了突出贡献。马骏结合经济学、财政学以及政治学,从财政史角度深刻分析了现代财政制度对宪制体系形成与发展的内在价值与意义。马骏长期关注研究公共预算制度,先后撰写或与他人共同撰写、主编了《治国与理财:公共预算与国家建设》《公共预算:比较研究》《国家治理与公共预算》《走向“预算国家”:治理、民主和改革》《中国公共预算改革:理性化与民主化》《美国进步时代的政府改革及其对中国的启示》等学术成果。此外马骏还主编“公共预算经典与前沿译丛”,对丰富财政学的研究助益良多。马骏提出通过财政体制改革引领全面深化改革的思路,即“在国家转型过程中,财政转型是一个‘牛鼻子’,通过改变国家取钱、分钱、用钱的方式就可以实质性地改变国家的治理模式,通过财政改革推动国家治理转型"〔1〕。除马骏学术团队之外,复旦大学苟燕楠长期坚持美国公共预算、财政体系著作的翻译,已出版《美国公共预算》、《预算:比较理论》、《美国的财政革命——应对现实的策略》、《预算与治理》及《公共预算经典》等,为公共财政学研究提供了丰富的翻译文献资料。此外,北京大学社会学系周飞舟等著的《当代中国的中央地方关系》、复旦大学经济学院陈硕著的《中国央地关系:历史、演进及未来》,从改革开放以来的财政包干和分税制入手,对中央和地方财政关系等做了深入分析。

综上,国内外有关公共财政权的研究呈现以下几个比较明显的特征:

一是公共财政权的学理研究尚待取得进一步的理论深化与共识。可以看到,学界关于公共财政的上述研究使我们开始关注财政国家转型的社会、法律和政治影响,也使我们能够从一个新的角度理解中国的现代化转型。相关研究和争论逐渐形成了一些共识和富有价值的成果,回答了"是否存在公共财政和公共财政权"的争论,有力地推动了公共财政权体系的实践发展和制度变革。但是公共财政的相关理论距离完善的学科理论高度仍有不小差距。〔2〕

二是现有研究中,财政学的理论研究方法占据主流,未能充分发挥多学科交叉下的研究方法多样性。财政学研究集中在公共财政得以产生的原因,偏好从经济学角度对公共财政政策进行分析和评价,但对公共财政模式赖以生存的制度基础有待进行进一步系统的研究。在价值定位上,财政对公共财政的社会价值目标的定位过度偏向"效率"的强调,缺乏对公共财政模式产生的历史分析。

---

〔1〕 王绍光、马骏:《走向"预算国家"——财政转型与国家建设》,载《公共行政评论》2008年第1期。

〔2〕 贾康认为:"尽管公共财政的讨论已展开十余年,但对其具体内容仍不具备一个无争议的表述,客观上也不存在一个关于公共财政框架的严丝合缝的全面设计蓝图。"参见贾康:《关于财政理论发展源流的概要回顾及我的"公共财政"观》,载《经济学动态》2008年第4期。

三是现有研究主要运用基于西方国家建设经验总结出来的理论来理解中国的财政国家转型，理论视角过于单一。[1] 建构中国公共财政的宪法构造，要在中国语境下，全面地审视吸收本领域国内外宪法学、财税法学、财政学、政治学等不同专业的学界已取得的研究成果，更加全面系统地审视中国的财政国家转型，并讨论在这样的复杂转型中宪法所能起到的作用。

此外，我们欣喜地看到，从宪法学视角出发的公共财政研究已成为跨学科研究的热点。通过公共财政的文献述评，可以看到，无论是法学界、政治学界，还是财政学界、管理学界，其研究均深度触及法治化乃至宪法功效，宪法对政府权力的限制已成为基本共识。主导国家财政事项的最高法规范所汇集而成的"财政宪法"，成为部门宪法的重要一环，为宪制发展过程中不可或缺的课题。财政宪法作为税法与财政法的上位规范，其重要性不言而喻，财政宪法的学术研究，虽尚属年轻，但已蔚然成风。宪法学视角研究公共财政问题的必要性因此产生，其建立在国家存续依赖财政、国家体制受制于财政的基础上。从宪法学视角研究公共财政问题，学者廖钦福认为：其一，宪法学乃人权保障之学，这是宪法学的价值品格。宪法学研究促使"应然权利"通过各种立宪与立法的机制转化为"法定权利"，宪法学研究推动"法定权利"通过各种权利救济的法律制度转为"实然权利"。其二，宪法学乃权力理性之学，这是宪法学的思维品格。国家在立宪时得到合理的配置与分工、实行宪法时得到理性的行使与运作、护宪阶段得到有效的监督与制约。其三，宪法学乃依法治国之学，乃宪法学的实践品格。宪法学研究依法治国的理念方略、制度规范，宪法本身对于现代政治文明的发展具有重要的价值和功能。

基于此，本书意图从现代国家的逻辑出发，通过宪法层面的构造，考察

[1] 根据马骏的观点，当前的公共财政研究首先局限在预算内收入领域讨论财政国家的转型，未能关注中国政府复杂且多样的财政收入结构及其可能产生的影响。参见马骏：《治国与理财：公共预算与国家建设》，生活·读书·新知三联书店2011年版，第2页。

我国宪法关于税收、计划和预算、中央和地方关系规定的制度内涵及其制度实践，并期望落脚于中国公共财政宪法构造的实践经验与现实问题，对公共财政权的理论规范和制度实践层面进行更加深入的分析。

三、研究方法与研究框架

（一）研究进路

本书之所以选择从公共财政权的视野来研究现代法治国家的宪法构造问题，是因为财政对于政府的重要性。正如党的十八届三中全会通过的《中共中央关于全面深化改革若干重大问题的决定》中所言，"财政是国家治理的基础和重要支柱"。公共财政是社会向政府提供物资资源支持的主渠道，也是政府权力抵达并作用于社会的重要管道。规范公共财政权力体系是现代法治国家的重要任务。因此要实现规范公共财政权力体系的目的，将国家与社会的相互作用提升到制度化的轨道，必须深入研究公共财政权的发生机制、制度变迁、权力架构背后的理论与现实逻辑等诸多深刻影响中国当下的重大问题，从而有效解决有限政府的权力边界与中国国家使命要求之间的冲突。解决今天中国的现代法治国家的建构挑战，我们不仅需要在公共财政的重要性层面达成共识，还要更进一步明晰公共财政权制度在不同国家形态中的不同表现与效用，而这也直接决定了现代法治国家建构的路径方向。西方著名财政学家马斯格雷夫等在《公共财政与公共选择：两种截然对立的国家观》一书中就曾指出，"履行国家职能需要财政资源，财政资源提供的方式决定了个人和国家的关系"。综观世界现代各国，政府形式千差万别，但其基本功能不外乎维持秩序、配置资源、创造发展。不同国家的政治经济形态之下，社会创造和提供财政资源的方式是不同的，从而也就决定了国家与个体之间的关系差异。

因此，讨论中国公共财政权的宪法构造，需要在中国语境下从文本规范与制度实践两个层面展开，分析与国家制度紧密联系的公共财政体制的路径目标,坚持和完善人民代表大会制度,规范政府财政行为,保障公民基本权利。正如民间俗语所言,“财的背后有个政”,作为衔接平衡政治利益格局的重要技术手段,公共财政权直接影响着国家形态与政府责任。本研究的目标即为探寻中国政府从公共财政权力配置的技术路径最终走向实现公共财政权宪法构造的制度进路。在这里,我们需要从西方逻辑的演绎分析与中国经验的操作实践中,找到一条符合宪法原理与中国实践的破题之道。本书认为,在宪法文本层面公共财政权宪法规范体系与宪法制度实践层面财政分权、预算监督的双轮驱动,应当成为中国在公共财政权领域宪法建构的制度路径。

(二)主要内容及关键问题

本研究以宪法学和公共财政的相关理论研究及现代法治国家问题的分析范式为前提,立足于我国公共财政权力配置运行的变迁过程,从政府和公共机构的权力运作和行为规范来对财政公秩序作出合法性和正当性考量,同时对国家干预和预算平衡等经济学说和理论进行内化和整合,并以西方公共财政权宪法构建的发展历程为背景,力求系统、全面地分析我国在公共财政权宪法构造过程中的现状及亟待解决的问题。进而在政策指引层面,通过对于现行财政制度的学理考察促进立法机关作出政策调校,着眼于现有财政热点问题分析解读,在国家财政经济政策的即时变动中,回到基于本土化认同的宪法逻辑上来,最终提出通过公共财政权的宪法规范与制度构造实现现代国家建构的宪法路径。

除导论外,本书拟分为五章,具体安排如下(见图0-1):

第一章着眼于公共财政权的概念梳理及宪法定位。公共财政权作为公民财产权让渡给国家行使的公权力,具有重要的宪法地位。随着时代变迁,传统财政权概念已不能满足现代国家治理的需要,本章力图通过对公共财政权制度的宪法法理分析,厘清公共财政权的概念内涵变迁,并从法理角度阐明为何要从宪法层面开展公共财政权的制度构造,以期通过现代公共财政权的概念,建立公共财政权在现代国家建构中的宪法定位。第一节旨在厘清现代公共财政权的概念定位,阐述公共财政权的权力内涵,并提出作为独立国家公权力的公共财政权概念内涵。第二节进一步从宪法正当性视角探讨公共财政权的宪法基础,分析阐述公共财政权的法理基础和价值定位,并通过对公共财政权的合宪性探讨,分析公共财政权在宪法上的权力边界与判断标准,以期明确为什么要在宪法层面探讨公共财政权。

第二章从历史维度考察公共财政权在西方现代国家的发展变迁。经过近代西方国家的实践尝试,现代公共财政权在宪法的文本规范与制度实践两个维度都有重要的发展。基于西方现代国家的发展经验,我们深刻认识到,建立公共财政权是现代国家建设发展的必然趋势。回归西方国家在财政宪法领域的发展历程,本章旨在探索公共财政权与政府依宪执政之间的历史逻辑与因果关系;从规范宪法学视角,通过宪法文本的分析,阐明公共财政与政府依宪执政直接的内在关联,进而立足于材料、历史事实,结合西方国家发展的制度演变过程,初步总结公共财政权宪法构造的域外经验。同时,随着经济和社会的发展,国家功能也在从简单地保证安全稳定功能转向更高需求层面的经济、社会功能,因而也引发了现代西方税收国家权责失衡的财政危机,而这也正是在本章第三节需要我们在公共财政权建构过程中对宪法目标下的国家功能所重新进行的反思考量。

第三章以宪法文本为核心回顾梳理了新中国成立以来财政权制度构建的经验历程。第一节以 1954 年《宪法》为中心,回顾梳理自新中国成立至改革开放初 30 年间国家财政权的兴起与发展,从现代国家建设与宪法实施之间的整体关系出发,立足于中国实践,在现实经验中探寻中国公共财政权问题的内在宪法逻辑与制度安排。第二节以 1982 年《宪法》为中心,在规范层面分析国家财政权在国家宪法结构层面对公共财政领域的影响,进而在制度层面探讨中国自改革开放以来所进行的现代国家财政权的合法性重构。第三节以 1993 年《宪法修正案》确立市场经济地位为发端,梳理分析 1994

年分税制改革与2000年开始的预算制度改革。两项改革逐步理顺了中央与地方之间的财政关系，并进一步完善了财政支出上的权力监督。从财政权力视角来观察，新中国成立以来的财政权发展历程，其实质是与整体经济改革由计划向市场的导向相适应、相伴生的，即从财政自身来讲，走过的是一条从计划经济时代的“国家财政权”向市场经济时期的“公共财政权”的转型之路。

第四章旨在阐释现行宪法关于公共财政规定的规范内涵与制度实践。本章从我国现行宪法规范出发，基于前文所讨论的西方理论命题与我国自身经验，深入探讨我国宪法关于税收、计划和预算、中央和地方关系规定的制度内涵，分析有关宪法规定、宪法概念及其内涵在制度实践和立法中出现的发展变迁。通过现实考察与分析，本章提出并论证了“宪法关于公共财政规定通过制度实践和立法规范实现双轮发展变迁”的重要原创性命题，认为公共财政权的有效性与有限性的制度规范构建是今天中国公共财政权宪法构造过程中所面临的现实挑战。

第五章旨在分析当代中国公共财政权宪法构造的机制建构，进而提出我国公共财政制度发展和完善的宪法法律路径。根据本研究的宪法学视角，本章选取立法控制、过程控制和监督控制三个逻辑演进层面分析本研究所探讨的概念范畴，并与之相对应，试提出财政法治化、分权规范化、财政民主化三组概念作为公共财政权宪法构造的制度解答，以期从制度规范与实践应对两个层面给出制度建议，并通过建立现代公共财政权宪法规范体系补足公共财政权探索实践中的疏漏，完善公共财政权的制度实践。本章通过分析现代国家、法治政府、公民个人与公共财政权之间的内在关联，对宪法在公共财政领域的构建过程中所包含的精神、价值和目标作具体阐释分析，从国家治理体系的层面为公共财政制度建构提出宪法方案。

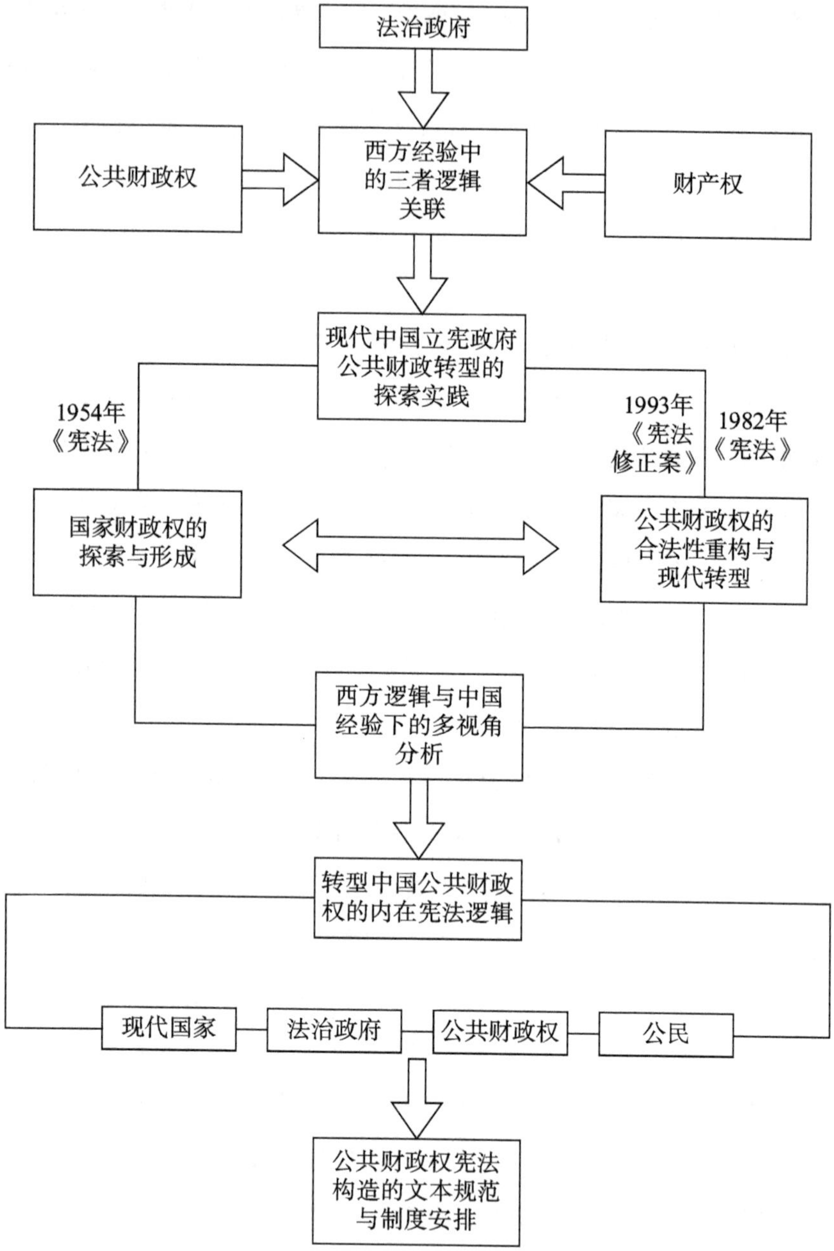
法治政府
公共财政权
西方经验中的三者逻辑关联
财产权
现代中国立宪政府公共财政转型的探索实践
1954年《宪法》
1993年《宪法修正案》
1982年《宪法》
国家财政权的探索与形成
公共财政权的合法性重构与现代转型
西方逻辑与中国经验下的多视角分析
转型中国公共财政权的内在宪法逻辑
现代国家
法治政府
公共财政权
公民
公共财政权宪法构造的文本规范与制度安排

图 0-1　本研究框架设计

(三)研究方法

本书的研究方法包括:

1. 规范分析法

规范分析的前提是基于对所研究问题的基本价值判断,进而提出分析、判断、解决处理问题的标准、尺度。规范分析法在财政宪法的研究中,应基于法学学科的研究立场,讨论公共财政在运行过程中的法律规范,以期建立明确、稳定、一致的公共财政法律规则体系。我国关于公共财政的法律规范散见于《宪法》《立法法》《预算法》《全国人民代表大会组织法》《全国人民代表大会议事规则》《全国人民代表大会常务委员会议事规则》《地方各级人民代表大会和地方各级人民政府组织法》等相关法律中,本书的研究起点建立在对法律制度的规范分析上,界定宪法中公共财政概念的内涵外延,解析相关制度规范间的逻辑结构,进而从规范体系上将整个公共财政法律规范从分散状态统一起来。

2. 实证分析法

传统财政权分析往往在财政收支的框架下着重于采用定性分析方法,这使相关国家公权力和公民私有财产权利的配置和运行无法获得充分的阐述,公共财政权体系构造及其方法需要进一步的转变。故而实证分析法就显露出其独有的优势,本书第三章、第四章、第五章从当前中国地方政府债务风险、央地关系博弈等事实材料或社会现象入手,通过运用实证分析手段阐释公共财政权在其中运作的内在法律机理。本书以实证为视角、以社会为平台、以分析为支点,力图建构一项具体且完整的公共财政权。

3. 经济分析法

作为影响国计民生的重要制度规范,研究公共财政的宪法制度除了考察形式上的合法性之外,还应通过法经济学的分析方法,通过成本与收益的分析,考量其制度规范所带来的经济效果。宪法领域的经济分析方法,在德国租税法调整中被首次纳入研究方法的考量,进而经过以科斯为代表的芝加哥大学“法经济学”学派的体系化阐释，已得到各个学科的普遍应用。在本书第三章，我们将借助经济分析法对中华人民共和国成立之后在不同历史阶段中对于财政权探索尝试的社会、经济效果进行考察评价。

4. 综合分析法

综合分析法是在行文中对法经济学的分析方法、实证法学的分析方法、价值法学的分析方法以及法社会学的分析方法等进行综合运用。公共财政权的宪法构造研究涵盖多个学科领域，本书以宪法学、财政学、政治学、法经济学、制度经济学等学科的理论和研究范式为基础和依据，以宪法学研究为基本理论渊源，着眼宪法学与财政学、政治学等其他学科之间的关系，穿插和包含公共财政学、政治学的先进成果和理论因子，通过综合运用历史文献、案例比较、数据分析、实证研究、法经济学分析法等多种研究方法，解决本研究中的跨学科难题。

第一章

公共财政权概念的提出

财政既是现代国家产生的根本原因,也是现代国家制度运行的重要保障。现代国家中,财政因其“公共性”而在概念上进一步发展为公共财政。公共财政的宪法定位建立在两个基础之上:一是传统国家向现代国家的过渡转型,二是传统财政权向公共财政权的制度重塑。二者同步发生,共同决定了公共财政在现代国家转型构建中的宪法定位。因此,对于公共财政的征收、管理、分配的权力也产生了从传统财政权向公共财政权的转变。作为实现国家治理体系现代化的制度保障和宪法规范的重要内容,公共财政不仅是国家权力活动的经济前提,也是保护与限制公民财产权利、积极促进社会福利的物质手段。也正因为公共财政具有如此丰富的内涵和作用,所以对其做概念阐释是复杂且困难的。本章力图厘清公共财政权的概念内涵变迁,进而从法理角度阐明为何要从宪法层面开展公共财政权的制度构建,以期通过提出现代国家建设中的公共财政权概念,确立公共财政在现代国家建构中的宪法定位。

第一节　公共财政权的概念发展

财政权是关于国家和人民之间公法上财产关系的理念与原则,涉及赋税、财产征收以及预决算等政府的一切财政行为。[1] 随着时代变迁,传统财政权概念不断受到来自快速发展的经济社会生活的挑战,已不能满足现代国家治理的需要。我们有必要从概念内涵、权力属性和价值理念上进行重塑考量,以探索现代公共财政权的内涵,并力图促进其在现代国家建构中发挥重要作用。

---

〔1〕 参见王世涛:《财政宪法学研究》,法律出版社2012年版,第91页。

一、传统财政权的概念梳理

“财政”一词作为拉丁文最早出现于13—15世纪,起初是结算支付的意思。经过历史发展,在16世纪法语中出现“Finance”一词,意指巩固收入和公共理财活动。中文中“财政”一词来源于日本。孙中山先生在辛亥革命时期,曾多次使用“财政”一词宣传三民主义理论中的财政改革,至清末预备立宪时期的宪法性文件——《重大信条十九条》中首次使用“财政”一词以来[1],财政作为宪法规定的重大国家事项得到普遍接受。究其词源学解释,一般认为:财政是国家为实现其职能需要,以国家为主体,参与社会产品分配所形成的分配活动及所体现的特定分配关系。[2] 对于财政权的概念,日本宪法学家宫泽俊义认为,“财政权是指为执行国家的财政作用所必需的各种权限或权力”[3]。他从执行国家财政职能角度出发,对财政权做出了较为凝练的概括。

(一)传统财政权的概念变迁

虽然财政权对于国家建构的重要性得到广泛接受,但是传统意义上的财政权理论体系面临诸多问题。其一,传统财政权概念无论是议会财政权还是广义的立法、行政、司法三合一财政权都只是从国家一个层面对财政权做出解释,无法反映财政法律关系的双方及公共财政权运行的动态过程,具有一定的局限性。其二,基于社会契约理论,传统财政权更多地从私有财产权保护角度出发,将财政权作为一种消极限制性权利进行建构阐述,而在今天转型中国的财税体制之下,公共财政权作为积极的“建设性”权力,必将重构传统财政权的逻辑体系架构。在提出重构逻辑之前,首先有必要梳理分析传统财政权在今天的国家治理中所遇到的挑战。

---

〔1〕《重大信条十九条》第14条规定:“本年度预算,未经国会议决者,不得照前年度预算开支。由预算案内,不得有既定之岁出;预算案外,不得为非常财政之处分。”

〔2〕参见项怀诚、郑家亨主编:《新财税大辞典》,中国统计出版社1995年版,第561页。

〔3〕[日]宫泽俊义:《日本国宪法精解》,董璠舆译,中国民主法制出版社1990年版,第615页。

第一，财政权的概念扩张。财政权概念经历了从原始国家权力到法定权力的变迁，其内涵外延也随着社会经济的发展不断扩展。传统西方财政理论认为，财政权存在的必要性在于市场存在缺陷，也就是“市场失灵”，其产生源于公民共同生活之财产权利让渡。社会经济的运行应当以市场调节为主，只有在市场难以调节或者调节不好的领域，才需要政府进行适应性调节，对市场进行干预。但随着福利国家的演进，单纯的消极财政权已无法满足社会生活的需要，因而需要对国家经济社会生活进行更为广泛和积极的介入和干预。因此，现代国家的财政权问题，首先是一个宪法问题或现代宪治问题，而不是单纯的行政或管理问题，这也是公法学界对财政权概念的古今之变研究的基本观点。[1] 但即便是宪法层面的财政权概念，现代国家也在概念内涵上提出了更高的要求。无论是课税还是政府的征收征用，都是基于静态地对私主体财产权利的保护与限制，而缺乏对公共财政权力行使的管理与制约。如何有效管理监督庞大基数的政府公共财产，如何有效解决地方财政政府债务居高不下，这正是我国在政府财政收入连续多年高速增长之后所面临的现实课题。这更从理论层面凸显出我们的财政权研究仍缺乏一个动态的、连续的、政府视角的财政权概念内涵，进而需要我们在宪法层面对公共财政权作更多层次的概念抽象。

第二，财政权的义务内涵转变。财政权的权力义务内涵经历了从传统财政权保护私有财产权绝对不受侵犯到强调财政权的公共性运行以有助于社会福利的转变。从国家角度观察，现代国家早期的代议制机关的功能在于防止国家支出过滥，然而在今天的时代背景下，西方代议制机关已丧失支出控制者及“刹车手”的传统功能；反之，由于顾及选民与压力团体，代议制

---

〔1〕 参见高全喜：《财富、财产权与宪法》，载《法制与社会发展》2011 年第 5 期；林来梵：《论私人财产权的宪法保障》，载《法学》1999 年第 3 期。

机关成为主动及乐于辅助之国家支出推动者。[1] 故而可以看到,地方政府不断推动所谓的新的福利措施与公共建设来满足地区民众的意愿。从权力属性视角观察,自近代文明建立以来,财政权等国家公权力应保障财产权作为个人基本权利的神圣不可侵犯已成为自由主义阐述现代国家与公民及社会之间关系的核心要素。然而随着现代国家的职能日益增加,人们发现倘若仅仅关注财产权的权利属性而忽略财政权概念中分配事由的"公共"属性,已无法满足现代福利国家的治理需求。我们不仅应关注财产权的初始取得,还应进一步强调财产经税收等形式让渡、转化至政府后经政府行使财政权对其的分配使用。以德国《基本法》为例,该法在第 14 条基本的财产权利保护之后,进一步在第 15 条规定了财产的社会化问题。[2] 这里所规定的社会化意味着对私有财产权利的侵入,又因其超越一般征收的特定权利主体的范围限制,被普遍理解为开启经济秩序根本性转型的钥匙。[3] 综上所言,权力义务内涵的理论变迁来自人类生存状态的根本性转变以及由此带来的权利哲学的变迁。关于财政权权力义务的研究,对于确定财产权利与财政权力的社会边界和解决部门法制度中的相关争议,具有重要的现实意义。[4]

第三,财政权的价值定位变迁。基于财政权的概念演进,传统财政权概念对价值目标的定位仍存在重效率、轻公平的价值偏差。我们需要看到,因为缺乏对公平分配价值的强调,实践领域过度强调财政权"效率"价值,容易

---

〔1〕 Scheuner, Verantwortung und Kontrolle in der demokratischen Verfassungsordnung, FS Gebhard Muller 1970, S. 399. 转引自葛克昌:《国家学与国家法——社会国、租税国与法治国的理念》,台北,月旦出版社股份有限公司 1996 年版,第 108 页。

〔2〕 其表述为:"土地、自然资源和生产资料用于社会化的目的的,可以依据有关补偿方式和补偿范围的法律转为公有财产或其他公有经济形态。对于补偿,第 14 条第 3 款第 3 句和第 4 句相应适用。"参见德国司法部网,http://www.recht-harmonisch.de/GG-chinesisch.pdf。

〔3〕 参见[德]菲利普·库尼西:《作为宪法范畴的德国财产权——自魏玛共和国以来的发展及现代问题》,载甘超英主编:《作为制度根源的财产权——中德比较》,北京大学出版社 2014 年版,第 33-40 页。

〔4〕 参见张翔:《财产权的社会义务》,载《中国社会科学》2012 年第 9 期。

对整个公共财政政策产生误导，出现只有“锦上添花”、不见“雪中送炭”的情况，从而忽视私权利主体在财政领域对政府的有效监督，公民缺少进一步追踪和监督政府使用、分配这些取之于民的财政的制度参与。现代国家生活中，公共财政不仅是国家权力活动的经济前提，也是保护与限制公民财产权利、积极促进社会福利的物质手段。公共财政的本质是国家为了满足社会的公共需要而从事的种种经济收支活动，现阶段公共财政的核心职能已从快速积聚财富转为通过财政管理调节、弥补市场经济的缺陷。

对于传统财政权研究的回溯表明，传统财政权概念研究偏好从政治学、经济学角度对公共财政政策进行分析和评价，缺乏对公共财政权的概念外延、属性内涵、生成模式及制度基础进行系统的研究分析。根据现阶段我国社会发展的情况，我们有必要重新对公共财政权进行价值定位，以进一步为我国公共财政权体制的构建厘清目标。

（二）基础性概念辨析厘定

要准确厘定公共财政权的宪法内涵，不仅需要清楚划分其与私有财产权的外延关联，更有必要区分在公共财政领域的学术研究及日常表述中经常出现乃至被混淆的几组相似概念，以便为后续章节的逻辑展开厘清边界，明确内涵。

第一组概念是公共财政权与宪法上的财产权。财产权的宪法保护是近年来学界的一个研究热点。[1] 财产权概念的研究在民法和宪法学界都广泛存在，其权利概念内容宽泛，具有较好的学术张力。宪法领域的财产权主要指公民等私主体面对国家权力而保有的权利，具有“防御权”的性质。[2] 作为公民组成国家的核心目的之一，财产权在宪法中直接规定并通过民法

〔1〕 参见林来梵：《论私人财产权的宪法保障》，载《法学》1999 年第 3 期；杨海坤、金亮新：《公私法视野中的财产权分析》，载《法治研究》2007 年第 4 期；房绍坤、王洪平：《从财产权保障视角论我国的宪法财产权条款》，载《法律科学（西北政法学院学报）》2011 年第 2 期。

〔2〕 参见林来梵：《针对国家享有的财产权——从比较法角度的一个考察》，载《法商研究》2003 年第 1 期。

等相关规范予以具体化。宪法上的财产权与公共财政权的主体不同。前者的主体是公民个人,后者的主体则是国家。两者权属性质不同。前者属于权利的范畴,其保护方式是作为消极性权利而要求政府未经法定方式不得侵犯;后者则属于当然的权力的范畴,是财政权概念的现代变迁和法学解析重构,其以政府从公民处通过法定方式获得私人财产为逻辑起点,作为国家公权力,通过对其进行法定手段的限制,可以间接地保护宪法上的私有财产权不受侵犯。[1]

第二组概念是公共财政权与公有财产权。两者之间的具体差异,如表1-1所示。两个概念都带有“公”字,其核心区别在于不同的分类标准下的划分方式。公共财政权是财政权概念演进中对现代财政公共性的内涵补充,公有财产权则是所有制体系下根据财产所有权主体所做的分类概念。公有财产权的英文表述为“public property”,词源学意义上其隐含着公共产品供公众使用的概念内涵。公有财产权的行使是国家性质的体现,不仅在以公有制为主体的中国,而且在西方各国现代化的进程中,公有财产在基础设施建设和公共服务提供中都起到了重要作用,[2]随着市场经济的快速推进,公有财产逐渐转变为国家在实施宏观调控职能时的基础性工具。[3] 在计划经济时代,由于受传统计划经济理论支配,为从根本上消灭作为收入和财富分布不平等根源的私有制,国家直接控制了国营企业和城乡集体经济组织,拥有资源和价格垄断权,人民的一切收入来源均受到国家的直接控制,国家的财政收入也以国营企业盈余为主要来源。[4] 与西方国家土地等其他公有财产占全社会财产20%—50%相比,我国的土地和自然资源都属于公有,因此公有财产权对我国经济发展有更为重要的意义。与公有财产权

---

[1] 参见刘剑文、王桦宇:《公共财产权的概念及其法治逻辑》,载《中国社会科学》2014年第8期。

[2] 参见[苏]迈博罗达:《当代资本主义:所有制·管理和权力》,周恒云、张佩贤译,江苏人民出版社1984年版,第112-125页。

[3] 参见何真、唐清利:《财产权与宪法的演进》,山东人民出版社2006年版,第31页。

[4] 参见钱俊文:《国家征税权的合宪性控制》,苏州大学2006年博士学位论文。

相对比，公共财政权不仅表明对财产权利的保障，而且更加强调财政权的公权力属性，是在保障每个公民最低限度自由和自主的意义上建构的公共财政制度。公共财政权强调，通过宪法的规范架构，由国家通过税收等进行财产征收，进而在二次分配中将公民所需要的生活资源予以公平分配，并接受来自民众和立法、司法机关的监督。

表 1-1　公有财产权与公共财政权概念辨析[1]

概念辨析	公有财产权	公共财政权
目的	国库盈利与社会公益	公共利益
权利类型	公司法人财产权	国家权力
使用权的排他性	排他性	非排他性
物权法国家物权的客体	是	不是
价值原则	效率，实现国库收入最大化	公平、确保公民最低限度的自由
政府角色	民事主体	行政管理者
所有权内容上受到的限制	可以转让，可以为私人设立民法上的物权，受相邻权的限制，可以成为强制执行的标的	不得转让，不得为私人设立民法上的物权，不因时效而取得，不受相邻权的限制，不得成为强制执行的标的

第三组概念是公共财政权与公共财产权。公共财产权的概念由刘剑文、王桦宇等财税法学者提出，并逐渐受到学界的关注。公共财产权与公共财政权同属于权力范畴，涵盖内容也都涉及财政收入、支出和管理几个方面。在现代财政体制建立之前，财政权与财产权并未得到有效分离，从中国封建时期的土地赋税到欧洲中世纪的君主统治，均呈现财政权与财产权高度趋同、国家管办合一的情况。可以说，只有实现了国家财政权与财产权的两权分离，现代公共财政体系才得以建立。公共财产权更注重微观层面的

---

〔1〕参见肖泽晟：《公共信托理论与公共财产权保护》，中国法学会行政法学研究会 2007 年年会论文。

分配、激励与约束,其逻辑起点是从财产的角度定义权力,其价值取向不仅是获得财政收入和管理本身,而且是通过控制公权力从而达到保护私有财产权的目标;[1]公共财政权更多地着眼于宏观国家财政权力的行使、财政权力的分配与监督,其逻辑起点是行政公权力规范有效地行使,其出发点是基于权力的积极运行,实现国家财政目标,同时做到对公权力的约束和私主体权利的保护。

以上分析表明,传统财政权学术研究具有概念局限。随着现代国家积极承担国家义务广度与深度的推进,国家财政制度的运行日益影响到私有财产权的运行空间,公民的私有财产权与国家公权力联系日益紧密,财政权的权力义务内涵进一步扩展,以政府为行使主体的公共财政权概念日益受到人们的关注。由传统财政权向公共财政权的概念演进成为建设现代国家财政治理体系必然的理论选择。

二、公共财政的含义重构

由于传统财政权概念单一维度面临逻辑挑战,当前我国的财政权理论以"公共财政权"概念填补传统财政权概念的不足。这并非简单的概念之争,而是传统的计划经济体制向市场经济体制转换后的必然要求,也是进一步建设现代国家财政治理体系的必备条件。究其概念,有学者认为,公共财政权应以财产的取得为起点,以财产的分配为依归,可以综合包容以上视角才是真正公共财政权的精髓所在。[2] 财政权是一个国家或地区最重要的对内主权,对政府财政权的约束不仅是一项立法技术,更是一种政治手段。[3] 明确公共财政权的概念,进而建构公共财政权运行体制,是传统国家向现代国家转型的基本路径。因为厘清了公共财政权的概念,明确了其

---

[1] 参见刘剑文、王桦宇:《公共财产权的概念及其法治逻辑》,载《中国社会科学》2014年第8期。
[2] 参见刘剑文:《强国之道:财税法治的破与立》,社会科学文献出版社2013年版,第23页。
[3] 参见叶姗:《财政赤字的法律控制》,北京大学出版社2013年版,第254页。

宪法定位，就可以明晰公共财政的具体范畴，划定其权力边界，这样对公共财产的保护才能有的放矢，才能更加明确公共财政权的价值取向和路径选择。[1]

随着法治国家理念的成熟，公共财政权概念成为现代财政治理体系的关键要素。为了实现财政权制度的现代化转型，首先必须重构该制度逻辑，使公共财政权保障从行政保障转变为法治保障，从公用征用扩张为公益征用，从存续保障发展为价值保障。[2] 正如上文所述，在公共财政权的构建逻辑上，应厘清其权力价值定位，通过与私有财产权的概念分离，实现对公共财政权有效行使的保障和监督。

（一）价值转向：从"侵益型"到"授益型"的公共财政权

传统财政权更多地被认为是对私有财产权的侵犯，而现代国家公共财政权则指向帮助公民权利的实现。传统观点认为财政权通过收税等形式是对私人权利的侵占；而现代公共财政权通过积极有效的支出责任划分，具有"授益型"特点。[3] 市场经济发展的实践表明，政府通过公共财政权之手进行收入的二次分配，有效地缓解了收入初次分配所出现的不平等状况。其主要目的是矫正社会不公，实现社会正义以及推进社会的进步与发展，最终使每个人都能在社会中实现自我。[4] 正如前文所述，公共财产是具有特定目的的财产，其管理和使用均应满足公共性的要求，而不能由政府恣意支配，若与私有财产权混同而不受制约则必然与公共财政权的价值相违背。因为国家得以维系的基础是公共权力体系的产生与维系，随着公共权力体系的出现而需要公共财产以维持其运转，社会利益及资源必然会被划分为私益与公益。由于公权力体系的加入，这时的利益主体除了人之外又多了

[1] 参见黄中林、刘耀彬：《论公共财产权的法律性质——对〈宪法〉第 12 条第 1 款的一种解释》，载《行政与法》2011 年第 1 期。

[2] 参见欧爱民：《财产权的入宪路径与民主检验》，载《河北法学》2008 年第 2 期。

[3] 参见姚来燕：《我国人大财政权研究》，中国检察出版社 2010 年版，第 36 页。

[4] 参见马涛：《财产权的公法学解读——基于社会主义法理论的一种思考》，载《求索》2012 年第 12 期。

一个抽象的国家。一方面,只要是政府提供公共产品和公共服务所需,就有必要配备相应的财产。另一方面,只要不是服务于公共目标,政府就无权征收和动用公共财产,即公共财产只能用于履行公共受托责任,而不能用于满足政府组织和官员个人的利益和欲望。[1] 故而,公共财政权的含义重构首要步骤就是通过制度构建,明确国家支出责任,杜绝借公权力之手侵犯私有财产权,实现传统财政权从“侵益型”向“授益型”公共财政权的转变。[2]

(二)概念厘清:公共财政权与私有财产权的界限分离

厘清公共财政权与私有财产权的界限对于理顺经济、财政体制,促进社会快速发展具有重要意义。正如诺斯所指出的,“有效率的经济组织是增长的关键因素,有效率的组织需要建立制度化的设施,并确立财产所有权”[3]。根据弗里德曼对于福利国家的分析,私有财产权会合理配置资源,而公共财政权则往往会存在导致浪费的可能。公共财政权与私有财产权经常在现实中发生冲突和力量的消长,并由此完成资源的配置和私人福利的分配。通过公共财政权与私有财产权的分野划定了二者的界线,保证了各自在经济发展中的独立地位,也进一步促进两者的互补相容。通过划定二者清晰明确的界限,为弱小的私权避免公权的侵害建立了防线。确认财产权是划定我们免于压迫的私人领域的第一步。[4] 从私有财产权与国家财政权的产生方式来看,只有具有稀缺性的、为人们所需要的、具有可控性的财富才有可能进入财产权的范围。这表明财产权本身的范围是有限的。在有限的财产权范围内公共财政权与私有财产权同时存在,此外,两者又互为边界,谁也不可能完全包容对方或吞噬对方而单独存在,谁也无法脱

〔1〕 参见刘剑文:《强国之道:财税法治的破与立》,社会科学文献出版社 2013 年版,第 31 页。
〔2〕 参见何真、唐清利:《财产权与宪法的演进》,山东人民出版社 2006 年版,第 146 页。
〔3〕 [美]道格拉斯·C. 诺斯:《制度、制度变迁与经济绩效》,刘守英译,上海三联书店 1994 年版,第 36 页。
〔4〕 参见[美]路易斯·亨金、[美]阿尔伯特·J. 罗森塔尔编:《宪政与权利——美国宪法的域外影响》,郑戈等译,生活·读书·新知三联书店 1996 年版,第 154 页。

离对方而获得意义,这也正说明了二者之间的对立统一应遵循有限原则。西谚有云“我的茅草屋,风能进、雨能进,国王不能进”,此处的“屋”便是公共财政权与私有财产权的一个界限。以此为界,在一定的范围内是私有,而超出了该范围就成了公共财产。划分二者的界限,决定了公共财政权与私有财产权不能无限扩张,使其双双成为真实的存在。[1]

(三)权力制约:对于公共财政权的权力配置限制

古往今来,任何不受约束的权力必然被滥用。因国家或集体掌握着巨大的公共财产,一旦其滥用权力或即使是失误也会对社会成员造成巨大的伤害。如上文所述,公共财政权的发展首先来自个人权利的让渡。支持个人主义模型者无疑会得出私有财产权保护优位的结论,故而财产权的行使逻辑也以不损害公共利益和他人利益为限的高度利己主义为核心;而支持公共财政权利模型者则会倾向于公共财政权功能的重要性。但无论是基于何种标准,即便发展至福利国家逻辑下的公共利益优先,面对公共财政权的含义重构,我们要着重考虑的也是对公共财政权的制度约束。在历史中,由于我国当时的“强国家,弱社会”特点,国家凭借强大的政治权力行使财产权,私有财产权的地位并未得到有效尊重,甚至在实践过程中出现了与公共财政权的混同。诸如历史上“共有私用”等借公权力之手侵害私人及公共财政权的情况时有发生,即是公共财政权在权力配置中缺乏有效的权力监督的结果。

公共财政权的概念提出与含义重构,是我国现代国家财政治理体系的必然路径,更是我国在市场经济条件下深化财政制度改革的必然目标。在制度概念设计中,我们要坚持公共财政权与私有财产权的分离,建构一种更具包容性的公共财政权概念体系。在公共财政权与私有财产权互动过程中笔者发现,私有财产权与公共财政权既紧张对立又互为表里,显现出逐步融

---

〔1〕 参见何真、唐清利:《财产权与宪法的演进》,山东人民出版社2006年版,第147页。

合的态势。尽管私有财产权与公共财政权存在天然的紧张对立关系,但协调解决此间的紧张关系的钥匙就是宪法。通过宪法的制度约束,在私权利主体与公共财政权的行使主体间达成合意,政府凭借公共财政权通过征税、国有资产经营等形式从私权利主体手中获得财产,进而通过资源的重新配置合理地在公和私的领域中做出财产配置,并通过二次分配调整私有财产的分配缺陷,以期实现宏观经济的稳定。私有财产权的限制和公共财政权的优位,并不损害私有财产权,而是降低私有财产权发展中遇到的风险,并在可持续发展和更好地保护私人利益的总体平衡的情况下,满足人民群众多样化的利益需求,[1]而这也正是公共财政权的重构逻辑。

三、公共财政权的权力类型

作为国家治理的基石和实现国家意志的重要公权力手段,公共财政权具有重要意义。根据目前学界对于公共财政权的研究,对于公共财政权概念进一步细化后的内涵,学界并未形成统一的共识。为进一步厘清公共财政权的具体内容,在此我们尝试对公共财政权从不同角度进行分类总结。

(一)按照财政权主体划分

根据拥有公共财政权的主体不同,公共财政权一般可分为立法机关的公共财政权、行政机关的公共财政权以及司法机关的公共财政权。狭义的公共财政权是指立法机关的公共财政权,又称议会财政权,指议会享有对国家的财政决定权和对政府的财政监督权。[2] 其中,财政决定权包括决定国家财政以及预算、税收、债务的权力,财政监督权包括预算事前审议、决算事后审批以及公共资金的审计。以美国为代表的西方三权分立国家,议会财政权又称"钱袋权",其财政权仅属于国会,国会享有对财政事务至高无上的决定权。广义的公共财政权不仅包括立法机关的公共财政权,还指国家凭

---

〔1〕 参见熊伟:《宪政与中国财政转型》,载《法学家》2004年第5期。
〔2〕 参见蔡定剑:《中国人民代表大会制度》,法律出版社2003年版,第126页。

借国家主权所享有的行政机关的公共财政权以及司法机关的公共财政权,他们与立法机关的公共财政权一道组成了公共财政的权力体系。其中广义范畴之下议会财政权除了狭义中的预算审议权、预算监督权等概念范畴,一般还包括财政立法权。行政机关的公共财政权,又称政府财政权,包括财政分级管理权、财政收入征管权、预算方案编制权、财政收支监督权、财政审计监察权,直接涉及财政活动的中观和微观运行。司法机关的公共财政权是指司法机关对于财政、税收案件的司法裁判权。[1]

(二)按照财政活动类别划分

就公共财政权行使的内容而言,公共财政权可以分为公共财政收入权、公共财政支出权以及公共财政管理权。公共财政收入权是指国家基于宪法和法律授权而获得财政收入的权力。从各国规定来看,课税权、规费收入权、国有资产运营权以及国债发行权是财政收入权的主要组成部分。公共财政支出权是指国家将财政资金用于宪法和法律规定项目的权力,包括国家运行行政成本支出、经济调控支出、社会福利给付支出、财政转移支付支出等内容,以满足民众的公共需要。公共财政管理权是指国家对公共财政资金以及国有资产进行管理的权力。[2] 需要注意的是,财政收入、财政支出和财政管理的区分是相对的,三者属于政府内部的权力分工,实践中有可能以复合形态出现并集中于一个部门。三者应该是三位一体的权力关系,公共财政收入权以提供行政的财源为目标,则国家能够参与国民财富分配取得财政收入必然依赖于财政资金的管理与支出效果。尽管公共财政收入权似是对公民财产权的剥夺与限制,但在另一个环节,又通过公共财政支出权与公共财政管理权重新回馈于公民自身。[3] 三者通过合力,共同实现国家财政目标与民众的福利保障。

---

〔1〕 参见姚来燕:《我国人大财政权研究》,中国检察出版社2010年版,第38-40页。
〔2〕 参见熊伟:《财政法基本问题》,北京大学出版社2012年版,第73页。
〔3〕 参见刘剑文主编:《民主视野下的财政法治》,北京大学出版社2006年版。

(三)按照权力属性划分

笔者认为,要完成现代国家的公共财政权的宪法构造,宜对宪法理论层面的积极权力与消极权力做完整考察,避免将公共财政权概念割裂而破碎化。首先,从消极权力视角分析,公共财政权产生于公民对自身财产权利的让渡,目的在于对公民财产的管理、分配和保障。自西方近代文明国家建立以降,古典自然法学派提出,国家产生于公民对其财产和安全受到保护的需要。霍布斯是最早强调财产权是一种法律权利的政治哲学家,他并不认为自然状态下存在私有财产权。[1] 洛克主张财产权是一种自然权利,"人们联合成为国家和置身于政府之下的重大的和主要的目的,是保护他们的财产。……国家的收入是每个公民所付出的自己财产的一部分,以确保他所余财产的安全或快乐享用"[2]。面对强势的公权力,私有财产权的保障一方面依赖于宪法和法律对公民基本权利的保障,另一方面更需要法律和国家权力机关对政府公共财政权力的限制与监督。因此,公共财政权受之于民众,同样又受制于民众。基于公民财产权利的让渡,政府行使积极的公共财政权力,同时受到来自法律的约束。

其次,从积极权力视角分析,公共财政权的行使需要受到来自法律与公众的监督与限制。自20世纪以来,国家权力日益强大,国家类型由"夜警国家"转为"行政国家",政府行政职能愈发扩大,管控范围愈发复杂,随之而来的便是国家对于公民私人财产的获取需求日益增加。公共财政权的行使,一方面形成了对私有财产权的潜在威胁,另一方面造成了对社会财产资源的二次分配。亚当·斯密在《国富论》中对此总结认为[3],组建国家的基

〔1〕 参见[英]霍布斯:《利维坦》,黎思复等译,商务印书馆1985年版,第192页。

〔2〕 [英]洛克:《政府论》(下篇),叶启芳、瞿菊农译,商务印书馆1964年版,第77-88页。

〔3〕 "公共资本和土地,即君主或国家所特有的二项大收入泉源,既不宜用以支付也不够支付一个大的文明国家的必要费用,那末,这必要费用的大部分,就必须取给于这种或那种税收,换言之,人民须拿出自己一部分私的收入,给君主或国家,作为一笔公共收入。"参见[英]亚当·斯密:《国民财富的性质和原因的研究(上)》,郭大力、王亚南译,商务印书馆1974年版,第383页。

础之一便是作为物质基础的财政,为保证国家正常运行,现代国家通过赋税等法定形式从公民手中取得财产,由此建立以税收为财政基础的现代税收国家。从这个角度来看,作为保护公民人身与财产安全、提供社会保障等国家义务的对价,国家从公民手中直接或间接、经法定形式取得的财产即为"公共财产",其对公共财产获取、支配、管理的权力,便是公共财政权。故而,同私有财产权的保护与制约不同,公共财政权是在公法的规制监督体系下,协调纵向财产关系,保障私人与政府的利益平衡,通过法律将两者有机地衔接在一起,从而构建起公共财政权的完整权力框架。

综上,公共财政权是现代国家权力要素关系间的基石,也是现代国家宪法秩序的起点,在国家权力结构的宪法安排中具有重要意义。本书在接下来的探讨中所使用的公共财政权概念意图跳出议会财政权或广义三合一财政权概念,笔者认为,公共财政权的定义可以概括如下:公共财政权应是一种独立的国家权力,它是基于公民同意、为促进公民权利的实现、在宪法及相关宪法性文件的规则框架之下,筹集、管理、使用财政资金的国家权力,它划定了社会与政治国家、公益之间的自由界限,赋予了国家在法定范围内进行管理和调控的正当性和可行性。

第二节　公共财政权的宪法内涵

公共财政权的宪法制度内涵应包括概念文本定位与法理价值定位两个层面,本节旨在通过论证为什么要在宪法层面讨论公共财政权的问题,阐释公共财政权的宪法制度内涵,以期回答通过宪法来规范、限制公共财政权的正当性问题。根据本章第一节的概念分析,我们可以明确基于公民私有财产权的公共财政权是一个宪法范畴的概念,这对于任何国家的法律体系而言,都应是恰当的判断。第一节厘清公共财政权的概念定位之后,我们在本节需要进一步从法理基础和宪法价值视角探讨公共财政权的宪法基础和制度内涵,以期明确公共财政权在宪法上的法理和价值定位。

一、公共财政权的法理基础

探讨公共财政权宪法构造的正当性,应在法理层面明确公共财政权的权力来源。宪法确立以后,国家权力的正当性基础全部奠基于现行的宪法秩序之中,而实证法不再关注正当性问题,这是法治发展的必然体现。但是,回首现代国家制度发展历史,我们又看到,国家权力的运行不能简单寄托于宪法文本,在民主的发展中,这种权力正当性必须随着权力实践获得不断的论证,[1]公共财政权概念的提出一定需要在国家权力正当性层面获得理论的支持和建构。下面我们从国家本质入手,解释现代国家公共财政权的正当性来源与表现。

(一)社会契约——公共财政权的正当性来源

首先,公共财政权来自公民财产权并属于人民主权。财产权作为现代国家建构的逻辑起点,是公共财政权的制度基础。因此,分析公共财政权的正当性,应从财产权的生成入手。财产权在古典自然法理论中作为一种天赋权利,先于国家赋税权利而生,作为现代国家及社会建立的基础条件,财产权发展与市场经济的发展具有密切的联系。财产权的概念来自拉丁语,其狭义层面是指私人拥有的私人生活资料,广义上则包含生产性财产和非生产性财产,包括自我增值的资本、土地及排他占有的食品、衣物等。[2]随着经济社会的快速发展,财产权的概念范畴亦在发生着变化。纵观西方近代市民社会建立历程,无论是近代旧市民社会还是现代新市民社会,都打

---

〔1〕 参见朱孔武:《财政立宪主义研究》,法律出版社2006年版,第202页。
〔2〕 参见赖勤学:《转型与立序》,载《天府新地》2005年第1期。

着“财产的私有及其保护”的口号。[1] 换言之,随着现代国家和以人民为中心的逻辑深入,私有财产权的保障便应成为基本的制度安排。自霍布斯、洛克以降,西方近代思想家均对财产权的重要价值进行了详尽的论述和研究。洛克在《政府论》中的“如果任何人凭着自己的权势,主张有权向人民征课赋税而无须取得人民的那种同意,他就侵犯了有关财产权的基本规定,破坏了政府的目的”[2]的论证,已成为研究财产权与宪法关系的经典表述。实践领域,目前世界上各主要发达国家都将财产权作为基本权利和法定权利直接写入宪法或宪法性规范。财产权已经成为宪法公民权利保障中最为重要的基本权利之一,成为各国保障公民自由的核心组成要素,受到宪法和法律的特别保护。

其次,公共财政权的行使来自公民财产权的限制与让渡。基于社会契约论权利让渡原则,为了保障公民私有财产权利,人民在制定财产权制度体系时,均认同其财产权应该受到限制。1791 年美国《宪法》第 5 条修正案规定,“经过正当法律程序,财产可以被剥夺以及有合理补偿,财产可以被征为公用”;1789 年法国的《人权宣言》第 17 条和 1848 年德意志的《保罗教堂宪法》第 164 条规定,财产权为不可侵犯的权利,但同时也规定财产权得依法征收及补偿。财产权有史以来,如同其他权利一样,应该受到限制。无论是德国的“社会义务”理论还是美国的“警察权力”理论,均明确提出了关于公共财政权对于私有财产权限制的重要性问题,具有深远的历史影响。[3] 究其权力让渡行使的理论机制,根据许宗力教授观点,国家权力运用于特定国家机关与国民之间,所形成的民主正当性联系,建构一种制度性以及功能性

[1] 马克思对此曾论述:“从法律上来看,商品交换的唯一前提是任何人拥有对自己产品的所有权和自由支配权。”参见《马克思恩格斯全集》,中共中央马克思恩格斯列宁斯大林著作编译局译,人民出版社 1979 年版,第 454 页。

[2] [英]洛克:《政府论》(下篇),叶启芳、瞿菊农译,商务印书馆 1964 年版,第 88 页。

[3] 参见汪进元、高新平:《财产权的构成、限制及其合宪性》,载《上海财经大学学报》2011 年第 5 期。

的代议式民主。并且,由具有直接民主正当性的议会以公开的法定程序及多数决原则,来制定法律建立并维持国家及社会秩序。[1] 换句话说,在民主原则观点下,代议制机关对国家事务的参与权具有正当性基础。关于此点,无论是基于代议制机关对国家决定的参与权和监督权观察,还是关于代议制机关本身的民主正当性观察,代议制机关的参与行为原则上具有天然正当性。[2] 通过人民主权下的公共财政权交由国家行使,公共财政权实现了人民所有与让渡国家行使的权力分离,从而使社会契约下的政府财政行为有了法治化的必要性与可能性,公共财政权的重要性由此而生。

最后,公共财政权是保障公民财产权和公共利益的必要条件。宪法中财产权的设定意味着财产权在国家征税权之前。只有确立私有财产权的法律地位,方得对其进行征收税款,社会契约论为其逻辑前提。换言之,掌握绝对财产权利的个人是自己财富的所有者,未经本人同意或法律授权,政府无权随意获取,而政府倘若失去了法律所赋予的税收权力,就没有了存在的基本条件。所以政府对财产的所有者的依赖决定了在政府与公民的关系中,拥有私有财产的公民是第一位的,政府次之,政府是社会成员在为了获得单独的个人不能提供的安全和秩序让渡部分权利的基础上结成的组织,理所当然地要服务、服从于私有财产权的权利主体的利益和需要。由此可见,政府这一契约属性决定了它运作的目的、方向甚至具体方式,当然也决定了税收需要通过与私有财产权利主体的协商,财政支出将主要用于公共利益的需要,而公民借助预算制度参与各项公共财政活动,保证财政支出始终处于公众的监督与约束之下。[3] 通过公共财政权的行使,政府对公共财产进行二次分配使用,以此实现对于社会秩序的维护和福利国家的构建。

---

〔1〕 参见许宗力:《行政命令授权明确性问题之研究》,载《法与国家权力》,台北,月旦出版公司1992年版,第215页。

〔2〕 参见黄俊杰:《财政宪法》,台北,翰芦图书出版有限公司2005年版,第265-292页。

〔3〕 参见冯俏彬:《私人产权与公共财政》,中国财政经济出版社2005年版,第235-237页。

(二)国家治理——公共财政权的正当性核心

公共财政权正当性的核心就是现代国家的功能建构及其政治秩序的稳定性的问题。虽说政治的本质是强制与服从,但是正如卢梭所说:“即使最强者也不能总是强大得足以永远做主人,除非他把权力转化为权利以及把服从转化为义务。”这一转化的过程正是政治权力正当化的过程。[1] 公共财政权的正当性在于现代国家治理能力的建构,其是国家治理过程中的关键权力。

首先,国家治理能力的建构是公共财政权行使的目标所在。从国家与国民的契约角度,国家在行使公共财政权时不仅要考虑到与市场之关系,更要考虑国民对于享受公共产品和公共服务的权利要求。凡一国国境之内的国民,均有权要求国家对其需求的实现承担一定的责任义务。基本权利代表的便是与人之基本生活直接联系的需求,其他权利可以认为是衍生自基本权利,并由宪法和法律予以确认。1948 年联合国大会通过《世界人权宣言》,系统地确认了包括生命权等基本权利、司法过程中的人权、人身权利、公民和政治权利、经济文化生活权利等五大类权利。这些权利的实现,一方面依赖于限权国家的消极克制,另一方面也需要国家的积极参与,通过对国民有度负担,以承担起协助国民追求幸福权利之责。个人享有的基本权利,既是社会之源,也是源于社会的存续。公共财政权的正当性也是奠基于此,通过社会契约确立国家责任,将国家的公共财政权力从权力运作转向责任的履行,从而更好地服务于公民。[2]

其次,国家治理能力的建构来自预算支出的功能保障。公共财政权通过税收、公债等方式获取财产,但财产本身或国家生产不是目的,税收的目的在于支出,进而为保障人民的权利提供财政支持。对于公共财政权的正

〔1〕 参见周濂:《正当性与合法性之辩——评戴岑豪斯〈合法性与正当性〉》,载《读书》2014 年第 5 期。

〔2〕 参见郭维真:《中国财政支出制度的法学解析——以合宪性为视角》,法律出版社 2012 年版,第 53 页。

当性考量一定不能忽视财政收入与预算支出的制度性关联，否则，国家权力便如同“税收机器”一般，公共财政权的正当性便无从谈起。预算制度是现代国家代议制机关对公共财政权进行审查的核心要素之一。[1] 美国学者威尔达夫斯基有言，“财政预算占据了国家政治生活的大部分，这个过程包括权力、权威、文化、舆论、同意和冲突”[2]。将代议制机关的审查与议决程序，列为预算定义之其中一项要素，主要是为了实现国民与国家重要事项，民主正当性之内在联系，并以预算方式表达对国家施政计划之控制。因此在宪法秩序中，必须把财政收入与支出作为一个整体进行考量，唯有如此，公共财政权的正当性才能得到解决，其所代表的公权力才能受到合宪性控制。

最后，国家治理能力的建构的核心目标定位于公民权利的保障。公民基本权利的保障是宪法一项中心任务，而实现这一目标最为关键的因素无疑是规范国家公权力的运行。因此保护基本权利应该作为检验任何宪法解读的参照点。[3] 回首公共财政权的历史发展，国家公共支出大幅增加，国家财政规模扩大，公共财政从不干预经济向积极干预经济转变，财政问题成为国家治理中的重要问题，宪法有关财政的规定增加，许多国家的宪法专门增设财政专章。可见，在不同历史阶段上，国家所扮演的角色定位各有不同，国家在保护公民的经济、文化、社会权益时，不仅负有尊重个人选择自由的消极义务，还应负有直接供给以及采取适当措施，提供福利的机会的积极义务。通过赋予儿童、老年人、残疾人、智障人士、少数民族等经济、社会、文化权利，国家为其提供特定的享受劳动权、受教育权的机会，甚至直接提供

---

〔1〕 根据蔡茂寅先生观点，所谓预算，乃是指国家于一个会计年度内，以岁入岁出为中心所订立的财政计划，经议会决议而成立，授权并课政府以执行义务之制度。参见蔡茂寅：《预算过程的统制》，载《现代宪法论》，台北，元照出版公司2000年版，第360页。

〔2〕 Wildavsky Aaron, *Budgeting and Governing*, Transaction Publishers, Introduction 2001, p. 6.

〔3〕 参见[美]凯斯·R. 桑斯坦：《偏颇的宪法》，宋华琳、毕竞悦译，北京大学出版社2005年版，第158页。

基本需求,以此帮助弱势群体走出困境摆脱弱势地位。[1]

综上,公共财政权是公民财产权让渡给国家行使,其在宪法的制度设计中不仅要保障国家的财税汲取能力,还应保障国家公共财政权与私有财产权的制度均衡,任何一方的偏颇都将导致国家财产体制的失衡乃至混乱。因而更需要宪法在公共财政权的构建中更好地平衡不同的价值诉求。

二、公共财政权的宪法价值

探讨公共财政权宪法构造的正当性,应确立公共财政权在宪法层面的价值理念。如果说法理阐释中的权力来源是公共财政权宪法构造的制度基础,那么宪法价值就应是公共财政权宪法构造的骨骼、血脉。确立公共财政权的宪法价值,方能彰显公共财政权的公平正义之属性,明确宪法构造的价值关怀。学界已对有关财政权基本原则进行了梳理研究,在原则层面,相关学者概括各有不同,又互有重合。[2] 本书意在从宪法价值层面提出公共财政权的价值理念,部分基本原则偏重于对财政权进行操作性和技术性层面的考量,笔者认为并不适宜在宪法价值层面阐述。本书认为,公共财政权的宪法价值主要包括财政民主、财政法治与财政公平。

(一)财政民主价值

民主已成为今天世界各国所普遍承认的原理及制度,其在财政领域的表现则为财政民主。自议会制度成立以来,关于国家财政处理的权限,即与人们直接负担有关的课税权,必须经由代议制机关的议决通过,西方现代各国政府皆是如此。诸如英国1215年《自由大宪章》、1628年《权利请愿书》、1689年《权利法案》和法国1789年《人权宣言》第13-14条及美国的独立革

〔1〕 参见朱孔武:《财政立宪主义研究》,法律出版社2006年版,第218页。

〔2〕 有关财政权基本原则的论述,参见熊伟:《财政法基本原则论纲》,载《中国法学》2004年第4期;王源扩:《财政法基本原则研究》,中国人民大学2001年博士学位论文。

命,皆与财政有密切关系。[1] 如上所言,财政作用是国家取财于民、用之于民的过程及结果,而鉴于其公共事务的特点,在国家主权原则的拘束之下,有必要依国民多数意见形成决策并予以监督,此为财政民主的意义所在。换言之,由于政府获取财政收入并加以支出,并对公共财产进行管理、运作,在人民主权原则的约束下,均属于人民对于权力的让渡和授权,就其过程和结果而言,当然应受到国民意思之拘束并受其监督。蔡茂寅先生将财政民主概念概括为:国家财政应属人民所有,受人民管理、制约,并为人民之利益而存在。[2]

就财政民主的实现形式而言,在今天代议制民主已成为现代国家的主要民主形式的情况下,财政议会民主应是民主理念在财政领域的最直接体现。多国宪法也在其文本中对财政议会民主进行了确认。例如,日本《宪法》第83条规定,"处理国家财政之权限,应依国会之议决行使之"。坚持财政议会民主的理由,有以下三点:首先,国家活动所需之资金,最终仍由国民提供;国家管理、使用之财产的原始资金亦是从国民处取得,因此,此种取之于民,接受国民"委托"财产的管理、运用,当然应受到议会的限制。其次,公共财政权是国家宪治的重要权力,财政事项亦是国家经济生活的大事,所以在计划之初就有必要由议会参与决策,并在执行之后向议会负责报告。最后,是基于公共财政权在政治上的重要性。在财政支出领域,预算审议案具有准法律性质,故而理应由代议制机关行使相关权力。[3] 中国共产党第二十次全国代表大会报告中明确提出,发展全过程人民民主,保障人民当家作主。其中一个重要体现就是在财政预算工作中充分发扬全过程人民民主的

[1] 参见廖钦福:《现代财政国家与法——财政法学之构筑与法课题之展开》,台北,元照出版公司2011年版,第81页。

[2] 参见蔡茂寅:《略论财政法之基本原则》,载张献勇主编:《财政立宪与预算法变革:第二届中国财税法前沿问题高端论坛论文集》,知识产权出版社2013年版,第321-329页。

[3] 参见廖钦福:《环境特种基金之财政民主统制》,载张献勇主编:《财政立宪与预算法变革:第二届中国财税法前沿问题高端论坛论文集》,知识产权出版社2013年版,第330-348页。

价值要求，保障人民群众参与预算监督等各项财政活动。

（二）财政法治价值

民主与法治是现代国家的两大基石，缺一不可。但在财政权领域，多闻众人对于财政民主的强调，财政法治却在过去的发展中遭到忽视和冷遇。究其原因，有学者归咎于财政权的隐而不彰所导致的法规范、法理论不足。财政权作为法定权力不应全然置于法治主义之外，否则将导致财政民主的漏洞，民主治理需要以立法权规范和监督行政权的运行，而立法权在财政领域重要表现就是制定相关法律和预算审议，两者相辅相成，缺一不可，共同构成财政民主的主干。〔1〕

古典法治原则系以形式的依法行政三原则即法律保留、法律优先和法律的法规创造力原则所构成的。首先，就法律保留原则而言，税收法定主义已成为世界各国的基本共识。日本《宪法》第84条规定，“新课或变更现行租税时，应依法律或法律所定之条件”。2015年我国《立法法》修正时，全国人大也提出了确立税收法定原则，并在2015年8月通过调整立法规划增加增值税法、房地产税法等立法规划，力图改变彼时我国18种税收中只有3项经法律确定的状况。但除此之外，在财政管理、行使以及支出领域，法治原则的适用仍面临着诸多的挑战。其次，就法律优先原则而言，由于在财政法领域法律规范缺失现象突出，因此公共财政的全面性是财政法治原则的重要要求。〔2〕 其含义不仅指将一国政府的全部财政收支技术性地、规则性地列于一份统一的静态预算案那样简单，而是通过公众及代议制机关是否能够对整个财政活动实施动态监控来予以判断。财政法治的全面性目的在于

〔1〕 参见蔡茂寅：《略论财政法之基本原则》，载张献勇主编：《财政立宪与预算法变革：第二届中国财税法前沿问题高端论坛论文集》，知识产权出版社2013年版，第321-329页。

〔2〕 2004年经济合作与发展组织（OECD）在对各成员国的预算立法体系及其变革进行详细比较、梳理后，就现代各国制定预算法体系的原则给出十大推荐性意见，其中全面性原则作为特别重要原则受到推荐。参见丛中笑：《公共财政视阈下我国〈预算法〉的修订》，载张献勇主编：《财政立宪与预算法变革：第二届中国财税法前沿问题高端论坛论文集》，知识产权出版社2013年版，第37-57页。

通过对动态财政过程的管控将政府的一切收支活动纳入规范化、法治化轨道，纳入代议制机关及公众的监控视野，实现国家公民对于政府财政收支活动的直接或间接的参与、控制和监督，以期实现财政法治的要求。〔1〕 法律的法规创造力原则主张，凡含有法规(法律事项)者，均由法律创造。随着立法机关地位的强化，法律事项的范围也在扩大，法规的界定亦随之扩张。从我国宪法而言，应将一般性规范作为判断法律事项的标准。国务院只能在宪法规定的职权范围内根据法律制定执行性的行政法规，或者在法律专门授权时制定补充性、创制性行政法规。〔2〕 如此，方能在人大制度之下理顺财政法治项下法律、行政法规和诸多规范性文件的关系，维护现代国家治理体系下的财政法治秩序。

如上所言，古典的依法行政法治原则在财政领域的功能相对有限，面对财政领域的实践发展，在现代国家财政治理体系的构建中，我们更应秉持着实质法治的精神原则，在财政权的行使中由 Rule by Law 变为 Rule of Law 的动态管理。财政民主历来强调财政权的行使需经议会的议决同意，不免偏向于程序层面，而财政法治除强调应以严谨的法律形式监督规范财政权的行使之外，还要求每一个行政机关、公民个体在财政领域坚持法治理念，参与公共财政事务。

(三)财政公平价值

如果说财政民主与财政法治更多的是从财政行政关系的角度出发，那么财政公平则立足于规范财政分配关系，体现为制度上的平等对待和价值上的正义理念。〔3〕 它既包括财政收入方面义务人的公平支出，也包括财政开支方面权利人的公平收益，还包括在财政程序上的同等条件同样处理。公共财政权所追求的是与市场经济良性互动的民主和法治状态，财政公平

〔1〕 参见丛中笑：《公共财政视阈下我国预算法的修订——理念更新·原则重构·权力配置》，载《江西社会科学》2011 年第 11 期。

〔2〕 王贵松：《论法律的法规创造力》，载《中国法学》2017 年第 1 期。

〔3〕 参见熊伟：《财政法基本原则论纲》，载《中国法学》2004 年第 4 期。

既是财政体制的必然要求，也是政治民主的有力保障。[1]

在制度层面，财政公平是财政分配的基本要求和指导原则。作为公共财政权的宪法价值，财政公平在今天转型中国有重要意义。随着经济发展，在改革开放之初“让一部分人先富起来”的口号影响之下，东西部地区之间、同一地区不同人群之间贫富差距日益拉大。国家统计局数据显示，2012年基尼系数为0.474，连续十年保持在高位运行。对此，我国宪法法律在保障公平分配上作了许多具体规范，有必要进一步丰富和加强在宪法层面对财政公平价值的内涵阐释，促进共同富裕。在现代西方国家，财政公平早已成为公共财政权的调控理念。20世纪70年代以后，西方许多国家和地区都通过立法方式充分利用财政宏观调控手段，例如，德国颁布了《经济稳定与增长促进法》；日本颁布了《租税特别措施法》和《农业现代化资金促进法》；美国陆续颁布了《充分就业与国民经济平衡增长法》和《税收法》；欧盟于1997年在德国《经济稳定与增长促进法》的基础上完善出台了《增长与稳定公约》。[2] 由国家主动介入经济生活、社会福利，不但要保证起点公平、保障每一个弱势群体得到同等的机会和财税政策支持，消除制度性歧视，更要保障实质公平，为弱势群体提供倾斜性财政政策，通过公共财政权的积极行使，保障每一个公民的受教育权、生存权等基本人权，在制度层面通过二次财政分配为弱势群体提供国家应尽的财政义务。

在价值层面，财政公平是公共财政权作为调控手段的价值导向。一般而言，在效率方面，市场机制具有比较优势，而在实现公平方面，财政权更有比较优势。公共财政权制度设计配置应当有助于促进社会效益最大化。人们通常把财产权保障视为促进经济福利和社会效率的一个不可或缺的工具。这里所说的效益是指社会整体的福利，或者社会最大多数人的最大幸

〔1〕 参见王桦宇：《预算法治与财政法基本原则》，载张献勇主编：《财政立宪与预算法变革：第二届中国财税法前沿问题高端论坛论文集》，知识产权出版社2013年版，第114-124页。

〔2〕 参见胡伟、程亚萍：《财政权之法理探究》，载《现代法学》2011年第1期。

福。人们普遍认为,法律应当创造条件,通过合理的制度设计,促进社会的物质财富和精神财富的总量的增长。效益也是法律的价值目标。资源的"稀缺"现实告诉我们,法律最重要的作用不是"分蛋糕",而是"做蛋糕",是促进资源的"效率"配置,即促进"财富最大化"。所以,公共财政权制度保障的目的不仅在于维护个人的自由,更在于促进资源的公平分配,以增进社会利益。[1] 法律对财产权的保护,并不等于对公共财产的限制以及私有财产神圣不可侵犯,恰恰相反,为了经济的增长和社会的发展,为了公共目的的实现,一定要充分发挥公共财政权的功能,通过资源配置实现公共利益的最大化。其中,公共方面的财产"权利"一定要得到承认和尊重。总之,公共财政权的财政公平的制度设计,就是要通过公共财政权的彰显进而实现既能保证公平又能促进效率这个目标。正如罗尔斯在《正义论》中有言:"一个社会体系的正义,本质上依赖于如何分配基本的权利义务,依赖于社会不同阶层中存在的经济机会和社会条件。"[2]财政公平要求在公共财政的大框架下,合理调控和分配经济资源和财政要素,从"效率优先,兼顾公平"转向"公平优先,兼顾效率",从而实现财政收入下的公平课税和财政支出下的公平受益,最终实现经济伦理公平和社会普遍正义。[3]

三、公共财政权的合宪秩序

在明晰公共财政权的法理基础和宪法价值之后,公共财政权的合宪性秩序构建就是建诸法理基础和价值骨骼之上的繁茂枝叶,三者的融汇合一构成了公共财政权宪法构造正当性的逻辑阐述。由于公共财政权作为公权力在合宪秩序上的规范制约,故而需要宪法且只能通过宪法构造,方能厘清公共财政权宪法构造的权力边界,规范权力的运行与范围。如上文分析公

[1] 参见王文宇:《民商法理论与经济分析》,中国政法大学出版社2002年版,第39页。
[2] [美]约翰·罗尔斯:《正义论》,何怀宏等译,中国社会科学出版社1988年版,第7页。
[3] 参见王桦宇:《预算法治与财政法基本原则》,载张献勇主编:《财政立宪与预算法变革:第二届中国财税法前沿问题高端论坛论文集》,知识产权出版社2013年版,第114-124页。

共财政权通过对公民私有财产权的限制,获得对公共财产进行征收、管理、分配的权力,但此种限制是有条件的,公共财政权的权力行使必须有一定边界。因此,在明晰了公共财政权的法理基础和宪法价值之后,有必要对公共财政权的权力合宪性做进一步分析。在此我们试图通过对公共财政权的合宪性探讨,提出对其性质、效力的理解,分析此种行为类型在宪法上的权力界限与判断标准,阐述公共财政权的权力基础,此均涉及作为国家权力的公共财政权的宪法界限划分问题。对于公共财政权的合宪性分析,我们将从宪法观点出发,希望对公共财政权的权力理论基础具体化,进而获得更进一步的认识。

(一)合宪秩序:公共财政权的形式合宪性要求

所谓合宪秩序,是指国家公共财政权相关法律规范必须符合宪法秩序规范。公共财政相关法律规范散见于宪法相关法、行政法、经济法以及行政法规及其他规范性文件之中。在法律位阶上,宪法效力最高,法律次之,下位阶规范不得抵触上位阶规范,否则抵触者无效。

公共财政权的合宪性基础,具体而言,是指公共财政权相关法律规范体系的位阶秩序。自德国《魏玛宪法》以来,德国、日本和韩国等国宪法都规定,财政的内容,由法律定之。施密特的“制度性保障”说和哈耶克的“分立的产权”说等,都认为,财政属于制度创设的权利。既为制度创设,而且宪法又将创设权委托给了普通立法机关,那么,财政权的客体形式、权能形态、主体间的范围界定,以及财政权力行使的原则、程序和方式等,都应该尊重习惯和法律的明确划定。依国民主权原则,立法机关具有直接的民主正当性。关于框架内容之填补与充实,可以认为立法机关系最适合的机关功能主体,而享有一定程度上的形成自由空间。[1] 公共财政相关法律规范需要在

〔1〕 参见李建良:《论立法裁量之宪法基础理论》,载《宪政时代》2000年第2期。

宪法之下进行规范审查,[1]根据欧洲大陆法系"法律位阶理论",上位规范决定下位规范产生的条件,下位规范执行上位规范所规定的具体化措施。根据葛克昌建构的金字塔形规范秩序,在公共财政权合宪秩序的最高位阶宪法层面,有实质财政宪法与形式财政宪法的相对概念,在整个金字塔规范体系,越往上层规范者,愈加抽象;越往下层规范者,愈加具体。[2] 例如,美国在 1787 年《宪法》统一授权之下,于 1921 年颁布《预算和会计法案》,进一步建立并完善现代预算制度体系,规范财政权力的行使。德国基于《基本法》第 72 条"要在全国各地实现均等化的生活水平"之规定,颁布《财政平衡法》,旨在通过不同地区之间税收收入的再分配,对于财政收支给予重新调整,以期达到各州财政收支的基本平衡。因此,我们将在下一章通过对现代西方国家公共财政权发展的考察,进一步理解关于公共财政权的具体化内容。

(二)比例原则:公共财政权的实质合宪性考察

比例原则已经成为世界各国认可并普遍适用的一项公法原则。在公共财政权制度实践中,国家公共财政法律规范即使以实现公共利益或保护他人利益为目的,也不得随意限制公民的基本权利,在实现目标的过程中必须注意手段的选择以及手段与目的之间的关联,即必须符合比例原则。任何公共财政法律规范均应符合比例原则,否则即是对合宪秩序的违反。其包含三项子原则:适当性原则、必要性原则和狭义比例原则。

首先,适当性原则要求所采取的手段必须有助于实现所追求的目标,对

---

[1] 判断公共财政权行为是否合乎宪法秩序。根据我国台湾地区翁岳生先生观点,一般而言,审查的概念是一个由基准、客体、程序所构成之形式结构,是一种"实然"与"应然"之间的比对过程。规范审查,指法官依据一个上位规范(审查基准),对于其下位规范之有效性(审查客体)的决定程序。法官系就下位规范与上位规范加以比对,以决定下位规范是否抵触上位规范。因此,审查基准、审查客体以及此二者间的关系的确定、审查时间等,都是研究审查之基本要素。参见翁岳生:《论法官之法规审查权》,载《台大法学论业》1995 年第 2 期。

[2] 参见葛克昌:《给付国家之公权力行使及其界限》,载《现代国家与宪法——李鸿禧教授六秩华诞祝贺论文集》,台北,月旦出版社股份有限公司 1997 年版,第 1319-1346 页。

于公共财政权的适当性审查核心聚焦在公共财政权对于私有财产权的限制,即这种公共财政的汲取资源手段能否真正促成其所追求目的的达成。这种适当性原则,相当于美国法上从“手段与目的的关联性”角度进行的“合目的性”审查。[1] 以代议制机关预算审查权为例。我们需要对国家权力行为本身的正当性与其权利的拘束性做区分考量,避免动态的权力体系模糊了我们对于国家代议制机关参与行为的判断标准。因此,代议制机关对国家事务的参与能够或应该到达何种程度?而怎样的参与程度才符合宪法权限分配的意旨?对于预算案的审查属于代议制机关的国家重要事项,但宪法对于代议制机关的预算审查仍在审查内容的范围与对象本身做出一定限制。代议制机关预算审查权的适当性原则考量应以代议制机关的预算审查权为对象,以代议制机关的预算审查权的规范依据为论证的出发点,基于法治国家运用法律的支配作为手段,旨在顺利达成保障人权的诉求目的,以此作为探讨公共财政权的内涵、范围与方式的基础。[2]

其次,必要性原则要求当存在若干同样能够达到目标的手段可供选择时,国家应选择对公民基本权利限制强度最小的手段。从西方各国经验来看,宪法审查的对象主要是立法机关与行政机关的规范性文件,宪法审判机关经审查宣布其违宪无效,从而保护公民基本权利不受国家公权力的侵害。但在公共财政宪法审查的范围考察中,各国均在权力有效性行使与有限性限制中保持了克制。即使自称实施最为严格的“三权分立”制度的美国亦并不主张违宪审查对议会的财政政策过多介入,美国《宪法》将开支权与联邦征税权视为一对孪生权力,包含在美国《宪法》第 1 条第 8 款之中,国会有权力为了公共福利进行开支,国会被宪法授予基于公共福利进行征税及分配财政的权力。在 United States v. Butler 案中,联邦最高法院对联邦经费开销

---

〔1〕 参见许宗力:《从大法官解释看平等原则与违宪审查》,载《法与国家权力(二)》,台北,元照出版公司 2007 年版,第 163 页。

〔2〕 参见黄俊杰:《财政宪法》,台北,翰芦图书出版有限公司 2005 年版,第 265-292 页。

权力采取了非常宽松的解释，倾向于给立法者极大的发挥空间，完全持“最小限度合理性”的理念，其拒绝适用《宪法》第十条修正案来限制国会为了公共目的而作的公共经费的财政开支权力。[1]

最后，狭义比例原则要求差别对待导致的损害小于所实现的目的。体系正义是“一般平等原则下立法者自我拘束的法理”[2]，亦是德国法上平等权的审查基准，它要求立法者在“创设一具有体系规范意义之法律原则时，除基于重大之公益考量以外，即应受其原则之拘束，以维持法律体系之一贯性”，“体系正义之要求，应同为立法与行政所遵守，否则即违反平等原则”。[3] 对于我国中央与地方财政转移分配中的相关做法，应从狭义比例原则出发，从“体系正义”的法理视角作体系化审视。为避免财政收支管理的地方化带来的各省市间的财政资源差距进一步拉大，对单一制国家的统一引发制度挑战，要立足于我国宪法规定的社会主义国家制度，从狭义比例原则出发，调整央地关系，确保中央监督职责权力有效实施，并通过中央财政的作为为各地方财政支出事项做出有力的财政保障，最终为完成国家统一的维护和国家认同的构建做出重要的贡献。

综上所述，公共财政权的合宪性构建是宪法及宪法性法律对于公共财政权的限制与规范。通过以经济法律秩序之位阶结构为前提的规范审查，我们将上述公共财政权印证于合宪性秩序加以分析，从而明确了公共财政权在宪法层面构造的正当性。但在我国立法实践中，对公共财政制度规范的合宪秩序与规范审查较少有讨论。唯有基于本国国情建立合宪性审查制度，才能在制度上填补法治监督的空白，才能真正解决公共财政权民主监督的问题。处理民主国家宪法的社会经济权利与国家财政分配问题，既应尊重代议制机关民主权力又需顾及行政机关有限的财政预算，故而在公共

---

[1] 温泽彬：《论公共财政监督与控制——以宪法为视角》，载《现代法学》2009 年第 6 期。
[2] 李惠宗：《“体系正义”作为违宪审查基准之探讨》，载《宪政时代》1990 年第 2 期。
[3] 田伟：《摇号购车中的平等权问题》，载明德公法网 2012 年 9 月 23 日，http://calaw.cn/article/default.asp?id=7591。

财政权的宪法审查中应着重通过对公共财政收支程序、公共财政支出用途、中央与地方财政划分等问题的合宪性审查，监督保障公共财政权的行使。在公共财政权的概念构建中，有待我们在后续章节对于公共财政权宪法审查的制度构建做进一步的探讨。

小结：公共财政权宪法构造的整体解读

根据本章的概念分析，在现代国家财政治理体系下，我们需要跳出传统的所有制分类标准，[1]建立现代公共财政权的概念体系。公共财政权基于公民的财产让渡与权利授权，并在权利主体的合意与监督下运行，构成对于自身权力行使的限制。但无论是历史上的纵向比较，还是各国间的横向比较，公共财政权制度在制度结构或制度体系上都存在巨大差异。因此，全面解读现代公共财政权的宪法构造，必须深入现代公共财政权制度体系的背后，去探索支撑公共财政权宪法构造的基本原理，进而从公共财政权的基本原理出发探究其权力本质属性及宪法构造的路径和发展。在进一步展开公共财政权的历史比较之前，本章的核心就是首先要厘清公共财政权概念的本质属性，并基于此阐明为何要在宪法层面研究公共财政权的建构问题。总结本章对于公共财政权宪法定位及正当性研究，公共财政权的实质就是宪法问题，其制度构造无论是从制度实践角度还是从文本规范角度都需要在宪法层面完成。究其理由，总结本章的研究论点，公共财政权的宪法属性可从以下三个层面进行阐释。

---

[1] 《宪法》第6条第2款规定："国家在社会主义初级阶段，坚持公有制为主体、多种所有制经济共同发展的基本经济制度，坚持按劳分配为主体、多种分配方式并存的分配制度。"第11条第1款规定："在法律规定范围内的个体经济、私营经济等非公有制经济，是社会主义市场经济的重要组成部分。"据此，我国所有制分类为公有制经济与非公有制经济，与之相对应，在财产权分类中一般也采取公有财产权与私有财产权的二元划分。

(一)公共财政权的“权力”属性是国家意志的体现

与前文我们所比较的相关财政概念相比,公共财政权较之宪法上的财产权、公有财产权等权利概念,在现实中的权力行使具有天然的扩张权力的本性和强势地位。基于公共利益对于私有财产权的限制,公共财政权通过税收等法定形式,征收私人财产以实现宪法之公共目的,如由国家财政支持建立的社会保障体系即是公共财政权的行使以国家名义实现对私人财产的二次分配。在历史的发展中,公共财政权的权力属性随着国家功能定位的改变而呈现出波动上升趋势。1870 年以前,自由放任经济居于西方主导地位,亚当·斯密的《国富论》中那双“无形的手”[1]主导了西方公共财政的发展。但进入 20 世纪 20 年代末期,经济大萧条来临,席卷全球的经济危机显示出单纯依赖市场的缺陷,一味地强调市场的力量已无法稳定宏观经济形势、保障私有财产权。故而在罗斯福新政时期,凯恩斯主义盛行,公共财政权力得到大幅度提升,通过公共财政权的积极投资,进而带动经济增长,保障公民私有财产权利,罗斯福主张政府在市场发展中应发挥积极的调节作用,一定程度上导致政府的功能大为增加,政府规模急剧膨胀。尤其是随着“福利国家”口号的提出及盛行,政府承担的社会职能愈发增加,国家权力的触角伸向了社会和经济的每一个角落,国家和社会出现了融合的趋势,其基本精神是注重公益、强化国家干预。与之相对应,公共财政权的权力触角愈发扩大,其价值属性也随之发生了转变。一方面,国家直接行使公共财政权,通过财政补贴和社会救济等财政支出,直接增加人民的财产权利;另一方面,通过公共财政权的间接行使,出台积极财政政策促进经济增长,也会使人民获得财富增值的机会,公共财政权的价值目标从保护“私人占有”逐步转换到维护“公平分配”。[2] 公共财政权凭借权力之手在维持国家经济

---

[1] 参见[英]亚当·斯密:《国富论》,郭大力、王亚南译,上海三联书店 2009 年版。

[2] 参见王福平:《试论宪政上公民财产权与公共财产权的关系》,中国政法大学 2005 年硕士学位论文。

宏观稳定上做出了巨大的成绩。

(二)公共财政权的“公共”属性是对公权力滥用的制约

现代国家公共财政权与传统财政权的概念演进中,公共性是其核心特征。针对财政权的“公共”属性,张馨等学者在1998年的公共财政权论战中进行了详尽的阐述,核心便是将权力置于公众监督之下,通过权力重构与程序规范对国家公权力滥用进行监督制约。公共财政权的公共属性,首先表现在私有财产权对公权力的天然制约关系。一般认为,公共财政权具有同私有财产权的先天对立特性,因其公共属性,公共财政权需要在权力行使中更好地处理与私有财产权的关系,接受其监督与制约。实现对公权力的制约,需要进一步加强私有财产权利的地位,法国思想家伏尔泰将私有财产权称为“抵制专制王权的堡垒”。公共财政权力与私有财产权利的对立的根源在于资源稀缺性,因其目的不同,财产权自诞生之日起,就出现了私有财产权与公共财政权的分野。从公共视角出发,一般认为在共同的目标建构过程中,私权利让位于集体,出现私利服从公利的结果;而换至私人视角,私主体个人利益则是私有财产权最为关注的重点,[1]所以私有财产权会对公共财政权的权力行使存在天然的制约。基于历史的经验教训,植根于现实中对国家权力肆意妄为不受约束的恐惧,各国宪法通过对私有财产权的保护以期实现对公共财政权的监督与约束。与私有财产权一样,公共财政权的权力指向对象也是公民个人的财产利益。在一个相对静态的过程中,公民与国家所掌握的财产呈现出零和博弈的状态,此消彼长互为对立[2],私有财产权与公共财政权之间一定程度上呈现出此强彼弱的相互制约和博弈关系。公共财政权的公共属性,其次表现在政府财政公权力的触角涉及公共

〔1〕 参见何真、唐清利:《财产权与宪法的演进》,山东人民出版社2006年版,第31页。

〔2〕 对此刘剑文曾举例,某人通过自身劳动合法获得100万元收入时,此100万元并非全部是其私人财产,而是私人财产与公共财产的合集。因为此100万元还需经过相关的税收法律法规在纳税人和政府之间进行分配,政府拿去法定公共财产之后的部分才是该公民的私人财产。参见刘剑文:《强国之道:财税法治的破与立》,社会科学文献出版社2013年版,第23页。

生活的方方面面。在福利国家的建构下,作为公共财政权力的行使主体,政府本身就好比一个大企业,通过税收、公债等方式来扩大政府的相关财政收入,所以政府也具有经济人对于利益最大化诉求。以上种种,造成了现实中的"强政府、弱社会"以及公共财政权与私有财产权的冲突对立。[1] 需要在进一步的财政体制改革中明确公共财政权的公共属性,进一步在宪法上强化对于财政权的权力配置制约,通过普通公民的监督形成对国家公权力的制衡和限制。

(三)公共财政权的"财政"属性是对公民财产权利的保障

公共财政权对于公民经济权利的保障,一方面来自理论上古典自然法和天赋人权思想的影响,另一方面来自现代福利国家建构过程中对于国家权力愈发积极的要求。公共财政权的实质目的要求与私有财产权互补统一,尽管两者存在制约对立的紧张关系,但公共财政权是私有财产权成立的保障,没有公共财政权,私有财产权就无法得到保障,而这也正是私有财产权与公共财政权互补统一的体现。短期来看,公私资源配置与私有财产收入分配间有不可避免的矛盾,纳税主体特别是纳税大户的利益似乎受到了严重的削弱;然而从中长期来看,私有财产权与公共财政权一荣俱荣一损俱损,宏观经济稳定是公共财政的一项基本职能,而倘若失去了宏观经济的稳定发展,私有财产权利主体的利益将受到必然的打击。自西方现代国家宪法制度建立以来,在传统向现代国家的转型中通过对于财政权的建构,使公共财政权实现了保护人民的财产权这一首要职责。美国 1787 年《宪法》和法国的 1789 年《人权宣言》,都把私有财产权的保护置于首要的地位,将其确立为现代国家得以存在的法理基础,是个人自由的保障。[2]

综上,公共财政权本质上是一个宪法概念,其对于整合国家、社会财产

---

〔1〕 参见王福平:《试论宪政上公民财产权与公共财产权的关系》,中国政法大学 2005 年硕士学位论文。

〔2〕 参见高全喜:《财富、财产权与宪法》,载《法制与社会发展》2011 年第 5 期。

资源具有重要意义,公共财政权概念和体系的构建应立足于宪法层面的整体规范,建立一个开放、多元、包容的概念体系。将整合的财政资源在公开、透明、可控的制度体系下集中于国家建设、社会保障,不仅有效地加强了国家财政调控能力,更从制度层面为民众对公共财政权制度体系的合意与监督提供了路径保障。

第二章

公共财政宪法规范的域外经验与挑战

探讨当代中国公共财政权的制度发展无法脱离公共财政权发展的历史经验,如果说第一章是从静态层面梳理现代公共财政权的概念内涵,那么第二章将从动态层面着重探讨现代公共财政权在宪法的制度实践与文本规范两个层面的历史发展,和其经历的西方近代国家转型与现代国家建设两个阶段下的制度变迁。近代国家的建立肇始于西欧,并进而扩张至西方各国的资产阶级革命。英国在经历了1642年开始的清教徒革命、1688年光荣革命后出现了近代国家的图景;美国的现代国家建立则发端于1776年独立革命;近代法兰西国家的构建源自1789年的法国大革命。近代资产阶级革命固然以对自由民主的个人权利和限权法治的立宪政府建构为主要内容,但细究之后不难发现,上述革命均具有财政革命的性格特点,[1]现代公共财政制度也在此过程中逐渐生成发展,并反作用于现代西方国家的宪法规范与立宪政府的制度实践。

第一节　公共财政的宪法制度缘起

西方国家在从传统国家向现代国家转型过程中始终围绕着财政权的发展、演进。在现代化建设中,宪法制度的生成与公共财政权的出现密切相连,近代理论将财产权视为个人自由的渊源和保障,而公共财政权就是国家权力在财政领域的界限。从制度发生学角度,以英国、美国为代表的西方国家,通过制度实践层面议会财政权、现代预算制度的确立及规范层面的宪法文本制定,使得现代公共财政权随着现代国家的确立而同步完成初步的制度构建。

---

〔1〕参见蔡茂寅:《论公债的宪法课题》,载《现代国家与宪法——李鸿禧教授六秩华诞祝贺论文集》,台北,月旦出版社股份有限公司1997年版,第1403-1444页。

一、近代国家转型中的征税权限制

在公共财政权构建过程中,以英国、美国为代表的新兴资产阶级为建立现代民主国家而确立了税收法定主义。既强调公共财政权中的税收等一切国家权力来源于人民,人民通过自己选举的代议机构行使征税权,也强调租税的支出权属于人民。英国是世界上第一个确立公共财政权的国家,在宪政发展初期,诞生了体现现代宪政萌芽的《自由大宪章》,并在历史的进化中实现了宪政转轨。反思这段历史,可以清晰地发现,英国宪政发生的直接动力并非理论的先导,也并非英雄人物的带领,而是直接源于世俗化的、以赋税权为核心的财政权的争夺,在此过程中现代议会制度得以确立,并进而实现了从封建经济向现代市场经济的转型。由于议会制度对政府财政税收行为进行了有效的规范和制衡,方才在英国共和政体中催生出自由市场秩序的政治架构。[1]

(一)英国"非赞同毋纳税"原则的确立[2]

英国的立宪历史发端于《自由大宪章》的问世。《自由大宪章》确立了"非赞同毋纳税"的立宪原则,深刻影响了英国后世立宪政府和公共财政权的发展。从诺曼征服到《自由大宪章》问世(1066—1215 年),历经 150 年。自此,英国立宪政府的萌芽逐步成长,"国王靠自己生活"的历史传统使公共税收的征收受到了很大的制约,进而延伸为"非赞同毋纳税"的立宪原则,这些都成为英国封建分封制下的习俗和惯例,对后世公共财政权的发展产生了巨大影响。

公共财政权在英国的历史,首先是税收征收权的控制。《自由大宪章》的问世,可以看作最早的立宪运动。1189—1199 年,英国理查一世为了支付

---

〔1〕 参见赖勤学:《转型与立序》,知识产权出版社 2007 年版,第 156-197 页。

〔2〕 回顾英国近代国家转型至初步建立现代国家的总体进程,其公共财政体制变迁可分为多个阶段,为对于各块内容做完整阐述,以下阶段在时间关系上互有重叠,但其核心主线仍为我们呈现出时间发展的脉络。

军事开支而加重税收激怒了许多贵族。约翰当政后,为进一步增强政府财力和筹措军费,在1199—1215年将世俗贵族的免除兵役税额提高了16倍,并提高了封建继承税,且一再扩大征收财产税。凡不能及时如数缴纳者即被没收土地或处以重罚。税负的沉重负担最终导致了政治革命。1215年,约翰被迫签署了由贵族拟定的《自由大宪章》,接受"无全国公意许可,将不得征收任何免役税和贡金"。《自由大宪章》被视为全世界第一个成文宪法性文件,它在当时主要体现了通过法律限制王权的要求,其非经以大贵族为核心的大会议的同意不得征税的条款,成为后世"无代表则无税"原则的基础,深刻影响了欧美众多西方国家的现代公共财政体制的发展。[1] 公共财政权的发展其次是税收支出权的控制。从《自由大宪章》产生到中世纪末期(1215—1485年),人们发现仅有税收征收权的控制是不够的,它无法摆脱国王利用政治程序在税收支出时对受益原则的破坏,国王可以凭借其政治权力造成事实上的滥税。因此,初期公共财政权的范畴在税收征收权的基础上又进一步扩展至税收支出权的控制,如1315年,大会议将君主每天的支出限制为10英镑。在后来的历史发展中,最具意义的是王室年俸与国家支出的分离,以及国王支出仅限于专项经费的制度。通过皇室财政与政府财政的分离,议会对国家收支的控制开始从公共收支拓展至君主收支,为君主服务的政府变成对议会负责的政府。这实质是公域和私域分离的过程,国王的权力受到了根本的约束;对宪政而言,是迈出了极其重要的一步。[2]

尽管在上述进程中,《自由大宪章》中的兵役免除税、贡税等内容仍带有强烈的封建色彩,同今天现代公共财政中的税收概念还有较大差距,大会议的性质也不是当时的最高权力机关,但经过前后400多年的奋斗以后,"非赞同毋纳税"的原则已被英国各阶层广为接受,《自由大宪章》中所确立的限制国王课税权、国王征税必经被征者同意的基本原则条款,也成为日后英国

---

〔1〕 参见朱孔武:《财政立宪主义研究》,法律出版社2006年版,第99-100页。
〔2〕 参见赖勤学:《转型与立序》,知识产权出版社2007年版,第156-197页。

现代议会制度和公共财政权得以确立的前提条件。

（二）英国现代议会制度的确立

议会是英国公共财政权形成的组织基础，在历史发展中，其在公共财政权的边界厘清过程中始终发挥着积极作用。议会制度的雏形是13世纪“模范会议”，在爱德华三世时期被法律文件表述为“议会”（parliament）。在1340年，爱德华三世未经议会授权而宣布征税，议会予以坚决反击，不仅宣布国王的征税无效，而且再一次强调“未经在议会中英格兰王国之高级教会人士、伯爵、男爵、其他大人物，以及下院议会之共同同意”，不得征税。1348年议会重申了议会对于课税与借款事项的决定权。1512年和1523年，亨利八世以对法战争名义要求征税，下院认为从国家利益出发，与法国作战是不明智的，因而拒绝批准税收。[1]

英国议会制度的确立，核心是征税权的争夺。英国现代议会制度的产生与资产阶级的逐渐壮大，其核心直接源于对征税权的争夺。诺斯对此有详细阐述。“国会有权批准征税，是十五世纪后期在争夺对羊毛贸易的控制中出现的，到这时已有很长时间了。羊毛，长期是英国国际贸易的大宗出口品，王室岁入的可观来源。王室、羊毛出口商和国会三方为征税范围展开了斗争。这场斗争的结局，是大家做出了某种妥协。国会获得了对于征收税款、规定税率的权力，国王赢得了税款收入，而羊毛出口商得到了羊毛贸易的垄断。最后，商人对羊毛的垄断消失了，羊毛税也成了国王税收的次要来源，但议会专有的征税权却保留下来。”[2]在议会初步取得了征税权之后，通过对非议会收入的控制，议会的收入决定权最终得到确立。英国历史上，对国王而言，除了从民众私有财产权中通过租税取得收入以外，还有属

---

〔1〕参见冯俏彬：《私人产权与公共财政》，中国财政经济出版社2005年版，第90-100页。

〔2〕［美］道格拉斯·C. 诺斯：《经济史上的结构和变革》，厉以平译，商务印书馆1992年版，第153页。

于自身的私人收益,也被称为非议会收入。[1] 这些收入类似于我们现在的预算外收入,这些收入的存在使国王的权力始终没有办法得到完全控制,而控制君主的非议会收入与支出比单纯地通过征税权控制议会授权的收入与支出要困难。因为非议会收入作为君主的私人收入,是无须议会批准就可以征收的。因此,对非议会收入与支出的最终控制,也就意味着对国王权力的最终控制。国王成了国家的象征,虚君地位得到确立,只对议会负责的内阁政府最终取代了对君主负责的王室政府,财政立宪最终得到实现。[2]

英国议会制度的壮大,关键在于对政府行政权力的制衡。英国自光荣革命后确立了议会主权原则,议会凭借其最高权威,享有监督政府资金使用和审批预算开支的财政权力,确立了英国作为君主立宪制国家的现代财政体制。这种体制的安排既有利于私有财产权利主体对于政府的控制,又开创了公共权力的分权体制:行政提出要求,下院授权,上院批准,法院审查。在王权和议会人民主权之间,一种全新的国家财政权力关系业已形成。对此戴雪曾形象地解释:"原来公共收入在昔时概来自王室所有产业之出息,而国家所有费用大抵以此类收入支付。惟因有时入不敷出,元首穷于应付,乃求取于赋税。赋税在那时,只等于一种礼物,由巴力门以代表各原有阶级之资格赠与元首……王室受之,元首即负有道德上之义务,善为应付,庶几国用得以不匮,人民得以休息。虽则以情义言,此项礼物,在巴力门持赠元首之时,固然不能以之收入君主的私囊之中。"[3] 在程序和机制上,此种权力制衡明显地限制了以权谋私行为。在法律和体制上,私人权利得到了更大的保护,代议制成为了驯服政府权力的工具。[4]

---

〔1〕 非议会收入包括变卖王室地产的收入、没收财产的收入、卖官的收入、专卖权和垄断权的售卖收入、战俘赎金、外国政府的贡纳等,不一而足。

〔2〕 参见赖勤学:《转型与立序》,知识产权出版社 2007 年版,第 156-197 页。

〔3〕 [英]戴雪:《英宪精义》,雷宾南译,中国法制出版社 2001 年版,第 347 页。

〔4〕 参见孙凤仪:《公民社会与公共财政——良政与善治的政治经济学分析》,知识产权出版社 2014 年版,第 153-164 页。

英国议会制度的完成,标志是下院"一元财政权"的确立。历史上,英国议会的上、下两院都有权审核财政议案。换言之,英国议会行使公共财政权的结构始终是二元的。直到资本主义中产阶级兴起,上下两院的权力结构开始出现倾斜。"上院的衰落是与以传统农业为财产基础的大贵族势力的衰落密切相关的,而下院的兴起则是与以新兴农业和商业资本为财产基础的骑士、乡绅、市民,也即具有资产阶级货币的阶层或早期的资产阶级的兴起紧密相连的。"[1]1407 年,在下院的顽强斗争下,确立了税收"由下院制定,经上院同意"之惯例,这意味着税收动议权的获得。至此,议会下院获得了比上院更大的财政权,但其并未完全掌握财政的最终决定权,上院仍享有否决下院财政法案的权力。[2] 1671 年和 1675 年,上院两次试图修改下院通过的征税案,进而引发了下院的奋起反抗。下院通过决议来维护自身财政权力的绝对权威。决议主要内容为:"一切财政拨款和助钱都是平民给予国王陛下的馈赠,所有此类法案都应由平民院提出……对此,贵族院不应作任何改动。"[3]最终,几经上下两院的斗争,下院在 1911 年通过了"人民预算案"之后,以《议会法》的形式剥夺了上院的财政权力,财政权力自此以后由议会下院独立行使,二元财政权变为"一元财政权"。

(三)美国经验:建国时期的赋税斗争

在美国独立战争前,赋税问题就成为北美殖民者与宗主国之间斗争的核心,独立战争更是直接起因于宗主国的课税和干预。面对英国殖民者未经纳税人同意的情况下违法征收茶业税的压迫,美国 13 个殖民地的人民在 1765 年便提出"无代表则无课税"的口号来表达他们的不满。美国独立战争的目的实质上就是终结殖民者的无限制赋税权力。[4] 1764—1765 年,美国

---

〔1〕 赵文洪:《私人财产权利体系的发展——西方市场经济和资本主义起源问题研究》,中国社会科学出版社 1998 年版,第 289 页。

〔2〕 参见徐红:《财权掌控与财政民主》,复旦大学 2006 年博士学位论文。

〔3〕 此处的平民院即议会下院,贵族院即议会上院。[法]孟德斯鸠:《论法的精神》(上),张雁深译,商务印书馆 1961 年版,第 154-156 页。

〔4〕 参见王绍光:《美国"进步时代"的启示》,载《中国税务》2001 年第 10 期。

弗吉尼亚州议会作出决议，对人民课税依人民自身所为或他们的代表所为是防止过重课税的唯一保障。人民代表来自人民，只有人民代表才真正了解人民能负担何种税，何种征税方法才最易于人民接受。该决议奠定了后来的“无代表则无课税”的理论基础。1776年6月12日，弗吉尼亚州议会审议通过的《弗吉尼亚权力法案》第6条规定了“封锁代表则无课税”的原则，重申了民选代表对课税的意义，强调了民主代表制与课税的关系，“未经他们本人或他们以此种方式选出代表之同意，不得对他们课税，或为公共用途剥夺他们的财产”。1776年7月4日，美国13个州议会一致通过的《独立宣言》指责英国“未经我们的同意便向我们强行征税”，指出纳税而无代表权是暴政，从而点燃了美国独立战争的导火索。“无代议士不纳税”，就此成为美国为摆脱英国殖民统治而提出的一个正当理由，后来又成为美国革命时期的一个响亮口号，即“无代表则无税”。〔1〕

经过美国独立战争，美国人民最终在人类历史上的第一部成文宪法中将征税权写入宪法文本，确立了现代公共财政权的收入功能。1787年美国《宪法》规定，国家租税的赋课征收权作为一项极为重要的权力被赋予联邦国会。《宪法》第1条第7款规定，“所有征税议案应首先由众议院提出；但参议院可以如同对待其他议案一样，提出修正案或对修正案表示赞同”。第8款规定，“国会拥有规定和征收直接税、间接税、进口税与货物税，以偿付国债、提供合众国共同防御与公共福利，但所有间接税、进口税与货物税应全国统一的权力”。这些规定使“无代表则无税”原则在税收法定主义中得到了充分完全的体现。〔2〕

综上所述，议会在英国、美国等西方国家的财政转型中发挥了十分重要的作用。英国通过议会的力量，要求国王在税收课征中必须同潜在的纳税人讨价还价，结果具有普遍约束力，这集中反映了贵族限制王权、纳税人控

〔1〕　参见李炜光：《论税收的宪政精神》，载《财政研究》2004年第5期。
〔2〕　参见崔巍：《财政宪法的民生导向研究》，世界图书出版西安有限公司2013年版，第53页。

制政府的力量。英美近代国家转型的历史告诉我们,达成民主政治与公共财政最根本的推动力量源于拥有完全的私有财产权的经济主体为了保护自身财产和利益的强烈愿望,他们为此所进行的种种政治参与对“国家与社会”“政府与公民”两大基本关系给出全新的回答。由财政引发的压力,若处理得好,就能成为革故鼎新的阿基米德点。[1]

二、现代国家建设中的预算权改革

现代西方各国公共财政权一般是先后经历建国时期的征税权争夺与国家治理中支出预算改革两大重要发展历程,最终确立现代公共财政权的制度体系。如果说建国时期的征税权斗争初步确立了英美等国公共财政权制度,那么进步时代则是美国现代公共财政权制度的成型期,通过标志性的预算体制改革,将美国等西方现代国家的政治、经济、社会发展带入一个新的时代。

(一)美国进步时代的预算改革

进步时代是美国历史的一个特殊术语,以 19 世纪末 20 世纪初在全美境内兴起的以社会和政治改革为核心的进步运动(Progressive Movement)为特征,其时间跨度即进步运动在美国的盛行年代(1890—1920 年)。在这一时期,新工业的发展、新发明的出现、大公司的兴起,改变了美国的经济景观和社会图景,同时也带来了激化的社会矛盾。为了缓和社会矛盾和应对剧变后的经济和社会结构所带来的各种挑战,以知识分子为首的进步人士开始力图变革美国的国家治理结构。这场变革以对城市政治体制和政府的改革发端,随后被进一步推进到各州及联邦层面,并在 1912 年以总统选举为契机的全国性改革论战中达到高潮。[2]

---

〔1〕 参见赖勤学:《转型与立序》,知识产权出版社 2007 年版,第 192 页。

〔2〕 参见叶丽娟:《美国进步时代的预算改革》,载马骏、刘亚平主编:《美国进步时代的政府改革及其对中国的启示》,格致出版社 2010 年版,第 120-140 页。

美国进步时代最重要的改革措施是现代预算制度的建立，而这项制度的确立直接源自实践中的政府压力。20世纪以前，美国政府从上到下都没有一个完整的预算体系。从建国到20世纪初的120年间，预算对美国人来说仍是一个陌生的概念。在殖民主义时期，各级议会都会竭力将政府财政置于自己的控制之下。建国后，这种做法不仅持续下去，而且还在一定程度上得到强化。[1] 直到1900年，美国政府的预算仍然不过是一堆毫无科学性、专业性可言的事后报账单，没有开支分类，没有预算细目。[2] 民众无法了解政府的实际支出情况，更根本无法对政府的财政收支行为进行有效监督。结果，腐败现象屡禁不绝。在进步时代初期，美国经历了严重的政治腐败。民主制度被扭曲，金钱操纵政治。1886年纽约市有60%的资金分配不在市政府的控制之下。1902年也只有17%的资金可以由纽约市来支配。更为严重的是，在“塔麦勒会堂”腐败集团的控制下，从1890年开始，该市的债务飞速上升。从1874年到1887年的13年间，纽约市债务从1.182亿美元上升至1.245亿美元，到1896年纽约市的债务达到了1.86亿美元。从1874年到1894年的20年间支出增加400万美元。然而，在接下来的3年中，每年支出增加了几乎1100万美元。[3] 实践经验向人们表明，单纯的民主选举已不足以在现代社会的治理体系中保护公民的合法权利，限制公权力。在这种情况下，进步时代的预算改革应运而生。这一改革在一定程度上重塑了美国的治理结构和政治文化。[4]

美国的预算改革是一个自下而上的过程。波士顿、纽约等城市的试点为美国全国的预算改革打下了良好的基础。继波士顿在19世纪80年代开始预算体制试点以后，纽约在1906年成立纽约市政研究局，作为预算改革试

---

〔1〕 参见马骏：《治国与理财：公共预算与国家建设》，生活·读书·新知三联书店2011年版，第200-208页。

〔2〕 参见马寅初著、田雪原主编：《马寅初全集》（第1卷），浙江人民出版社1999年版，第10页。

〔3〕 参见高新军：《“进步时代”纽约预算改革的启示》，载《南风窗》2008年第20期。

〔4〕 参见［美］乔纳森·卡恩：《预算民主——美国的国家建设和公民权（1890—1928）》，叶娟丽等译，格致出版社、上海人民出版社2008年版，第26-27页。

点，率先开始现代预算体系的构建。在其获得成功之后，进一步推广至美国各州，至1920年，美国大部分州已初步建立现代预算体系。在联邦层面，美国建国初期虽然联邦宪法赋予了国会征税权，但是在20世纪20年代之前，国会并不要求总统提交统一预算，预算也没有成为立法部门和行政部门斗争的焦点。1921年，国会通过了《预算和会计法案》，要求总统向国会提交政府年度统一预算，并对政府账务进行独立审计，美国国家层面的预算改革终于获得初步成功。根据这一法案，在财政部下设立了预算局（Bureau of the Budget，BOB）；1970年，预算局重新命名为管理与预算办公室（Office of Management and Budget，OMB），并从财政部独立出来，成为向总统负责的一个办事机构。〔1〕《预算和会计法案》明确地授予总统准备和编制一个全面的、整体的政府预算并将其提交议会审查、批准的权力，各个官僚机构的预算，必须纳入总统编制的政府预算。这就在政府内部明确地树立了政府首脑的领导地位，结束了过往政府公共财政权能力低下的局面。然而，美国在预算改革的进程中所寻求的绝不是一个权力巨大且无边界的公共财政权力主体，而是要同时将权力得到加强的行政机关置于代议制机关的控制之下。通过代议制机关对于政府提出的财政计划所作出的审查，建立更加有效的横向制约机制。〔2〕

从进步时代起，美国政府开始承担越来越多的职能，拥有越来越大的权力。国家权力的加强首先体现在对市场和企业监管权力的加强，这种加强并不仅仅是为了加强国家的权力，而是要重新实现一种国家与市场之间的均衡，是为了应对大企业的财富超过国家并开始挑战国家权力的危机。因此，虽然改革的结果导致国家权力不断加强，但在这种重构国家治理结构的过程中，行政预算建立了一种以总统为终端的控制行政机关的权力金字塔。

---

〔1〕 参见魏陆：《人大预算监督：从形式向实质的艰难转变》，第二届"中国公共预算"研究全国学术研讨会论文，2008年10月于长沙。

〔2〕 参见［美］乔纳森·卡恩：《预算民主——美国的国家建设和公民权（1890—1928）》，叶娟丽等译，格致出版社、上海人民出版社2008年版，第2页。

在这种新的权力金字塔中,存在一种新的权力委托代理关系。国会相当于公民,而总统相当于地方政府;正如公民把制定预算、执行预算的权力委托给地方政府一样,国会也把预算权力委托给总统,总统是整个行政机关的负责人,他通过预算局来领导与控制行政机关各部门。所有的行政机关通过预算局对总统负责,向总统报告,从而形成现代意义上的行政首长负责制。其最直接的成果就是新成立的行政部门权力第一次集中的自觉运用——罗斯福新政。[1] 因此,威尔达夫斯基认为,美国政治思想的真实内涵是钱包的权力是立法机关授权的核心,也是对行政部门进行检查的基本内容。[2] 预算改革追求的是平衡的思想,包括个人自由和社会责任之间的平衡、政府权威与私人商业权力之间的平衡,以及公共伦理责任和不受限制的个人主义伦理之间的平衡。预算改革所秉持的这些基本理念,对塑造现代的美国起到积极的作用。[3] 正如美国学者 Chambers 所言,进步运动带来了“希望的福音,不是愤世嫉俗,不是悲观绝望;并且事实上,这可能是进步时代最大的遗产”[4]。

(二)英国现代国家公共财政权的确立和发展

从斯图亚特王朝到光荣革命以后的渐进改革(17—19 世纪中叶),英国确立了议会最高财政主权。经过几个世纪的艰苦斗争,以获得征税权为起点,议会逐渐剥夺了国王全部的财政自主权,并通过预算制度的前身——“陈述”制度,将政府财政权置于自身控制之下,不仅将“管理国家”的职责拉

---

〔1〕 参见[美]乔纳森·卡恩:《预算民主——美国的国家建设和公民权(1890—1928)》,叶娟丽等译,格致出版社、上海人民出版社 2008 年版,第 2 页。

〔2〕 参见魏陆:《人大预算监督:从形式向实质的艰难转变》,第二届“中国公共预算”研究全国学术研讨会论文,2008 年 10 月于长沙。

〔3〕 参见[美]阿伦·威尔达夫斯基、[美]内奥米·凯顿:《预算过程中的新政治学》,邓淑莲、魏陆译,上海财经大学出版社 2006 年版,第 28 页。转引自叶丽娟:《美国进步时代的预算改革》,载马骏、刘亚平主编:《美国进步时代的政府改革及其对中国的启示》,格致出版社 2010 年版,第 120-140 页。

〔4〕 Chambers Ⅱ & John Whiteclay, *The Tyranny of Change: America in the Progressive Era* 1900-1917, St. Martin's Press, 1980, p. 250.

出了国王特权与私人事务的封建范畴,而且推动财政完成了由王室财政向公共财政的转型。[1] 以19世纪中期政府预算制度形成为标志,英国现代国家公共财政权由此确立。

英国现代公共财政权的确立来自公共财政的独立。在英国议会组织和政治格局发展巨变的同时,英国开始出现了主权国家公共财政权的独立。主权国家的财政权确立先后经历了公共财政权与宗教财政权、王室财政权的分离两个阶段。第一阶段,在都铎王朝时期(1485—1603年),主权国家建立,国家财政制度初步建立。宗教改革建立了民族国家,截断了英国财富流向教皇、流向海外的渠道,结束了"宗教财政"与主权公共财政并存的阶段。议会制度的建立与完善是其中的一条主线。第二阶段,光荣革命后,一系列公共化取向的制度建设消除了旧制度引发财政危机的根源。光荣革命前,"王室财政"与"公共财政"是混在一起的,国王收支与公共收支不分。光荣革命后,议会逐步采取措施,将王室财政与公共财政分开。这些制度建设是国王、议会、内阁和纳税人之间互相博弈的结果,主要是通过王室经费支出改革、1693—1742年颁行的职位法案、皮特行政改革和格莱斯顿改革完成的。整个18世纪,英国的财政机制演进成为一个在议会和内阁控制之下的相对高效的管理体系。至1799年,议会尤其是下院对税收政策的控制力大大增强了,议会还大大削弱了国王的影响力,一方面保证了有效而稳定,另一方面奠定了纳税人自愿服从的基础。[2] (见表2-1)

表2-1　16世纪后英国国王收入占国家财政总收入的比例[3]

时间	英国国王收入占国家财政总收入的比重
1558—1603年	28.83%

[1] 参见冯俏彬:《私人产权与公共财政》,中国财政经济出版社2005年版,第90-100页。

[2] 参见孙凤仪:《公民社会与公共财政——良政与善治的政治经济学分析》,知识产权出版社2014年版,第153-164页。

[3] 参见[美]理查德·派普斯:《财产论》,蒋琳琦译,经济科学出版社2003年版,第180页。

续表

时间	英国国王收入占国家财政总收入的比重
1604—1625 年	20.41%
1625—1640 年	12.24%
1649—1659 年	3.16%
1661—1685 年	5.41%
1686—1688 年	6.97%
1689—1714 年	1.98%

英国现代公共财政权的强化来自预算审查制度的建立。议会通过公共财政权逐渐将政府收支权力置于其控制之下，并最终掌握了对整个政府财政收支的根本控制权。事实上，从前文我们可以了解，英国议会就是为了财政事务才构建起来的，其立法功能是代议制机关进一步发展所创造的。"在很早的时候，财政问题就成为立宪的问题"，议会的首要职能是批准拨款事项而非制定法律。对政府的监督和控制是英国代议制最为重要的功能。正是由于这种财政机制的安排，使英国"预算，这一纯行政的问题却因遵照传统和政治原因，成了立法问题"[1]。1852 年，英国成立了公共账户委员会，将政府向议会递交部门预算进行制度化，现代意义上的预算制度逐步形成。经过不断完善和发展，英国议会对预算的审查监督形成了一整套具有约束力的行为规范：政府必须预先编制年度收支计划，经议会批准才能执行，预算变动必须遵循追加追减程序；所有的政府收支，除某些特殊的外，都必须纳入政府预算；议会通过的预算具有法律效力，任何人违反都将受到法律的制裁。[2]

英国现代公共财政权的完善还来自议会主权的发展。议会主要是一个

---

〔1〕［德］马克斯·韦伯：《论经济与社会中的法律》，张乃根译，中国大百科全书出版社 1998 年版，第 44 页。

〔2〕参见魏陆：《人大预算监督：从形式向实质的艰难转变》，第二届"中国公共预算"研究全国学术研讨会论文，2008 年 10 月于长沙。

辩论和批评政府的场所,是主要的自治工具,这是它最重要的职能。[1] 美国学者布坎南曾有判断,“履行国家职能需要财政资源,财政资源的提供方式决定了个人和国家的关系”。“财政制度是经济制度,也是政治制度。”[2] 在英国,议会凭借其新获取的权利,第一次把立法当作建构公共权力的工具,它的首要任务乃在于建立并维持行政机关。[3] 因为仅由议会制定法律规定捐税已不能满足近代欧洲国家作用的日益增大,以及每年国家财政花销变动不定的现状。法律能够保持稳定不变,捐税却需要随时调整。可是,在国家政治生活中,人民想要保证自由,就必须有权依法监督和约束国家的行政花销,而这正是议会的重要职责。[4]

综上所述,美英等国在通过宪法实现了近代国家向现代国家的转型之后,在现代国家治理建设中,通过有效的预算改革,进一步通过预算的技术性手段,起到了对政府权力的规范和制约,在构建一个更加有效率、负责任的公共财政权行使体制上迈出了坚实的脚步。

三、西方公共财政发展的制度启示

纵观西方现代国家公共财政权的发展历程不难看到,其与国家建构和宪法制度的确立密切相连,互为因果动力。西方现代国家公共财政权发展的历史经验中,以下几点可以作为制度借鉴。

(一)动力:征税权力的合法取得

从历史过程来看,不是所有的税收斗争都能获得对统治者征税权力的

---

〔1〕 参见[英]詹宁斯:《法与宪法》,龚祥瑞、侯健译,生活·读书·新知三联书店1997年版,第44页。

〔2〕 [美]詹姆斯·M.布坎南:《民主财政论:财政制度和个人选择》,穆怀朋译,商务印书馆1993年版,第215页。

〔3〕 参见Carter. J. C. ,*Law,Its Origin Growth and Foundation*,New York,1967,p. 115. 转引自孙凤仪:《公民社会与公共财政——良政与善治的政治经济学分析》,知识产权出版社2014年版,第156页。

〔4〕 参见孙凤仪:《公民社会与公共财政——良政与善治的政治经济学分析》,知识产权出版社2014年版,第156页。

制约，关键在于政治上要有足够挑战君主权力、能够有效制约君主政府的社会力量，主要是组织起来的社会中间阶层（如拥有武装或实力的贵族）的力量。议会的征税权是由中世纪的传统观念和习惯法演化而来的，因而带有一种模糊性和不确定性，结果导致英王与议会在征税权问题上长期争执不休。英国国王的收入主要是依靠自己的封建收入来满足，随着民族国家的建立与扩张，巨大的财政缺口迫使君主不得不求助于议会批准课税，而议会也就能以批准课税为条件，用经济权利换取政治权利，迫使君主逐步让出越来越多的财政权和政治权。税收征收权的争夺使国王的“钱袋子”在受到控制的同时其“权袋子”也受到了控制。

宪法制度建立以后，仍然存在控制政府权力、保障公民基本权利的问题，即确保政府征税的权力能够受到纳税人的约束而不被政府滥用。在现代社会，这一力量大多体现为结成自治社团和参与政治竞争的政党的力量以及公共舆论的力量。现代社会学和政治学认为，关键在于形成独立于国家并能与国家政治力量抗衡、介于国家与公民之间、限定国家行为规范的社会。布坎南等人则认为，定期举行的、不被操纵的选举程序在一定程度上可以保证政府的行为留在可以接受的限度内，但是应该在宪法上明确规定一些有关税收的规则，以防止政府滥用财政资源，[1]即在最高法律层次上确保纳税人对政府征税权的控制，保障宪制。[2] 西方现代国家把国家权力视为人民的权力，把国家权力中的国家税收征收权和支出权以国家根本大法的形式明文规定出来，赋予公共财政权以宪法意义，具有宪法的效力，其肯定了国家立法权包含公共财政权的立法权内容，强调税收的立法权只能由议会代表人民行使，不得随意转让。如果立法机关以授权或委托方式给其他机关以税收立法权限，则必须对具体范围和内容有明确的限制。

---

〔1〕 Brennan, *Geoffrey* & *Buchanan*, *James*, *The Power to Tax*, Cambridge University Press, 1980, p. 5.

〔2〕 参见刘守刚：《西方宪政发展中的税收动因探究》，载《华东政法学院学报》2003年第6期。

（二）前提：划定公共领域与私人领域边界

公共财政权界定了政府活动的范围，确定了政府与社会之间的边界，划定了公共领域与私人领域的界限。在英国公共财政权的发展中，一项重要举措就是对于王权的限制。随着市场的发展和民族国家的建立，英国社会由等级君主政体向专制君主政体转变，王权的日益强大也就意味着诸侯的日益软弱，这为国王依靠强大的王权强制课征税收提供了保障。在这种背景下，如何控制君主的权力，使其不致为所欲为地滥税，成为财政法治史上的关键转折点，也成为宪制发展史上的关键时刻。要做到这一点，关键便在于一个有效的制衡机构，并且使税收的征收制度化、法治化，这就是议会的重要意义。随着市场与资本力量的壮大，平民的直接税收贡献越来越大，其在议会中的地位也越发巩固，这就为英国下院的产生创造了条件，而伴随下院的产生，议会对征税权的控制也越来越牢固。其中，英国议会先后于 1620 年设立供应委员会（The Committee of Supply），1641 年设立方式与方法委员会（The Committee of Ways & Means），上述机构共同负责全王国财政收入与支出决定；1690 年设立公共账户委员会，管理“除君主私人金库和秘密服务钱款外”的所有公共账户。通过一系列的斗争与妥协，下院与征税权的联系日益紧密，二者缺一不可，共同构筑成为英国议会制度的显著特征。议会凭借“钱袋子”权力，其角色也逐渐从国王的统治工具演变成王权的制约机构。[1]

（三）保障：建立一个控制导向的预算体系

从根本上说，美国的公共财政权改革建立在对于预算权的控制上。从历史经验出发，一个国家的公共财政权制度必须考虑这个国家的历史，处于不同的预算发展阶段所需要解决的问题也是不一样的。面对 20 世纪初严重的腐败问题，美国在其公共财政权的建构中着重通过预算改革将制定预算

〔1〕 参见赖勤学：《转型与立序》，知识产权出版社 2007 年版，第 187 页。

权力赋予政府，而将审批权限保留在立法机关。这改变了政府与立法机关之间的权力关系，加强了政府预算权，建立起行政预算体制，最终建立起现代预算制度。预算是一个特定的时期为政府的事业提供资金的计划，它应该由能够负责的政府首脑准备，并由其将预算提交给代议制机构审批。预算实施之前，必须获得代议机关的审批。[1]

预算不仅是一种财政技术工具，还是现代社会中维系负责的民主政府的关键。为此，纽约市政研究局的研究人员创造了一套全新的公共行政话语，用以改变政府内部以及政府与公民之间的权力与责任关系。[2] 在技术路径上，通过对绩效测量的设计，美国地方政府在进步时代的预算改革中，发展出了项目预算，并开始使用成本和绩效测量等管理工具。[3] 通过预算控制体系的建立，美国在公共财政权领域有效地约束了政府公权力活动，保障公民基本权利的行使。

（四）监督：建立完整的财政问责机制

为了使政府在财政上更加负责，行政控制和预算控制两种控制机制是必不可少的且互相影响的。缺少其中任何一个都会使另外的控制机制不能有效发挥其应有作用。为实现民众对政府的控制，代表民意的立法机构必须能够对政府财政进行有效的监督。然而，即使只为了实现这个目标，在政府内部建立一个集中统一的行政问责机制也是必要的，美国的经验就说明了这一点。从建国开始，美国的立法机构就牢牢地控制着“钱袋子”的权力。然而，由于政府内部的行政控制乏力，政府根本不能提交一个全面、详细、准确地反映政府及其各部门花费的预算，政府因而变成了一个看不见的政府，这就使预算监督成为摆设，监督效果大打折扣。为避免这种情况，只有

---

〔1〕 Cleverland, Frederick A., *Evolution of budget idea in the United States*. Annals of the American Academy of Political and Social Science, Vol. 62, p. 15-35 (1915). 转引自马骏：《治国与理财：公共预算与国家建设》，生活·读书·新知三联书店2011年版，第204页。

〔2〕 参见叶丽娟：《美国进步时代的预算改革》，载马骏、刘亚平主编：《美国进步时代的政府改革及其对中国的启示》，格致出版社2010年版，第120-140页。

〔3〕 参见中国发展研究基金会主编：《公共预算读本》，中国发展出版社2008年版，第45页。

通过公共财政权机制体制的改革,在政府权力结构内部建立起集中统一的行政问责控制体系,才能结束预算管理“碎片化”的状况,进而为立法机构加强预算监督创造条件。〔1〕

与美国建国之初就建立完成的问责制约体系不同,英国议会在不断的博弈实践中通过陈述制度的建立实现对于王权恣意妄为的限制。议会对于税收和政府支出的控制,或迟或早会要求政府向其说明支出的使用情况,这种说明即陈述。英国议会虽然控制了国库,但只是总量控制,而钱款一旦从国库拨付给了王室,议会的权力也就失效了。因此,必须明了国王所有支出的明细和用途,国王的支出才会有的放矢,其权力才会受到真正的制约。国王向议会陈述其支出的明细和用途,并通过审计制度强化对于预算支出的事后监督,这便是现代意义上的公共财政预算制度的发端。陈述制度的建立,使得议会对国王的控制渗透到每一个毛孔,国王的机会主义倾向受到了最有效的制约。

综上所述,西方在近代国家转型和现代国家建设中确立了公共财政权制度基础。人民在租税国家的原则之下,因为私有财产受到保障而享有经济上的独立权利;同时在人格上亦独立于国家,而得要求公共财产应与国王的私产分离。在这样的国家宪法体制下,依照宪法和相关法律的规定,公共财政权通过向民众征税的方式形成。在此过程中,一方面起因于西方财政革命的历史缘由,另一方面在实质上因为国家的经常性支出必须依赖于税收收入而非债务收入的老路,在历史现实与财政原理的相互作用下,西方现代国家的公共财政权制度体系最终得到确立。〔2〕

---

〔1〕 参见马骏:《治国与理财:公共预算与国家建设》,生活·读书·新知三联书店2011年版,第200-225页。

〔2〕 参见蔡茂寅:《论公债的宪法课题》,载《现代国家与宪法——李鸿禧教授六秩华诞祝贺论文集》,台北,月旦出版社股份有限公司1997年版,第1403-1444页。

第二节　公共财政的宪法文本保障

公共财政的宪法保障的核心是宪法规范，其构成了现代国家秩序之基石。根据黄俊杰教授观点，财政宪法应该维护将国民经济之收益适当地分配给中央及其地方各成员之财政秩序，以发挥其独特之国家性。以德国联邦宪法法院为例。德国联邦宪法法院将财政宪法之法律性质，视为与其他宪法规定具有同等司法审查性质，且将财政宪法作为国家各联邦成员之间的政治合作与争执所预先设计“规范与形式”的框架秩序。如上文所述，公共财政权作为国家权力的基本事项，应通过宪法及相关宪法性法律进行制度规范的构建。建设有效而合理的公共财政权制度体系必须依靠健全完善的财政宪法规范体系。梳理世界各国公共财政权的宪法规范形式，各国公共财政权宪法规范体系作为公共财政权制度保障在确保公共财政权有效实施并监督执行国家秩序中均发挥了重要作用。

一、公共财政权的宪法规范形式

从人类历史上现存的第一部成文法典《汉谟拉比法典》到古代印度的《摩奴法典》以及罗马法，都可以找出有关保护财政的法律规范。到了资本主义社会，尽管私有制在社会经济中占统治地位，国家公权力的代表财政权也始终存在并发挥着不可替代的作用。这是国家履行国家职能，兴办公用设施，强化社会保障和公益事业时不可或缺的制度安排。[1] 纵观西方现代国家的制度转型，公共财政权的宪法保障始终是维护国家权力运行、保证政府目标实现的重要制度安排。

---

〔1〕 参见王福平：《试论宪政上公民财产权与公共财产权的关系》，中国政法大学2005年硕士学位论文。

（一）各国财政立宪的发展历程

自英美等西方发达国家在宪法中确立规范财政权制度以来，世界各国在近 100 年来财政立宪呈现快速发展的态势（见图 2-1）。根据笔者对于世界 192 个国家宪法文本的统计分析，世界各国财政立宪发展分为三个阶段。

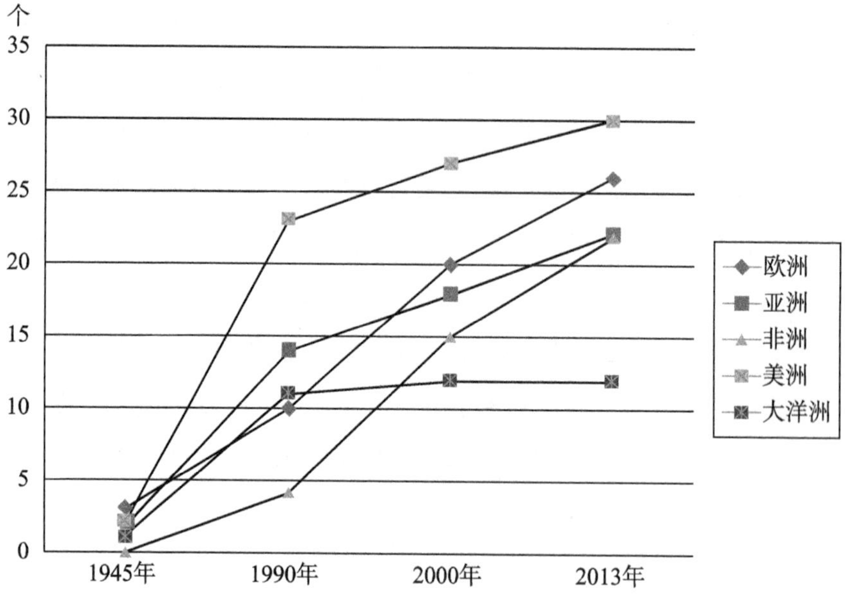

图 2-1　世界各大洲财政立宪的国家数量变迁

第一阶段，最早完成传统国家转型的区域。美国、英国、加拿大、卢森堡等西方现代国家在 1945 年之前就已完成财政立宪，建立起现代国家公共财政宪法规范体系；法国、荷兰、意大利、挪威等传统欧洲国家则因历史传统局限及宪法修改困难等，未在宪法中设置财政专章。

第二阶段，在“二战”后，德国、日本、葡萄牙、西班牙及刚刚摆脱殖民统治的广大发展中国家如印度、哥斯达黎加、马来西亚等国也迅速完成财政立宪。值得一提的是，美洲与大洋洲国家经过在“二战”后这一阶段的发展，完成财政立宪比例已超过 80%，这得益于其在民族国家独立过程中大量吸收借鉴了西方现代国家的立宪经验，形成了较为科学完整的财政宪法的文本规范。

第三阶段，自20世纪90年代以来，随着苏联解体，东中欧多国完成了从计划经济向市场经济转轨过程，立陶宛、罗马尼亚以及白俄罗斯等国家皆是在这一时期完成了公共财政在宪法文本上的制度构造。在独联体12个国家中，将“财政”用专章写进宪法文本的有4个国家，即乌兹别克斯坦共和国《宪法》（第25章：财政与信贷）、白俄罗斯共和国《宪法》（第7篇：白俄罗斯共和国的财政信贷体制）、摩尔多瓦共和国《宪法》（第5篇：国家经济与公共财政）、格鲁吉亚共和国《宪法》（第6章：国家财政与监督）。[1]（见表2-2）

表2-2　世界各国财政立宪统计

国家和地区	公共财政权相关宪法文本	制定年份
加拿大	第8章财政；债务；资产；税收	1867
卢森堡	第8章财政	1868
奥地利	第6章审计和财政管理	1920
黎巴嫩	第4章第2节财政	1926
爱尔兰	第4章第5节财政法案	1937
印度尼西亚	第8章财政事务、金融和预算	1945
日本	第7章财政	1946
德国	第10章财政制度	1949
哥斯达黎加	第13编公共财政	1949
印度	第12编第1章财政	1950
约旦	第8章财政事务	1952
马来西亚	第7编财政	1957
文莱	第8章国家财政	1959
塞浦路斯	第11章财政条款	1960

〔1〕参见任允正、于洪君：《独联体国家宪法比较研究》，中国社会科学出版社2001年版，第11页。

续表

国家和地区	公共财政权相关宪法文本	制定年份
摩纳哥	第 4 章公产和国家财政	1962
科威特	第 4 节第 2 分节财政事务	1962
牙买加	第 8 章财政	1962
马耳他	第 9 章财政	1964
新加坡	第 11 编财政条款	1965
巴巴多斯	第 9 章财政	1966
乌拉圭	第 14 编公共财政	1966
博茨瓦纳	第 8 章财政	1966
毛里求斯	第 10 章财政	1968
阿拉伯联合酋长国	第 8 章联邦财政事务	1971
孟加拉国	第 5 章第 2 节立法程序和财政程序	1972
巴拿马	第 9 章国家财产	1972
巴基斯坦	第 3 编第 2 章第 5 节财政程序、第 6 编第 1 章财政	1973
巴哈马	第 9 章财政	1973
格林纳达	第 5 章财政	1974
希腊	第 3 章第 6 节	1975
葡萄牙	第 2 编第 4 章金融和财政制度	1976
特立尼达和多巴哥	第 8 章财政	1976
西班牙	第 7 章经济与财政	1978
斯里兰卡	第 17 章财政	1978
多米尼克	第 5 章财政	1978
圣卢西亚	第 5 章财政	1978
圣文森特和格林纳丁斯	第 5 章财政	1979
津巴布韦	第 13 章财政	1979
圭亚那	第 2 编第 8 节财政	1980
伯利兹	第 9 章财政	1981
安提瓜和巴布达	第 6 章财政	1981

续表

国家和地区	公共财政权相关宪法文本	制定年份
土耳其	第4编第1章财政规定	1982
洪都拉斯	第6编经济制度	1982
圣基茨和尼维斯联邦	第6章财政	1983
萨尔瓦多	第7编第2章国库	1983
尼加拉瓜	第6章第3节国家财政	1986
危地马拉	第5编第4章财政制度	1986
海地	第7编公共财政	1987
苏里南	第16章国家财政支出的监督、第19章税收	1987
巴西	第4编第1章第9节会计、财政和预算监督	1988
纳米比亚	第16章财政	1990
斯洛文尼亚	第6章公共财政	1991
罗马尼亚	第4编经济和公共财政	1991
哥伦比亚	第12编关于经济和金融体制	1991
塞拉利昂	第6部分财政	1991
赞比亚	第10章财政	1991
爱沙尼亚	第8章财政和国家预算	1992
立陶宛	第11章财政和国家预算	1992
乌兹别克斯坦	第25章财政与信贷	1992
沙特阿拉伯	第7章金融事务	1992
巴拉圭	第2编第6章第2节关于财政机关	1992
佛得角	第3部分经济和财政组织	1992
秘鲁	第2章第4节特别的税收待遇和预算体系	1993
塞舌尔	第12章财政	1993
加纳	第13章财政	1993
莱索托	第10章财政	1993
白俄罗斯	第7编财政信贷体系	1994
摩尔多瓦	第4编国家的经济和公共财政	1994

续表

国家和地区	公共财政权相关宪法文本	制定年份
比利时	第 5 编财政	1994
马拉维	第 18 章财政	1994
波黑共和国	第 8 条财政	1995
格鲁吉亚	第 7 章国家财政和监督	1995
乌干达	第 9 章财政	1995
阿曼	第 4 章第 5 节财政事务	1996
冈比亚	第 9 章财政	1996
波兰	第 10 章公共财政	1997
坦桑尼亚	第 7 章联合共和国的财政	1997
南非共和国	第 13 章财政	1997
阿尔巴尼亚	第 13 章公共财政	1998
委内瑞拉	第 6 编第 2 章税收和货币制度	1999
芬兰	第 7 章国家财政	2000
瑞士	第 3 章财政制度	2000
东帝汶	第 4 编第 2 章财政和税收制度	2002
巴勒斯坦地区	第 5 章财政事务	2002
莫桑比克	第 4 编第 4 章财政和税收制度	2004
苏丹	第 13 章财经和经济事务	2005
斯威士兰	第 11 章公共财政	2005
塞尔维亚	第 3 章经济体系和公共财政	2006
刚果民主共和国	第 3 编第 1 章第 5 节	2006
黑山共和国	第 4 部分经济制度	2007
泰国	第 8 章财政事务、金融和预算	2007
尼泊尔	第 9 章财政程序	2007
厄瓜多尔	第 6 编第 4 章经济主权	2008
玻利维亚	第 4 部分第 1 章第 3 节第 1 分节财政政策	2009
瑞典	第 9 章财政权限	2010

续表

国家和地区	公共财政权相关宪法文本	制定年份
多米尼加共和国	第 11 部分第 2 章公共财政	2010
安哥拉	第 3 章第 2 节金融和财政系统	2010
肯尼亚	第 12 章公共财政	2010
南苏丹共和国	第 12 编财政和经济事务	2011
匈牙利	第 36—44 条公共财政	2012

资料来源:孙谦、韩大元:《世界各国宪法》,中国检察出版社 2012 年版。

进一步分地域进行比较(见图 2-2),欧洲 62%的国家已完成财政立宪。亚洲、非洲国家在宪法中设置财政专章比例低于 50%,凸显出亚非等后发国家在宪法规范制定的科学性与完整性上还有很多要进一步完善之处。

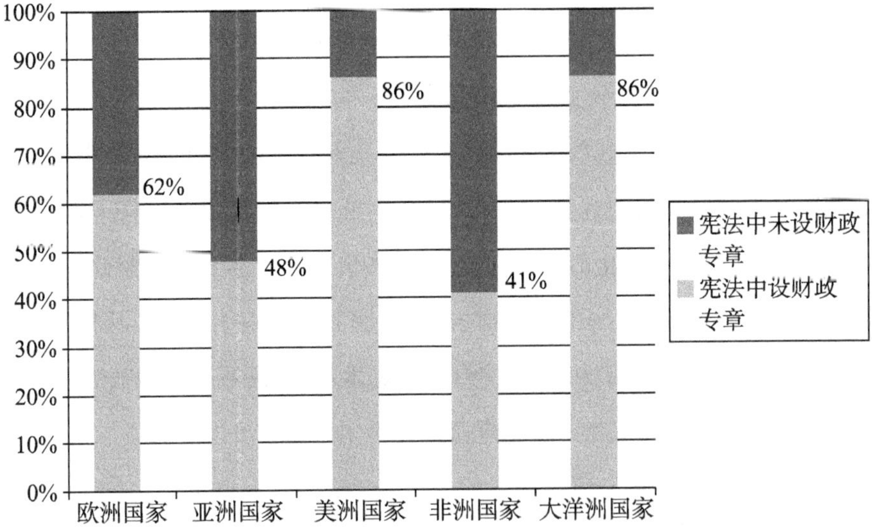

图 2-2　世界各大洲国家在宪法中设置财政专章情况

(二)各国财政立宪的形式规范

考察世界各国宪法,财政立宪的基本形式有两个:一是分散式,即分散在宪法的不同章节中予以规定,如美国、法国、荷兰、意大利等国,在具体条款中规定财政的收入和支出内容;二是集中式,即在宪法中由专门的财政章节予以规定。根据笔者统计,世界各国在传统国家转型到现代国家过程中,有100个国家采用第二种方式,即在宪法中将财政作为宪法的专门章节进行规定,凸显出财政在国家宪法治理中的重要地位。[1]

在宪法文本上,各国对“财政”的相关规定并不是范围一致、用语一致的。根据笔者统计,在世界100个集中式财政立宪的国家中有80个国家将财政事务置于独立的一章,与公民权利、议会、行政、司法等内容并列,凸显出财政内容在国家现代化治理中的重要地位。在宪法规范的表述中,上述80个国家的宪法文本是用专章规定“财政”并直接用“财政”作章标题,如属英美法系的东南亚国家联盟,对财政活动的法律规定都列入了宪法的范围并确定下来:1945年的印度尼西亚《宪法》的第8章、1957年马来西亚《宪法》中的第7编、1965年新加坡《宪法》第11编。在分散式国家的规范中,以美国、法国为代表,其宪法是在具体条款中规定财政的收入和支出内容,采用预算、决算、税收、国库、拨款等用语。

综上所述,公共财政权的宪法规范作为运行规范的最重要法律渊源,是公共财政权的最高效力保障,宪法通过专章对政府财政职能进行了职权界定,将引领政府全面深化财政体制改革的进程。[2] 世界各国的财政立宪实践经验表明,通过在宪法中设立财政专章,将财政宪法作为公共财政的基础,有助于使政府的财政权运行成为有本之木、有源之水,公共财政的制度化保障需要依靠财政宪法的专章规范最终实现财政法治化。

二、公共财政宪法文本的规范考察

在现代西方各国的国家建构中,财政权始终是宪法规范体系的重要内容。各国均在建国之初,便着力于制定永久性的、基本的、稳定的财政制度

---

〔1〕 参见孙谦、韩大元:《世界各国宪法》,中国检察出版社2012年版。

〔2〕 参见崔巍:《财政宪法的民生导向研究》,世界图书出版西安有限公司2013年版,第158-162页。

规范。关于财政宪法的相关规定，是国家将财政收入进行多层级体系划分之基础。在此体系内，宪法及关于财政、预算等相关宪法性文件以不同的、相互配套及相互联系之层级来规范公共财政权的制度建构。〔1〕可以看到，每一种具体的、国内形成的财政秩序就是该国的财政权宪法制度〔2〕的支柱，一国财政宪法有着其基于传统历史文化所独一的共同理想愿景，各国经济发展阶段不同，其经济、政治、文化的理想愿景自然亦不相同，而作为制度核心的财政权制度规定自然也不一样。在此，我们选择分析资产阶级革命中的"翘楚"美国与在第二轮现代民族国家发展中建构出完整宪法制度规范体系的德国、日本作为研究对象。

（一）美国的宪法文本规范

美国在经过了因征税而起的独立战争后，于 1787 年制定了宪法，初步确立了现代国家的财政体制。进而 200 余年间，在不断的挑战中，美国逐步构建起以宪法、预算与会计法、国会预算和扣押控制法、平衡预算和紧急情况下的赤字控制法、预算执行法等法律为框架的公共财政权宪法规范制度体系。

1.《宪法》中有关财政事项的规定

1787 年《宪法》详细规定了国会预算权，从根本上确立了国会行使公共财政权的法律地位。1787 年立宪之初，美国在《宪法》第 1 条便对国会行使公共财政权作出了具体的规定，赋予美国国会以征税权和发行公债权。《宪法》第 1 条第 7 款规定，"所有征税议案应首先由众议院提出；但参议院可以如同对待其他议案一样，提出修正案或对修正案表示赞同"，国家租税的赋

〔1〕 参见［德］Joachim Wieland:《财政宪法、税捐国家与联邦调配》，黄俊杰译，载［德］Peter Badura、［德］Horst Dreier 主编，苏永钦等译注:《德国联邦宪法法院五十周年纪念论文集（下册）》，台北，联经出版事业股份有限公司 2010 年版，第 809 页。

〔2〕 Wirtschaftsverfassung：经济宪法，它是德国经济学和社会学概念，指有关一个共同体经济生活秩序的总体决定性因素；参见［德］菲利普·库尼西:《作为宪法范畴的德国财产权——自魏玛共和国以来的发展及现代问题》，载甘超英主编:《作为制度根源的财产权——中德比较》，北京大学出版社 2014 年版，第 33-40 页。

课征收权作为一项极为重要的权力被赋予联邦国会。第 8 款规定,“国会拥有规定和征收直接税、间接税、进口税与货物税,以偿付国债、提供合众国共同防御与公共福利,但所有间接税、进口税与货物税应全国统一的权力”。《宪法》第 1 条第 9 款第 7 项规定,“除依据法律规定拨款外不得从国库支款;一切公款的收支报告和账目应不时予以公布”,从根源上赋予了国会独有预算权。只有在国会通过拨款案成为法律后,行政机关方可执行,即麦迪逊在《联邦党人文集》中所说的“(仅有)立法部门单独有接近人民的钱袋”[1]。这些规定使“无代表则无课税”在宪法税收法定原则的确立中得到了充分完全的体现。[2]

2. 其他相关的宪法性文件

(1)1921 年《预算和会计法案》。如上节所述,面对社会治理能力低下、财政权虚置的现状,1921 年美国政府出台的《预算和会计法案》,成为美国现代公共财政权发展中的里程碑式立法。首先,《预算和会计法案》要求总统向国会提交政府统一预算,并对政府账务进行独立审计,改变了原有的财政部向国会各委员会分别递交预算申请的做法。一方面,增强了国会对公共财政的监督制约能力;另一方面,赋予了总统以更强大的公共财政权。《预算和会计法案》规定各行政机构不能绕过总统直接向国会提交拨款申请。作为行政首脑的美国总统终于获得了一个强有力的工具,通过预算方案协调统筹各方的行动。其次,根据《预算和会计法案》的规定,在财政部下设立了预算局,同时还设立了一个独立于行政部门的审计署,后改名为“政府问责署”(Government Accountability Office)。回首来看,1921 年制定的《预算和会计法案》至今仍保持了相当的活力,或许是因为该法所创建的预算和监控制度至今仍在运行,其所设想的预算(预期性信息)与会计(回顾性信息)

---

〔1〕 [美]汉密尔顿、[美]杰伊、[美]麦迪逊:《联邦党人文集》,程逢如等译,商务印书馆 1980 年版,第 48 页。

〔2〕 参见崔巍:《财政宪法的民生导向研究》,世界图书出版西安有限公司 2013 年版,第 53 页。

一体化的信息体制，至今仍是联邦政府尚未达到的工作目标。[1]

(2)1974年《国会预算和扣押控制法案》。《国会预算和扣押控制法案》确立了美国目前的预算程序框架，该法案的出台基于两个目的：一是制约总统扣押预算拨款。20世纪70年代尼克松当政时期数次通过扣押预算拨款的方式绕开国会监督，基于此，该法案规定，若总统扣押预算是为了取消或削减拨款，则参众议院必须在45日内通过，否则将失去效力；若是为了延迟拨款，则参众两院均可通过一个要求支出的方案强制其实施。[2] 二是统一预算收支，便于国会审核控制。至1974年，美国立宪近200年，国会尚无一个完整的预算文件，而是对若干预算法案分别审议，对公共财政权的监督仍较软弱。故而在1974年《国会预算和扣押控制法案》中，通过在预算程序和组织机构上的重构，进一步加强了国会对公共财政权的监督与控制。该法案设立参众两院预算委员会，要求参众两院的每个常设委员会都要对总统提交的预算提案进行审议，并向参众两院的预算委员会就预算水平和立法议程提出建议。然后，由预算委员会启动国会共同预算决议，该决议确定预算收入和预算支出的总额，因而确定了预算赤字和国债的增长，并对其按职能用途进行分类，进而把预算授权分配给管辖各功能的委员会，再由拨款委员会按照要求分配给其各个子委员会。[3] 换言之，除了国会授权以外还要经过拨款小组委员会的同意，政府才能得到预算资金，进一步强化了对于公共财政权的监督力度。

(3)1985年《平衡预算和紧急情况下的赤字控制法案》(又名《格拉霍法案》)和1990年《预算执行法》。20世纪80年代美国陷入严峻的预算赤字状

---

[1] 参见陈立齐、马蔡琛：《美国联邦预算法律的演进》，“国家治理与公共预算”国际学术研讨会论文，2006年7月于广州。

[2] 参见王淑杰：《政府预算的立法监督模式研究》，中国财政经济出版社2008年版，第134－151页。

[3] 参见陈立齐、马蔡琛：《美国联邦预算法律的演进》，“国家治理与公共预算”国际学术研讨会论文，2006年7月于广州。

态，为实现削减赤字最终达到收支平衡的目标，美国于 1985 年通过《平衡预算和紧急情况下的赤字控制法案》，硬性规定从 1986—1990 年每年逐步削减赤字，以期 1991 年实现联邦预算的平衡。如果预期的预算赤字目标没有实现，还超出了一定水平，那么就必须启动按照比例取消拨款额的扣减（sequestration）程序。1987 年对该法案进行了修改，将预算平衡的实现时间推迟到 1993 年。但实践中该法案并没有实现其所宣称的削减财政赤字的目标，扣减的威胁并不足以赶走赤字。[1] 1990 年国会通过了《预算执行法》，进一步加强了国会对预算赤字的控制能力。

（二）日本的财政立宪条款

第二次世界大战结束后，日本于 1947 年制定了新宪法，原明治宪法体制下的财政制度被废止。新宪法出台后，日本逐步构建起以宪法、财政法、会计法、国有财产法、会计检查院法等法律为框架的公共财政权宪法规范制度体系。其中宪法从财政的处理、课税、预算、皇室财产、支出、审计等多方角度确立了议会的主导地位，是财政法治化的基础性规范。[2]

1.《宪法》中有关财政事项的规定

1947 年《宪法》对财政制度进行了彻底的民主化，确定了财政“国会中心主义”的原则，明确了内阁、国会、会计检查院三者在国家财政管理活动中的角色分工。

（1）《宪法》将财政基本政策决定权授予国会，第 83 条明确规定“处理国家财政的权限，必须根据国会的决议行使之”。内阁没有来自国会的授权不得进行任何财政活动。这与欧美国家将财政管理权授予政府，而赋予议会财政监督权不同。国会强大的财政管理权主要表现在以下三个方面：第一，财政支出的确定权，即国家财政支出必须经由国会决议确定，国库金的

---

〔1〕 参见陈立齐、马蔡琛：《美国联邦预算法律的演进》，“国家治理与公共预算”国际学术研讨会论文，2006 年 7 月于广州。

〔2〕 参见朱孔武：《财政立宪主义研究》，法律出版社 2006 年版，第 93 页。

支出必须有国会的授权才能进行。第二,国家债务负担行为的确定权,即国家债务负担行为必须根据国会的决议才能进行。例如,国家作为当事一方,进行以缔结合同行为为典型的、作为支出原因的债务负担行为时,应当有国会的批准授权。第三,预算的审批权,国会负责对内阁编制的预算进行审议和批准,认为其不合理时,可以通过"退回重新编制动议"命令内阁重新编制。

(2)《宪法》将预算编制权授予内阁。日本实行"议院内阁制",最高立法机关国会与最高行政机关内阁的关系非常密切,内阁总理大臣由国会从国会议员中选出,同时,内阁总理大臣在任命国务大臣时,其半数以上必须是国会议员。根据《宪法》的规定,内阁负责编制国家每个会计年度的财政预算。内阁编制的预算应当提交国会审议通过。

(3)《宪法》将财政监督权授予会计检查院。《宪法》规定,会计检查院负责审查决算,其组织及权限由法律进行专门规定。由强有力的外部监察机关进行有效的财政监督,是保障财政法律制度切实得到落实,财政正常运行必不可少的要素,在宪法层面对会计检查院的独立地位和相应职责进行明确具有重要意义。会计检查院负责审查国家每年的财政收支决算,内阁在向国会提交决算时必须事先经过会计检查院的审查,并应当将会计检查院的审查报告与决算一并提交国会。

2. 其他相关的宪法性文件

在法律层面,日本制定了《财政法》和《地方财政法》,对全国和地方的预算、财政关系等重要事项进行规范。同时,为了加强预决算管理,制定了《决算调整资金法》《预算执行人员责任法》;为了加强国有资产管理,制定了《国有财产法》《物品管理法》;为了加强政府采购管理,制定了《促进公共工程投标及合同合理化法》《防止政府合同延迟支付法》;为了保障地方财政需要,制定了《债权管理法》《地方交付税法》《地方公共团体财政健全法》;为了加强会计管理,制定了《会计法》《特别会计法》《会计检查院法》等配套法

律。此外,日本还制定了国税通则法、所得税法等众多的涉税法律。具体而言:

(1)1947 年《财政法》。1947 年日本颁布了《财政法》,并于 1978 年进行了修订。《财政法》是日本关于国家财政预算的基本法,主要规定了国家财政预算管理的基本原则和制度,预算的种类、预算编制与执行、决算等内容。《财政法》确立了征收法定主义、稳健财政主义、总计预算主义的财政基本原则。其第 3 条规定:"税收、国家征收的课征金以及法律上或者事实上由国家垄断事业收缴的专卖价格或者事业费用等,都必须以法律或者国会的决议为依据。"第 4 条规定中央政府的财政支出必须以公债以及借款以外的财政收入作为主要财源,确立了稳健财政主义。第 14 条规定,"岁入岁出必须全部计入预算",确立了总计预算主义[1]。

(2)1948 年《地方财政法》。1948 年日本颁布的《地方财政法》,共 82 条,分别规定了地方财政运营的基本原则、地方预算制度、地方债务制度、地方公共财产管理制度、中央与地方财政关系制度、彩票管理制度等。

(3)1947 年《会计法》。1947 年日本颁布了《会计法》,并于 1971 年进行了修订。《会计法》主要规定了国家在征收财政收入、进行财政支出以及签订政府合同等活动中,应当遵守的会计基本规则。在宪法确立的财政国会中心主义的前提下,国家在缔结合同时,会受到以预算为中心的各种制度约束,国家的合同负责人不能采取违反这些制度约束的行动。[2]

(4)1948 年《国有财产法》。1948 年日本颁布了《国有财产法》,并于 1981 年进行了修订。《国有财产法》规定了关于国有财产取得、维持、保存、运用以及处置的相关做法,规定了财务省的职权范围并建立了日本国有财

[1] 所谓总计预算主义是指预算必须记载所有财政活动,其可以比较全面地把握整个国家财政活动的情况,并使预算成为国会行使财政管理权的重要手段,与我国当下的全口径预算改革有颇多相似之处。

[2] 以动产、不动产的租赁合同为例,即使日本政府的合同负责人与合同相对人达成了跨复数年度的长期合同,并就长期合同商定了租金,但是为了遵循国库债务负担行为必须符合预算单年度主义的原则,该合同必须按年度来签订。

产登记报告制度，规定众议院、参议院、内阁、内阁府、各省厅、最高法院及会计检查院作为国有财产的占有、使用单位，必须按照国有财产的分类及种类建立国有财产台账，对行政机关所管或所属的国有财产的购置、使用权转移、处置及其他变化的发生进行切实记录。

（5）1956 年《物品管理法》和《债权管理法》。根据日本国有财产的理论，在将国家视为财产权的主体时，法律将国家的财产区分为现金、有价证券、债权、物品和国有财产等，并根据其各自形态分别制定了相应的法律进行规范管理。例如，现金主要由《会计法》规范、国家债权主要由《债权管理法》规范、物品主要由《物品管理法》规范。对于国有财产，即不动产及船舶、飞机、专利权等以登记作为对抗要件的国家财产，则由《国有财产法》规范。继《国有财产法》颁布之后，日本于 1956 年分别颁布的《物品管理法》和《债权管理法》，是日本对国有财产从静态管理发展到动态管理的尝试。

（6）1947 年《会计检查院法》。《会计检查院法》是规定日本审计监察制度的基本法律，主要规定了对预算执行情况进行检查的规则，明确了会计检查院是日本最高审计机关，属于政府行政序列，依法独立开展审计监督，向国会报告工作。会计检查院的职责是审计财政、财务收支的正确性、合规性、经济性、效率性以及执行效果，包括国家每月的收入和支出、国家债权的盈亏或国债及其他债务的增减变化等情况。[1]

此外，在行政法规层面，日本还制定了《预算决算及会计令》《国有财产及特定义务筹措手续特别令》《会计检查院审查规则》等。

（三）德国《基本法》的财政条款

德国没有制定单独的财政基本法，财政体制和财政法律的渊源是《基本法》。《基本法》对各级政府的公共开支、税收立法权、税收分配、财政补贴和财政管理都作了明确规定。同时，1967 年联邦制定的《经济稳定与增长促进

---

〔1〕 参见《日本财政制度及经济财政政策走向》，载财政部网，http://gss.mof.gov.cn/gszhs/guojijiejian/200806/t20080623_47942.htm。

法》也为德国财政体制和财政政策提供了法律基础。总体而言,德国公共财政权宪法规范体系以《基本法》为根本,由《税收通则》《财政平衡法》《经济稳定与增长促进法》等法律构成。《基本法》对财政体制作了原则性规定,有关详细的财政法律规定分散在其他法典中。

1.《基本法》中有关财政事项的规定

《基本法》通过于 1949 年 5 月 23 日,在 1990 年德国统一后,重新修订了《基本法》的序言和最后条款,从 1990 年 10 月 3 日起在整个德国生效。事权方面,《基本法》规定德国联邦政府是中央政府,主要任务是负责“为了普遍的利益必须统一进行处理的事务”,即整个国家的国防、外交、社会安全、社会保障和建造高速公路等,其他事务原则上由各州和地方政府负责。每个州均享有一定的独立性,并制定各州的宪法,但州宪法必须符合《基本法》。只是在个别领域,联邦政府才有从上到下、深入基层政府的联邦管理机构。

《基本法》共 11 章 146 条。第 1—19 条规定了公民的基本权利;第 20—37 条是有关国家体制及联邦和州的关系的条款;第 38—82 条是有关立法机构及立法程序的条款;第 83—104 条规定了司法机构;第 105 条是有关军事防御的条款;第 106—146 条是有关过渡时期的条款。其中《基本法》第 10 章第 105—108 条对德国财政制度及财政权行使事项作了较为具体的规定,包括财政层级的分工负责、财政任务的分配。明确规定的部分属于联邦,其他则是由州和地方来确定,属于州、地方财政的部分较多。同时确立了三权分立原则、中央与地方的分权以及州的三权分立。州在执行自己的州法的法定任务时,也要执行联邦立法规定的任务。《基本法》第 104 条规定,联邦和各州发生的支出由各自承担,属于共同事项的财政法律由联邦立法,税收的比例划分也由联邦规定。同时规定,财政收入较高的州由联邦通过法律规定(联邦制定的《财政平衡法》)来补助收入较少的州。在税收领域,《基本法》对德国的财政税收作了原则规定,包括各级政府的财政税收职责划分和联邦、州、地方之间的税源分配,在此基础上再制定具体的税法,并对税收立法权也作了规定,大部分税种由联邦立法,州立法的税种只有一些小税种。《基本法》第 106—107 条对于各级政府税收分配进行了明确规定,联邦法律只能做小的调整,重大的修改则必须通过《基本法》修正案来进行。第 104—115 条规定了预算平衡的指导性原则,各州议会通过后就可成为预算法律制度。德国通过《基本法》的基础性规定,一方面规定了捐税法定主义,从而奠定了德国公共财政权力行使的国家基石,另一方面规定了联邦与州之间的财政划分,在宪法上厘清了地方与中央公共财政权的权力边界。特别值得说明的是,《基本法》对于财政权的行使进行了非常详尽的规定,乃至细化到议会审议预算草案的时间及一读、二读的程序性规定(第 47 条),具有很强的可操作性。

2. 其他相关的宪法性文件

在税收领域,根据《基本法》的授权规定,德国联邦制定了《税收通则》《所得税法》《赠与税法》等税收法律。《税收通则》共 9 编 415 条,详尽地规定了税收程序等税收征管问题。《基本法》规定,完全属于联邦政府的税收为矿物油税、烟税、烧酒税和保险税。联邦和州两级共享税为公司税和增值税。其中,公司税由联邦和州各占 50%分配。至于增值税在联邦和州之间的划分方法,德国还没有固定的法律规定。但这也使增值税成为联邦和州之间税收分配的一个机动要素。可以通过联邦和州之间协议,适应联邦和州财政关系而改变分配比例。根据《基本法》,工资所得税也是联邦和州的共享税,但联邦政府可以确定工资所得税划分给市镇的比例,因此,工资所得税实际上成了联邦、州和地方三级财政的共享税。[1] 德国认为,保持联邦财政比较强的实力地位,是财政体制的基本要求,否则联邦政府的职能和特殊地位就无法充分体现。德国的税法体系完备,不仅范围广,即便很小的

〔1〕 根据德国现行法律规定,工资所得税分配比例是联邦和州各占 42.5%,市镇占 15%。在全部税收收入的分配中,联邦得的比例约占 50%(包括归欧盟的收入),相当于各州(占 37%)和地方(占 13%)之和。

税种也都以法律形式确定下来;而且规定得非常具体和详细,特别是在税基的规定上几乎涉及了财政经济业务中的方方面面,由此构成了一个庞大、完整的税收法律体系。

各地区平衡发展是德国区域发展战略的重要原则,“实行均衡发展”被写进了《基本法》。《基本法》第72条明确规定:“要在全国各地实现均等化的生活水平。”有关部门在处理涉及区域发展问题时,必须遵循这一原则。基于《基本法》的此项规定,德国制定的《财政平衡法》成为德国财政平衡的法律基础。通过各州之间和州内地方之间税收收入的再分配,达到各地区财力基本平衡,这也是德国财政法制体系中一项独具特色的重要内容。通过《财政平衡法》的实施,德国东西部差距逐渐缩小,基本实现了各地区财政和经济的均衡发展。[1]

第三节　公共财政权的现代变革

经过近代西方国家的实践尝试,现代公共财政权在宪法的文本规范与制度的现实实践两个维度都取得了重要的发展。然而,历史的发展永远不是一帆风顺的,制度的建构也绝非一劳永逸,随着经济和社会的发展,国家功能也在从简单地保证安全稳定转向更高需求层面的经济、社会功能,因而也引发了现代西方国家权责失衡的财政税收危机,而这也需要我们在公共财政制度建构过程中,对宪法目标下的国家功能进行审慎的评估考量。

---

〔1〕《财政平衡法》规定,在测算税收能力指数和评估各州税收能力及需求量后,如果税收能力指数小于平衡指数的92%,则92%以下的差额要全部得到补偿。如果税收能力指数与平衡指数之间的差额在92%—100%,其差额部分按37.5%的比例弥补。如果税收能力指数不超过平衡指数的102%,在此限度内的收入可自行留用;如果税收能力指数大于平衡指数的102%且小于110%,就要从超额的部分中拿出70%用于补充贫困州的收入。税收能力指数超过平衡指数110%的部分,全部用作对贫困州的财政拨款。参见财政部条法司、干教中心赴德国培训考察团:《德国财政法律体系及财政立法制度考察报告》,载《财政研究》2006年第2期。

一、现代国家财政治理下的功能指向

一个国家功能的真正反映就是其财政权支出的项目种类与结构安排,从中我们可以看到国家的真正性质与所处的发展阶段。[1] 区分中世纪或封建时代政府与西方现代国家的一个重要标志就是现代政府职能转变。现代政府的确立是为了促进社会经济发展、推进普通公众福利以及保障个人自由。

针对国家功能,马克思主义政治学认为,任何国家的基本功能都可以分为政治统治功能与社会公共职能。Migdal 认为,定义国家功能须包括汲取财政收入并按照一定的方式进行支出这两个方面的内容,这两个方面最能说明和反映国家能力,其定义的国家功能包括社会渗透能力、调节社会关系的能力、汲取资源以及按既定的方式拨款或者使用资源的能力。[2] 英国学者约翰斯顿总结了当代国家理论,并将国家职能归纳为六种:(1)国家是履行警察职能的保护者;(2)国家是处理冲突和纠纷的仲裁者;(3)国家是通过意识形态促进社会一致的聚合力量;(4)国家是社会经济基础设施的提供者;(5)国家是经济文化教育的投资者;(6)国家是存在自身利益的官僚机构。[3] 本书认为,从需求角度出发,在现代国家,公民对于国家的需求主要包括国家安全、经济增长与社会福利的提供。从需求出发,进而形成国家的三项基本职能,即安全职能、经济职能和社会职能。

(一)国家的安全职能

从西方历史来看,现代国家建立之初,国家的功能并不清晰。20 世纪以前,西方国家被称为“夜警国家”,作为守夜人,其职能基本局限在国防与外

---

〔1〕 参见刘守刚:《国家成长的财政逻辑:近现代中国财政转型与政治发展》,天津人民出版社 2009 年版,第 255-262 页。

〔2〕 Migdal & Joel S., *Strong States, Weak States: Power and accomodation*, Little, Brown & Co., 1988, p. 391-434.

〔3〕 王列:《关于现代国家职能的理论探讨》,载《经济社会体制比较》1994 年第 2 期。

交事务。18世纪后期,以亚当·斯密为代表的古典经济思想家提出“自由放任”,即放手让市场这只“看不见的手”进行决策,认为市场能够通过供需最有效地达到均衡,政府应该置身于经济事务之外。安全职能主要包括提供基本的公共产品,如国防、警察和司法服务。其核心目标是维护公共安全和社会秩序,以保障每一个人的安全以及经济活动不至于遭受破坏。国家安全职能的提供需要通过国家的制度建设来予以确立完善。王绍光等根据对其他国家经验的考察认为,国家基本制度建设既是经济发展和社会稳定的必要条件,也是建立法治和民主政治的必要条件,而且国家基本制度的建设,必须先于大规模的民主化,进而在国家制度建构中不断加大其中的民主色彩,增强吸纳能力和整合能力,让更多的民众参与现代国家的制度建设。[1] 王绍光、胡鞍钢等人认为,实现国家良治的八项制度基础包括强制能力、汲取能力、濡化能力、监管能力、统合能力、再分配能力、吸纳能力以及整合能力。[2]

(二)国家的经济职能

现代国家的经济职能是指国家通过政策的制定和权力的积极有效行使,从而促进经济增长和稳定的责任。自1930年尤其是大萧条后,凯恩斯创立“补偿性财政政策”理论奠定政府介入经济事务的理论基础之后,不同于之前的“夜警国家”模式,国家在此时承担了大量的经济职能,并由此创造出一个国家积极干预经济社会生活的福利社会。事实上,在每一个主要国家的工业化和经济发展中,政府都适时介入经济事务,甚至用高关税等措施来支持国内经济发展。20世纪50年代,马斯格雷斯提出了著名的政府公共财政的三大功能,即配置功能、分配功能、稳定功能。尽管亚当·斯密创设出“看不见的手”来阻止政府对经济事务的过度干预,但亚当·斯密的公理也

---

〔1〕 参见张亲培:《公共财政的政治学分析》,吉林人民出版社2004年版,第43页。

〔2〕 参见胡鞍钢、王绍光、周建明主编:《第二次转型:国家制度建设》,清华大学出版社2003年版,第10-11页。

可以被用于解释政府职能。个人通过政府的保护得到经济利益，因此他们应该用从政府保护中得到的收益去支撑政府的运行。随着国家发展，人们逐渐发现仅仅有市场是不够的，资本主义所展现出的人类的经济本性非常残酷，特别是从农业社会向工业社会发展的早期阶段，马克思和恩格斯在《资本论》中对此做出了精辟的分析。为此，政府需要在财政支出上为保证经济发展与稳定提供资金支持和政策干预，以承担更多的经济职能。服务型政府不是单纯减少干预的政府，而是一个有能力的政府，否则政治层面的有效治理和经济层面对于经济发展的促进和保障更是无从谈起。不顾政府职能减弱、政府治理能力水平偏低的实际情况一味强调政府是恶的，并意图削之而后快的做法是行不通的。对市场体制偏弱特别是对于后发国家而言，政府是唯一能提供充足公共产品和公共服务的机构。若干年来，国家经济建设的支出在国家财政的总支出中牢牢占据第一位。[1]

然而，我们同样需要注意的是政府的经济职能仅仅是起补充作用而非去替代市场。因此，政府的配置功能更就仅限于一个合理的范围，政府不能过度地干预经济生活。以第一节中的美国进步时代为例，美国政府于其时开始承担越来越多的经济职能，拥有越来越大的权力。但这种对市场和企业监管权力的加强并不仅仅是为了加强国家的权力，而是要重新实现一种国家与市场之间的均衡。在这种重构国家经济职能的过程中，通过重塑政府经济权力与市场之间的二元关系，取得了包括个人自由和社会责任之间、政府权威与私人商业权力之间，以及公共伦理责任和不受限制的个人主义伦理之间的平衡。[2]

（三）国家的社会职能

为了发挥好促进和保护经济发展的经济职能，现代国家也需要在社会

〔1〕 参见张亲培：《公共财政的政治学分析》，吉林人民出版社 2004 年版，第 43-45 页。

〔2〕 参见叶丽娟：《美国进步时代的预算改革》，载马骏、刘亚平主编：《美国进步时代的政府改革及其对中国的启示》，格致出版社 2010 年版，第 120-140 页。

领域发挥作用。社会职能,在今天又被称为社会保障职能或社会福利职能。从概念上来说,社会福利是社会保障要达到的目的;但在内容上,社会福利制度与社会保障制度所要达到的目的是相同的。即诸如养老保险、健康医疗保险、公共教育等基本制度。[1] 在20世纪西方福利国家阶段,政府的支出责任重点转向提供教育、就业、医疗、救济等公共服务,提供经济和社会职能逐渐突显出来并越来越成为国家的主要职能。[2] 根据 Harry Girvetz 对福利国家所下的定义,福利国家是一个全社会为了其成员的基本需求福祉而担负起合法、正式以及明确责任的制度表征。[3] 基于此,我们才能更理解德国《基本法》第20条第1款"德意志联邦共和国是民主的和社会福利的联邦制国家"以及第28条第1款"各州宪法制度须符合本基本法规定的共和、民主、社会福利和法制国家原则"。德国通过宪法规范将社会福利国家的价值原则确立为国家目标,其通过公共财产权施行其福利国家的社会政策(Social Politik)[4],达到了对市场社会的私人领域和法治国家的公共领域之间的协调。在分配领域,通过国家规划的第二级所得,更正只依照市场经济原则、以生产要素报酬为取向的初级所得分配,以确保非就业和无财产的人群(老人、残障、儿童、失业者)有一份收入。

国家的社会功能核心是通过均等化社会服务的提供实现社会正义和有序治理。马斯格雷夫所言分配功能事实上是"二次分配",其意义在于缩小第一次分配过程中出现的贫富差距,使社会上绝大多数人能感觉自己受到较好与公平的对待。这一点之所以重要,是因为无论在社会和经济发展的

---

[1] 参见刘守刚:《国家成长的财政逻辑:近现代中国财政转型与政治发展》,天津人民出版社2009年版,第255-262页。

[2] 参见刘守刚:《国家成长的财政逻辑:近现代中国财政转型与政治发展》,天津人民出版社2009年版,第255-262页。

[3] H. Girvetz, *Welfare State*, International Encyclopedia of the Social Sciences, Vol. 16, p. 512 (1968).

[4] [德]Franz-Xaver Kaufmann:《德国福利国家的挑战》,施世骏译,台北,五南图书出版股份有限公司2002年版,第18页。

哪个阶段都存在不平等，但公平正义的感受却可以缓和不满情绪，减少社会动荡。社会正义的实现只能通过政府而非市场。市场机制和对财富的渴望只能带来不公正。一旦出现不公平，政府必须及时、公正和彻底地纠正这种偏离以恢复社会秩序，修复社会心理。政府保持商业和个人税收权力垄断以获得财政资源，并在此基础上维持运转。因为政府就是为了公众而存在，它的税收也是为了公众，受公众监督。所以政府应该在一个高效、廉洁和经济的行为模式下运作。为了履行其职能，政府在其每一个功能领域创造和维持一个复杂的组织网络，这些组织都在法律、规则之下运行，以此保障社会秩序的有序运行。[1]

综上，随着现代国家的发展，国家肩负了更多的经济职能、社会职能，而这也促使公共财政权的制度建构从关注权力的有限性规范进一步转向公共财政权的有效性建构。若依旧采取放权市场限制公共财政权的态度，并不利于经济向前发展。面对各国千差万别的国情，在公共财政权的建构中，我们不应仅仅停留于理论争议之上，而应面向国家转型的情势，面向社会生活的实际，对于国家的市场发育程度、经济发展阶段和所处的国际环境进行深入的分析，并随着发展阶段和国内外环境的变化修正政府职能。

二、税收国家下的财政危机

税收国家财政危机是奥地利经济学家熊彼特在1918年发表的论文中提出的。从国家财政类型的分类演进分析，根据财政收入来源，财政国家可以被区分为不同的宪法类型。马骏认为，根据收入来源不同，历史上主要存在六种财政国家，即领地国家、贡赋国家、关税国家、税收国家、贸易国家、自产国家。税收国家和自产国家分别代表了西方现代国家和后发国家的主要类

---

〔1〕 参见侯一麟：《政府改革的逻辑》，载朱春奎、侯一麟、马骏主编：《公共财政与政府改革》，上海人民出版社2008年版，第198-201页。

型。[1] 税收国家系一国收入多取之于人民所缴纳的税收,而非如部分后发国家那样收入多来自国有财产及国营事业所得(上文所言的自产国家)。如上文所言,随着时代发展,现代国家的国家职能愈发增加,税收国家由于支出大量增加,无法由常规的税收来应对,最终导致国家过度举债。当国家债务失去控制之时,税收国家的危机便宣告来临。[2]

(一)财政危机中的税收控制

税收不但是私有财产权之限制,也是公共财政权的前提。虽然近现代以降,财政收入还能通过公债等其他方式获得,但课税权仍是最重要的岁入方式。[3] 税收是自由经济国家为保障自由财政的制度,原则上国家本身对生产工具无处分权,对工资与投资计划亦无要求之权限。税收对于个人财产权的限制,其目的在于确保市场之自主性,税收即是经济自由的对价。[4]

如上文所言,现代西方国家多以租税收入为岁入的主体。虽然国家征收租税的历史甚长,但税收国家原则的建立是比较晚近的事。概言之,在封建时代,因为国王、封建领主皆拥有可以生财的封建领地,其同时占有家族和国家的财产,通过权力与经济力量足以迫使人民服从,在其时税收只是为诸如战争之类临时性支出的手段,其在国家岁入中所占的比重一般不致过高。然而近代以来的市民革命彻底摧毁了这种封建贡赋国家的结构,为税收国家的建立提供了生息的土壤。

如何从宪法层面上控制国家征税权,从根本上关系到一个国家经济的健康发展、政治的良性运行以及人民的安居乐业。[5] 丧失对征税权的控制

---

〔1〕 参见马骏:《中国公共预算改革:理性化与民主化》,中央编译出版社2005年版,第31页。

〔2〕 参见葛克昌:《国家学与国家法——社会国、租税国与法治国的理念》,台北,月旦出版社股份有限公司1996年版,第97-99页。

〔3〕 参见王桦宇:《公共财产权及其规制研究——以宪法语境下的分配正义为中心》,载《上海政法学院学报(法治论丛)》2013年第5期。

〔4〕 参见葛克昌:《国家学与国家法——社会国、租税国与法治国的理念》,台北,月旦出版社股份有限公司1996年版,第172页。

〔5〕 参见钱俊文:《国家征税权的合宪性控制》,苏州大学2006年博士学位论文。

依然威胁着现代西方财政制度。正如布坎南指出的，政府赤字破坏了预算平衡，公共支出将会超出纳税人事先限定的水平，脱离纳税人的控制；尤其在财政赤字的弥补采用可无限期向后拖延的公债方式时，纳税人往往感觉不到被征税的痛苦却享受到公共支出扩大的好处，在这种"财政幻觉"下不但不去控制政府支出反而支持其扩大，最终赋予政府过大的开支和过多的权力。[1] 何帆在总结熊彼特、希克斯和诺斯等人的观点以后，提出"熊彼特—希克斯—诺斯命题"，该命题的核心内涵即是财政压力决定改革的起因和路径。[2] 其中最具典型意义的是20世纪90年代以后爆发的拉美国家经济危机，由债务危机肇始，引发财政危机，造成经济大幅度衰退和长时间滞胀，最后导致政权频繁更迭和政局动荡。其中最根本的原因在于，一个不负责任的政府实施了不负责任的财政政策。一方面，(主要是高税收)摧毁了经济增长的基础，另一方面，导致了财政赤字和债务规模的激增。现代国家的财政收入主要来源于税收，无论采取赤字财政还是发行公债，最终仍需由一国税收收入予以弥补或偿还。因此，赤字和公债政策将使纳税人不再能控制政府的征税权，要保障公共财政的制度运行，必须控制政府赤字与公债的增长。[3]

(二)福利国家下的权责失衡

如前所述，税收国家为近代西方现代国家建构的常态表现，但是伴随"福利国家""管制国家"的兴起而出现国家支出大幅扩增的现实，业已使税收国家基本原则面临巨大的危机挑战。因现代国家财政支出的增速与规模均远高于国家同时期的税收收入，此举迫使国家必须依赖举债以平衡支出。但如果国家岁入对债务的依存度过高，不但将使财政收入制度僵化，还因为

〔1〕参见[美]布坎南、[美]瓦格纳：《赤字中的民主：凯恩斯勋爵的政治遗产》，刘廷安、罗光译，北京经济学院出版社1988年版。

〔2〕参见何帆：《为市场经济立宪：当代中国的财政问题》，今日中国出版社1998年版，第34-39页。

〔3〕参见刘守刚：《西方宪政发展中的税收动因探究》，载《华东政法学院学报》2003年第6期。

政府债务的累积将导致国家债台高筑。举债本意是以将来偿还本息为前提,但倘若征税收入已经不足,在“以债养债”的恶性循环之下,国家将陷于政府债务的泥潭而无法自拔,因而债务国家已成为税收国家的现实财政挑战。[1] 对此,葛克昌曾有判断,“租税国危机载于支出方面国家职权之超载;以及收入方面,一方面税收受经济及政治条件限制停滞不前,另一方面财税政策上引入许多传统财政收入以外之目标(如经济及社会目的之租税优惠),加深了税收之短缺”[2]。

福利国家原则对现代国家财政支出的目标提出了明确要求。因此对税收国家所进行的探讨,都无法避开福利国家这一概念。作为西方现代国家的重要表现,福利原则要求国家在保护公民权利和自由方面发挥更大的作用,要求政府提供充足的公共产品,提供必要的社会福利和各种保障措施,使人民能够过上安全的、有保障的生活。[3] 福利国家最简单的特征是高福利,但相对也是高税率,因为福利国家“高福利”扩张导致社会支出与社会安全支出快速增长,随之而来的即“高税率”效应,这种现象已然成为福利国家新的矛盾问题。对于财政收支的调节,西方各国都尽可能地在满足福利国家人民的要求下进行利益调配。以德国法为例。与英美法更崇尚由市场这只“看不见的手”进行社会利益的调节支配相比,德国等大陆法系选择更直白地通过法律规定对财产权进行限制,规定其所负有的社会义务。这是经过 19 世纪社会主义运动洗礼后逐渐形成的普遍“社会国”观念的结果,其真实含义是个人财产基本权利与社会利益的平衡。[4] 虽然各国都为之做出了种种努力,但福利国家社会福利的膨胀不仅造成政府财政负担,也

---

〔1〕 参见蔡茂寅:《论公债的宪法课题》,载《现代国家与宪法——李鸿禧教授六秩华诞祝贺论文集》,台北,月旦出版社股份有限公司 1997 年版,第 1403-1444 页。

〔2〕 葛克昌:《国家学与国家法——社会国、租税国与法治国的理念》,台北,月旦出版社股份有限公司 1996 年版,第 99 页。

〔3〕 参见吴礼宁:《租税国家的立宪主义研究》,郑州大学 2010 年博士学位论文。

〔4〕 参见甘超英主编:《作为制度根源的财产权——中德比较》,北京大学出版社 2014 年版,第 9 页。

引发了中高收入人群的反应。20 世纪 70 年代发生的反福利与反租税运动、北欧国家财产外移现象都表明了福利国家正面临空前的危机,这种经济发展与社会公民权利之间的两难,形成福利国家发展的困境。因而人们提出限制福利国家的扩张,通过调整福利范围,减少国家福利项目,也相对降低个人所得税率。自 1980 年以来,主要福利国家采取福利紧缩政策的具体方式有三,即减少福利支出、改变福利方案和重构社会福利体系,强调私有化、行政体系调整与财政分担方式的改变等。英国、美国、爱尔兰、比利时、德国等众多西方国家均选择直接削弱政府与削减社会支出进行福利政策的限制。[1]

综上所述,一方面,现代国家的国家功能与责任越来越大,另一方面,随着政府财政支出中福利支出过大,导致赤字增加,纳税人负担沉重,以及因福利成本高、劳动力成本上升,影响企业竞争力和经济增长,西方国家的理论界和实务部门开始质疑国家干预经济和承担实惠职能的必要性和可能性,[2]因而也引发了 20 世纪 80 年代开始的福利国家改革重组。公共财政权在现代国家的制度实践中遇到了严峻的挑战和限制,如何在保证国家现代职能的同时避免税收对于公民财产权的过度侵犯,公共财政权的权力有效性与有限性的平衡成为现代国家制度发展的现实考验。

小结:公共财政是现代国家发展的必然趋势

公共财政是形塑一个国家治理方式的重要工具。从本章的论证中我们已经明晰,经由公共财政权变革推进国家治理转型是各国制度发展的普遍

---

〔1〕 参见吴老德:《正义与福利国家概论》,台北,五南图书出版股份有限公司 2001 年版,第 159 页。

〔2〕 参见刘守刚:《国家成长的财政逻辑:近现代中国财政转型与政治发展》,天津人民出版社 2009 年版,第 261 页。

选择,公共财政都较以前发生了质的飞跃。这表现为:首先,公共财政权被定义为一种服务于大众的公权力,它源自人民的公共需要,因此必须受到人民的制约;其次,公共财政权不再是一种单纯用于统治的工具和手段,它源于人民的授权,同时也在此范围内受人民的监督;再次,公共财政权的民主基础备受重视,人民通过议会行使对财政的决定和控制权成为财政法的基本原则;最后,财政法的功能开始转向保障财政的民主之治,人民基本权利的财政保障越来越受到关注。[1] 审视西方国家公共财政权的历史进程,通过对各国立宪政府的财政权力变迁进行研究,从宪法的历史发展过程中,我们可以对公共财政制度实践的历史必然性做以下几点基础性判断。

(一)公共财政权是宪法实施运行的重要保障

从现实的维度来看,若没有公共财政权,宪法实施就没有存在和发展的物质基础。因为没有公共财政权,国家机器就会瘫痪而陷于无政府状态,国家宪法秩序就不复存在。若没有公共财政权,人权多数是空洞的口号和虚幻的梦想。在哀鸿遍野、民不聊生的国度,人权只是真实的谎言。权利需要钱,没有公共资助和公共支持,权利就不能获得保护和实施。[2] 另外,正是在宪法精神的指引下,公共财政权才不断地发展、进步,公共财政才得以建立。公共财政权的发展与国家治理理念密切相连。人类社会的发展史是国家不断更迭、兴替的历史,而促成国家兴衰的重要原因之一就是税赋征收有无合理的限制。现代国家产生以来,反抗苛捐杂税始终是专制社会中革命运动爆发并导致政权更迭的最重要原因。西方历史上财政危机到宪政危机的恶性循环,旧中国百姓因苛税过重、民不聊生揭竿而起的经验都验证了这一点。[3] 历史脉络审视:1215 年世界第一部宪法性文件《自由大宪章》即是

---

[1] 参见王世涛:《中国财政的宪政解读》,载《甘肃政法学院学报》2008 年第 2 期。

[2] 参见[美]史蒂芬·霍尔姆斯、[美]凯斯·R.桑斯坦:《权利的成本——为什么自由依赖于税》,毕竟悦译,北京大学出版社 2004 年版,第 3 页。转引自王世涛:《中国财政的宪政解读》,载《甘肃政法学院学报》2008 年第 2 期。

[3] 参见王世涛:《财政宪法学研究》,法律出版社 2012 年版,第 136-141 页。

英国国王和贵族、平民因财政问题激烈斗争并最终达成妥协的结果。17 世纪以后,英国国王詹姆士一世、查理一世与议会之间多次因为财政问题而爆发冲突。1688 年,英国经不流血的光荣革命确立了议会主权的宪政原则,这正是为了对抗国王的财政专权。[1] 税收从不合理到合理、从不公平到公平、从王权财政到公共财政、从人治到法治的每一步发展,都表明了现代国家的进步理念,体现了宪法制度运行进步的结果,也正是在这一变化过程中,宪法赋予公共财政权以全新的制度内涵。

(二)公共财政权是从宪法层面对现代国家与公民及社会关系的调整

宪法作为基本社会规范体系是国家与公民利益冲突的调整机制的理性选择,而政治国家与公民及社会的利益冲突集中表现在税收上。法国大革命因财政危机而曲折动荡,国王路易十四经常以种种免税特权对贵族和教士进行收买和驯服,正是这种仅有少数人可以享受的免税特权加上对平民的苛政激化了社会矛盾。1787 年,路易十六要求举债和增税,导致其与高等法院的持续冲突,引发了法国大革命。就在这一年,法国发布了著名的《人权宣言》,规定私人财产不得任意侵犯,将公共财政的精神融入宪法和法律之中。[2] 诚然,宪法的逻辑前提是国家与社会的二元划分,即承认存在国家公权力与公民及社会私权利的二元分离,以及在此基础上所产生的公共领域与私人领域。但仅有这一逻辑前提,没有国家与私人利益的冲突和调整,也不会产生宪法。而且商品经济越发展,社会财富积累越丰富,国家和公民之间围绕财富分配所产生的对立冲突亦会愈加剧烈,从而也就更需要在私法之外的一种更为根本的利益调节机制,即以宪法为主体的公法体系。宪法诞生于西方国家,其根本原因还是西方社会商品经济高度发达下的经济因素。[3]

---

〔1〕 参见李炜光:《论公共财政的历史使命(上)》,载《财政研究》2002 年第 3 期。
〔2〕 参见李炜光:《论公共财政的历史使命(上)》,载《财政研究》2002 年第 3 期。
〔3〕 参见王世涛:《财政宪法学研究》,法律出版社 2012 年版,第 136-141 页。

（三）公共财政权建立于对公民财产权的保障

自古典自然法学以来，西方现代国家的一大重要功能便是私人财产的保障与公共财政权的限制。近代理论将财产权视为个人自由的渊源和保障，对此，自格劳秀斯、洛克以降，欧洲思想家皆聚焦于公民财产权利的保护与国家财政权力的行使，有“自然法之父”美誉的荷兰学者格劳秀斯在《战争与和平法》中指出，财产权是一个国家的宪法基础，战争法以及国家法的本性不是为了别的，乃是为了保护个人的财产不受侵犯，衡量一场战争的正义与非正义的标准，乃是看这场战争是否为了保护个人乃至社会、国家的财产权。对于公共财政权的限制思想源于洛克以降的古典自然法学派。英国思想家洛克在《政府论》中更为经典地论证了私有财产权的正当性，认为生命权、财产权和自由权是个人的天赋权利，是不可剥夺、不可转让的权利，政府的作为不是别的，就是保护公民的个人财产权，最大限度地防范政府与国家利用暴力或财政权等公开手段侵犯个人和社会的财产。孟德斯鸠认为，一个国家的财富不但基于民法的保障，而且政治法或公法的保护更是意义重大。[1] 在此前提下，公共财政权比其他法定权力在保护公民私有财产权及其他基本权利中发挥着更为重要和直接的作用，是私有财产权实现的基础。[2]

（四）公共财政权的运行以现代代议制为核心

西方代议制作为人民民主的核心，发端于市民阶层向王权为争取税收权利而进行的抗争。正是基于对国家征税合法性议决的需要，才促使议会平民化和近代以来民主的体制基础——代议制产生。[3] 西方现代国家的历史经验表明，公共财政权以社会的财产私有权为前提，国家财政依赖社会的财产，进而通过议会的代议制衔接，自治的社会具有与国家谈判的能

〔1〕 参见高全喜：《财富、财产权与宪法》，载《法制与社会发展》2011 年第 5 期。
〔2〕 参见梅夏英：《财产权构造的基础分析》，人民法院出版社 2002 年版，第 145 页。
〔3〕 参见王世涛：《财政宪法学研究》，法律出版社 2012 年版，第 136-141 页。

力,通过妥协或战争最后用法律确认征税权力须经纳税人的同意。以美国革命为例,其发端于当地居民与殖民者之间的财政利益争夺。课税问题在独立战争之前就已经成为美国民众反抗与斗争的核心。1776 年 7 月 4 日,北美 13 个州议会于费城通过了确立“无代议士不纳税”原则的《独立宣言》,并最终在 1787 年通过宪法将议会对公共财政的权力制约管控固定下来。

西方近代国家转型以财税斗争为契机,引发对于专制王权的限制,公共财政权得以确立和发展,并由此形成了法治国家与公共财政权的良性互动状态,公共财政成为现代国家权力运行的重要制度保障和必然趋势。[1]

---

〔1〕 参见赵南华等:《预算法治的域外经验》,载张献勇主编:《财政立宪与预算法变革——第二届中国财税法前沿问题高端论坛论文集》,知识产权出版社 2013 年版,第 408 页。

第三章

当代中国公共财政权宪法构造的制度实践

一国的财政立法情况与政治特点、经济发展水平、历史传统等因素紧密相关。自有国家之日起就有了财政权及其管理活动,历史上国家在治理中也都高度重视理财。王安石在11世纪变法改革时便提出“为天下人理天下之财”“聚天下之人,不可以无财”的主张,鲜明地提出了治国即理财的理念。对于第二次世界大战以后独立的广大发展中国家而言,他们普遍面临资金短缺、科技落后、人口增长过快等诸多难题,故而为了提速国家政治建设和实现经济现代化目标,许多后发国家都探索提出了“政府主导型”“内向汲取型”等发展路径,采取了与西方各国早期的全面推进方式不同的赶超型、追赶型发展战略。[1] 回首新中国成立前近代中国走过的财政道路,从清末到民国,国家财政的状况为地方分割,中央调度不灵,国力虚弱。即使在国民政府所谓的“黄金十年”(1928—1937年),中央收入的46%仍来自直接受南京控制的苏、浙、皖三省份。政府财政收入先要落入包税人腰包一部分,然后要被贪官污吏私吞一部分,继而各级地方政府还要层层截留一部分。如果中央政府有幸从各省征得一些收入,也已所剩无几了。中央政府无奈只有靠关税、盐税和借债度日。[2] 从中央到地方,政府的汲取能力低下导致基本的国民富足生活尚无法保证,更不必言国家的繁荣昌盛。也是因为如此,中华人民共和国财政体制的建立,才有了划时代的意义。当代中国公共财政权及运行体制的建立,以1954年《宪法》、1982年《宪法》及相关宪法修正案的文本规范为基础,吸收借鉴了域外的制度经验,形成了具有中国自身特色的财政权发展道路。[3] 在不断的摸索尝试中,新中国走过了一条从国家财政权到公共财政权的现代转型之路。

---

〔1〕 参见周刚志:《财政转型的宪法原理》,中国人民大学出版社2014年版,第67页。

〔2〕 参见王绍光:《分权的底限》,中国计划出版社1997年版,第4页。

〔3〕 参见叶振鹏主编:《中国财政通史》(第10卷),湖南人民出版社2013年版,第3页。

第一节　新中国国家财政权的探索与形成：以 1954 年《宪法》为中心

在新中国成立初期，国家政治、经济、社会、文化等权力高度集中，在此前提下以国营企业为基础的国家财政权确立并壮大，有力保证了新生政权的稳定和国家建设目标的实现。1954 年《宪法》确立了新中国的国家财政权，经过“一化三改造”，国家财政权在计划经济体制下建立起全能财政制度，成为落实国家计划的重要载体。此后，无论是收入改革中的简化税制、变税改利，还是财政管理中的“统一领导、分级管理”，都体现了国家财政权在国家建设之初的探索与尝试。但同时，在新中国成立初期，财政分权的形式与幅度均极富变动性，国家财政体制既不利于市场分工也压抑了生产单位的生产自主性、积极性，并未形成稳定的公共财政权宪法规范，[1]距离真正实现财政领域现代治理体系尚有一定距离。

一、1954 年《宪法》的财政制度规范

新中国的财政权是在各解放区财政制度的基础上，经过 1954 年《宪法》快速建立并统一了的国家财政权。回顾历史发展，1954 年《宪法》所建立的国家财政权克服了国家领导力量的衰败和国家的分裂这一近代中国国家建设始终伴随的两大危机，[2]对新中国经济社会各项事业的开展起到了重要的引领规范作用。

---

〔1〕 参见周刚志：《中国财政立宪三十年回眸——基于中国财政宪法规范之变迁过程的考察》，“纪念改革开放 30 周年暨福建省社科界第五届学术年会——经济改革与发展论坛”论文，2008 年 11 月于厦门。

〔2〕 参见林尚立：《当代中国政治形态研究》，天津人民出版社 2000 年版，第 74 页。

(一)确立全能型国家财政权,建立财政体系

1954年《宪法》确立了全能型国家财政权,在这种背景下,全能型的政府扮演了生产者、监督者、控制者的角色。借用邹谠的全能主义概念,[1]1949年后的中国国家形态是全能型政府。在这一时期,计划经济条件下的政府对经济进行直接而全面的控制,政府通过指令性计划和行政手段进行经济社会管理。[2]

在文本规范上,1954年《宪法》对新中国成立初期国家财政权作出了具体的规范。1954年《宪法》第27条规定:"全国人民代表大会行使下列职权:……(九)决定国民经济计划;(十)审查和批准国家的预算和决算……"第34条第1款设立预算委员会对于财政预算的监督:"全国人民代表大会设立民族委员会、法案委员会、预算委员会、代表资格审查委员会和其他需要设立的委员会。"第49条规定:"国务院行使下列职权:……(二)向全国人民代表大会或者全国人民代表大会常务委员会提出议案……(七)执行国民经济计划和国家预算……"第58条对地方人大财政权作出了规范:"地方各级人民代表大会在本行政区域内,保证法律、法令的遵守和执行,规划地方的经济建设、文化建设和公共事业,审查和批准地方的预算和决算,保护公共财产,维护公共秩序,保障公民权利,保障少数民族的平等权利。"1954年《宪法》对于自治地方财政自主权亦作出规定,其第70条第1款、第2款规定:"自治区、自治州、自治县的自治机关依照宪法和法律规定的权限行使自治权。自治区、自治州、自治县的自治机关依照法律规定的权限管理本地方的财政。"通过以上条文规范,1954年《宪法》初步确立了全国人大、国务院、地方人大及自治地方的财政关系,对于新中国成立初期国家财政权的快速确立起到了重要作用。

---

〔1〕参见邹谠:《二十世纪中国政治:从宏观历史与微观行动视角看》,牛津大学出版社1994年版,第235-238页。

〔2〕参见崔潮:《中国现代化进程中的财政制度变迁》,财政部财政科学研究所2011年博士学位论文。

(二)确立公有制为核心,建立计划经济体制

公有制经济性质加上计划经济管理体制的建立,为新中国高度集中的中央权力运行奠定了资源基础和运行轨道,也为国家财政权的形成及确立奠定了坚实基础。1954年《宪法》第4条规定:“中华人民共和国依靠国家机关和社会力量,通过社会主义工业化和社会主义改造,保证逐步消灭剥削制度,建立社会主义社会。”第5条规定:“中华人民共和国的生产资料所有制现在主要有下列各种:国家所有制,即全民所有制;合作社所有制,即劳动群众集体所有制;个体劳动者所有制;资本家所有制。”

1954年《宪法》所确立的计划经济体制在公共财政权上体现为国家对于经济财政生活的深度干预。新中国成立伊始,面对百废待兴的国家现状,我国确立了以苏联模式为模板的国家主导下的重工业发展战略。为了筹集发展重工业所需的巨额资金和原料,实行了高度集中统一的计划经济体制。具体而言,就是国家拥有生产资料的所有权,通过层层命令的形式指挥生产和销售活动,整个国家成为一个大的生产企业。所有的生产部门成为各级政府控制下的生产车间,所有的生产和销售指令都由上级政府部门发出,所有的收益分配都由政府部门统一决定。在财政支出能力上体现为一切收入均归属于中央政府统一调配使用,农村公粮除地方附加以外,其余全部由中央政府调度分配,省市县未经中央允许无权调拨公粮。[1] 在这种经济制度下,国家全面介入并直接管理经济活动,整个社会成为一个大公司,所有的部门无论是行政还是生产业务部门,都成为国家这个集合体中的一个组成部分,这形成了政府对企业乃至全社会的“条块分割的行政隶属关系控制体系”。这一传统体制最根本的特点,就是财政成了贯彻国家计划的账房。[2]

---

〔1〕 参见刘守刚:《国家成长的财政逻辑:近现代中国财政转型与政治发展》,天津人民出版社2009年版,第88-89页。

〔2〕 参见冯俏彬:《私人产权与公共财政》,中国财政经济出版社2005年版,第170-175页。

（三）完成社会主义改造任务，确立全民所有制等多种生产资料所有权

1954年《宪法》在实行之初，通过积极保护国家所有制在内的多种生产资料所有权，以发展经济和保障完成社会主义改造任务。1954年《宪法》第5条规定："中华人民共和国的生产资料所有制现在主要有下列各种：国家所有制，即全民所有制；合作社所有制，即劳动群众集体所有制；个体劳动者所有制；资本家所有制。"并在第8—11条对多种生产资料所有权作出了保障。第101条规定："中华人民共和国的公共财产神圣不可侵犯。爱护和保卫公共财产是每一个公民的义务。"第102条规定中华人民共和国公民有依照法律纳税的义务，保障了税收体系。然而，在1956年社会主义改造完成后，原来设想的从新民主主义向社会主义的过渡时间被大大缩短，1954年《宪法》中的多种生产资料所有权的保护已由"国家保证优先发展国营经济"逐渐演变成现代工业经济被国营经济垄断，社会资本仅以"全民"或"集体"所有制的方式存在。"大跃进""文化大革命"中出现的激进经济政策，并未带来预期中的有效经济增长，反而使国民经济陷入崩溃的边缘，最终使支持国家成长的经济基础被削弱。[1] 新中国成立初期高度集中的经济制度，在极大提高国家财政能力的同时，也在一定程度上制约了以保护个体拥有独立财产权为基础的现代社会在中国的发育成长。高度集中的经济制度在经济领域大大压缩了介于国家和民众之间的经济自主性空间，削弱了对私人等多种生产资料所有权的保护。到"文化大革命"时期，宪法所规定的多种所有权保护更无从谈起。[2]

二、财政收入的调整强化

作为政治与经济的交合点，公共财政权一方面反映政府与公民之间的

---

〔1〕 参见刘守刚：《国家成长的财政逻辑：近现代中国财政转型与政治发展》，天津人民出版社2009年版，第91页。

〔2〕 参见崔潮：《中国现代化进程中的财政制度变迁》，财政部财政科学研究所2011年博士学位论文。

经济关系,另一方面反映中央政府与地方政府之间的关系。前者在这里的表现就是以税收为核心的财政收入制度的设计。

(一)国家财政汲取能力的提升

强大的国家财政权的建构以获取强大的国家汲取能力为核心。新中国成立后,面对经历了数十年战争洗礼的国家政权与民间社会,新中国深知一个强大的财政权对于国家建构的重要性。1950 年 3 月,中央政府统一了全国的财政经济管理。新中国国家财政在短时间内就实现了从战时财政、农村财政、分散财政和供给财政到和平时期以集中统一为特征的、以发展国民经济为目标的国家建设财政。[1] 其统一的范围之广、速度之快,在中国历史上绝无仅有。本来在根据地时期,各解放区的财政经济是分散经营的,各有各的货币、各有各的预算收支、各有各的管理经营方式。在新中国财政政策制定和贯彻实施过程中,新中国政府摆脱了各种既有利益集团对国家权力的种种阻碍和干扰,将全国财政收支管理、全国物资管理、全国现金管理全部置于中央政府的统一领导之下。财政收入的汲取管理上,除极少数经中央政府特准的小额地方税以外,其他税收要上缴中央财政。[2] 至 1956 年社会主义改造初步完成,国营经济和集体经济成为整个计划体制中占绝对统治地位的经济成分,企业上缴的税收成为国家财政收入的主要组成。[3] 至此,通过中国国家财政体制重构,国家与民众的关系被简单分为两种主要关系,即中央政府与地方政府关系、政府与企业或单位的关系。[4] 新中国成立初期的国家税收财政体制初步得到确立。此时的财税体制所具有的最大特点,就是公共财政与企业财务的合二为一。[5]

---

〔1〕 参见刘守刚:《国家成长的财政逻辑:近现代中国财政转型与政治发展》,天津人民出版社 2009 年版,第 88-89 页。

〔2〕 参见王绍光:《分权的底限》,中国计划出版社 1997 年版,第 32-33 页。

〔3〕 参见冯俏彬:《私人产权与公共财政》,中国财政经济出版社 2005 年版,第 170-175 页。

〔4〕 参见刘守刚:《国家成长的财政逻辑:近现代中国财政转型与政治发展》,天津人民出版社 2009 年版,第 116 页。

〔5〕 参见吴敬琏:《当代中国经济改革》,上海远东出版社 2004 年版,第 248 页。

在这种全国一盘棋的重构布局下，国家对财政资源的汲取和掌控能力得到显著增强。王绍光对此的解释为："在很多发展中国家，国家汲取能力低下的原因是税收负担往往加在了那些收入低下的群体上，而富人对政府的影响如此之大以至于政府不得不使税法在一定程度上屈从于他们的利益，或者对他们的偷逃税行为视而不见。因此，政府的相对自主就成为建设国家高水平汲取能力的先决条件。"[1]与其他后发国家相比较，新中国成立后政府财政在资源配置和分配中的作用显得十分突出，强有力的资源汲取能力使中央计划者得以加快资金形成速度，并将这些资源集中用于政府认为急需的产业和地区。从实践经验来看，新中国政府对于第一个五年计划的提前完成就是在国家财政权建构中的突出成绩。[2]

(二)税收政策调整

新中国成立之初，即开始进行税收制度上的调整。我国的税收立法也与税收政策调整保持同步，在税制改革方案确定后的一个时间段内，我国集中出台多个税法。

第一阶段是新中国成立初期的税制统一期。最初确定的税收制度的基础方针是：按流转额征税的货物税和营业税、按所得额征收的所得税为主体税种，其他税种相辅助，在生产、销售、所得、财产等环节实行统一的、多税种多环节分别征收的复合税制。[3] 1950年1月，政务院总理周恩来签署政务院通令，发布《关于统一全国税政的决定》及《全国税政实施要则》，统一了全国基本财政收入体系。《全国税政实施要则》是新中国成立以后统一税政、建立新税制的纲领性文件，该文件明确要求通过治理整顿，全国各地方税

---

〔1〕 王绍光：《美国进步时代的启示》，中国财政经济出版社2002年版，第52-54页。

〔2〕 参见王绍光：《分权的底限》，中国计划出版社1997年版，第33页。

〔3〕 贾康、阎坤：《转轨中的财政制度变革》，上海远东出版社1999年版，第116页。

收、税种、税目、税率实现基本统一。[1] 此后，我国发布了《货物税暂行条例》《工商业税暂行条例》《契税暂行条例》《屠宰税暂行条例》《利息所得税暂行条例》《印花税暂行条例》等。在后续的税收调整中，中央政府多次致力于给原定的复合税制做减法，以适应国家现有的财税治理能力。1953 年国家进一步修正税制，调整的核心内容是：开征商品流通税，从原来征收货物税的品目中，划出一部分改征商品流通税；修订货物税和营业税；取消特种消费行为税，取消或停征除牲畜交易税以外的其他交易税。[2] 总的来说，从 1949 年到 1956 年，中国根据当时多种经济成分、多种分配方式并存的状况，建立了一套以多种税、多次征为特点的复合税制。这套新税制的建立，对于保证国家财政收入，稳定物价和经济，保证革命战争的胜利，实现国家财政经济状况的根本好转，促进国民经济的迅速恢复和发展，以及配合国家对于农业、手工业和资本主义工商业的社会主义改造，建立、巩固和发展社会主义经济制度，发挥了重要的作用。[3]

第二阶段是 1958 年税制改革。在社会主义改造基本完成以后，1953 年所制定的多种税、多次征的税收制度，已经不能适应新的经济实践要求，偷漏税现象十分严重，需要进行税制改革。因此，1957 年 9 月，财政部提出了《关于改革工商税收制度的报告》，确定了在基本上保持原税负基础上简化税制的改革方针。全国人大常委会 1958 年 6 月审议通过了《农业税条例》，9 月审议并原则通过了《工商统一税条例（草案）》并由国务院予以公布，9 月财政部公布了《工商统一税条例施行细则（草案）》。这次税制改革

---

〔1〕《全国税政实施要则》中作出了关于税种设置的规定，暂定下列 14 种税收为中央和地方的税收：货物税、工商业税（包括坐商、行商、摊贩的营业税和所得税）、盐税、关税、薪给报酬所得税、存款利息所得税、印花税、遗产税、交易税、屠宰税、房产税、地产税、特种消费行为税（筵席、娱乐、冷食、旅店）和使用牌照税。参见刘佐：《新中国税收制度的建立和巩固》，载中央财经大学中国财政史研究所编：《财政史研究》第 4 辑，中国财政经济出版社 2011 年版。

〔2〕参见冯俏彬：《私人产权与公共财政》，中国财政经济出版社 2005 年版，第 172–173 页。

〔3〕参见刘佐：《新中国税收制度的建立和巩固》，载中央财经大学中国财政史研究所编：《财政史研究》第 4 辑，中国财政经济出版社 2011 年版。

的核心内容就是合并简化税种，把原来实行的货物税、商品流通税、营业税和印花税4种税合并成工商统一税，同时利息所得税、文化娱乐税、契税、集市交易税陆续停止征收。

第三阶段是1973年简化税制改革。1972年3月，国务院批转财政部《关于扩大改革工商税制试点的报告》并附《工商税条例(草案)》，通过合并税种和简化税目税率，将工商统一税及其附加、城市房地产税、车船使用牌照税、盐税和屠宰税合并为工商税，对国营企业只征收工商税，对集体企业只征收工商税和工商所得税。新中国税收政策几经修正调整，在1973年的税制简化中，我国税收体系由新中国成立初期的复合税制基本变为单一税制。[1]

(三)财政收入结构改变

在新中国成立初期，通过国家财政政策的刺激和支持，国营经济日益壮大，有力地促进了政府财政权在经济领域的有效扩张。1953年，中国共产党提出了过渡时期的总路线，以"一化三改造"为核心内容的总路线，核心为公有化改造，包括两个方面的内容："中共中央提出要在一个相当长的时间内，一是逐步实现社会主义工业化，这是总路线的主体；二是逐步实现对农业、手工业和资本主义工商业的社会主义改造，这是总路线的两翼。这两个方面互相联系，互相促进，互相制约，体现了发展生产力和改革生产关系的有机统一，是一条社会主义建设和社会主义改造同时并举的路线。"[2]整个"一五"期间，中央收入相当于全部预算收入的80%左右，而省、县两级收入加起来也不过占全部预算收入的20%。[3]从表3-1可见，来自国营企业的收入已从1950年新中国成立伊始的13.98%迅速增加到1956年的47.92%，近乎占到国家财政收入的一半。

---

[1] 参见冯俏彬：《私人产权与公共财政》，中国财政经济出版社2005年版，第172-173页。

[2] 《毛泽东选集》(第5卷)，人民出版社1977年版，第89页。

[3] 参见柳随年、吴群敢编：《中华人民共和国经济史简明教程：1949—1985》，高等教育出版社1988年版，第174-175页。

表 3-1　新中国成立初期国家财政收入分类

单位:%

年份	各项税收	国有企业收入	其他收入
1950	78.78	13.98	7.24
1951	64.92	24.44	10.64
1952	56.16	32.93	10.91
1953	56.12	35.96	7.92
1954	53.91	40.63	5.46
1955	51.13	44.91	3.96
1956	50.28	47.92	1.80

楼继伟主编:《新中国 50 年财政统计》,经济科学出版社 2000 年版,第 62 页。

随着国家财政收入对于公有制经济的依赖,在急于摆脱落后面貌的赶超型发展战略下,实行工业优先、重工业是重中之重的政策,大量的资源被投放到重工业建设领域。[1] 在对于资本主义工商业的改造中,通过公私合营,至 1956 年年底,已实现公私合营的企业占原有私营企业数的 99%。私营资本主义经济在中国已基本上不存在,在工业企业总产值中国营经济占 68.2%。从表 3-2 中不难看到,税种单一、结构简化、总量萎缩的另一面是个人、家庭、企业相对政府经济地位的下降和政府主体集“政权”与“产权”为一身的高度同一化,[2]这也正是国家财政权在收入领域的集中反映。

表 3-2　改革开放之前国家财政收入中各经济成分的比重

单位:%

年份	国营经济	集体所有制经济	个体经济	其他①
1950	33.4	0.3	34.5	31.8

〔1〕 参见崔潮:《中国现代化进程中的财政制度变迁》,财政部财政科学研究所 2011 年博士学位论文。

〔2〕 参见冯俏彬:《私人产权与公共财政》,中国财政经济出版社 2005 年版,第 170-175 页。

续表

年份	国营经济	集体所有制经济	个体经济	其他
1954	65.7	4.4	16.2	13.7
1960	92.0	7.6	0.4	0
1963	81.7	15.9	2.4	0
1969	86.5	12.8	0.7	0
1975	86.1	13.4	0.5	0
1978	86.8	12.7	0.5	0

资料来源:财政部办公厅编:《中华人民共和国财政史料》,中国财政经济出版社1983年版,第419页。

①其他中包括新中国成立初期的公私合营制经济、私营经济等其他经济形式。

三、财政管理的体制变迁

1949—1978年,新中国政府在财政体制上呈现全能主义的政府形态,一方面具有强烈的发展主义的现代化导向,另一方面又要实现社会公平的目标。国家实行高度统一的中央集权管理模式,政府集中了社会各领域资源,无所不能,无所不包,在建立社会秩序、维护国家独立、促进重点建设等方面,发挥了“集中力量办大事”的优势。[1] 新中国成立初期前30年的财政管理体制经历了财政权上收与下放的频繁变动,国家财政权在计划经济的管制下为维护单一所有制,面临着严峻的困难与挑战。

(一)国家财政权的收放试验

1949—1978年,中央财政与地方财政的收支范围与管理体制屡经变革,我国针对财政管理权限进行了多次探索尝试。在这一阶段,中央与地方利益分配关系长期处于不断变化中。

1950年,中央政府制定了高度集中的财政管理体制,一切收支项目、办

[1] 参见崔潮:《中国现代化进程中的财政制度变迁》,财政部财政科学研究所2011年博士学位论文。

法、开支标准都由中央统一制定,除地方附加之外的一切财政收支都要纳入国家预算,预算权限基本被全部收归中央。1951—1952 年又实行了初步分级管理的财政管理体制。1951 年 3 月,政务院颁发了《关于一九五一年度财政收支系统划分的决定》,将财政收支由高度集中统一于中央人民政府,改为在中央的统一领导下,实行中央、大行政区、省(市)三级财政,并实行初步的分级管理,各级政府都设立相应的财政管理部门。[1] 后来,国家领导人认为地方权力过小对建设社会主义不利,于是将中央的收支管理权下放至地方政府并决定放弃国营企业的管理权限,将收入归于地方政府。1957 年 11 月,国务院颁布《关于进一步改进财政管理体制的决定》,决定在 1958 年实行权力下放改革,扩大地方的开支权。1958 年 6 月,国务院发布《关于改进税收管理体制的决定》,决定分权地方,授权省、自治区、市自主制定税收办法,开征地区性税收。1958 年 9 月,国务院通过《关于进一步改进财政管理体制和改进银行信贷管理体制的几项规定》,将除邮电、铁路、海关等中央直管收入外的全部税收和企业收入下放地方管理。[2] 对于财政体制的变迁沿革,综合贾康、彭健等人观点,梳理如下(见表 3-3):

表 3-3　1949—1978 年我国财政体制的演变

时期	财政体制
1953—1957 年	划分收支、分类分成、分级管理
1958 年	以收定支、五年不变
1959—1960 年	实行适当收权的“收支下放、计划包干、地区调剂、总额分成、一年一变”的体制
1961 年	重新强调财政管理的集中统一的“总额分成,一年一变”
1962—1964 年	实行扩大地方固定收入的“总额分成,一年一变”
1965—1967 年	实行进一步放权的“总额分成,一年一变”

〔1〕 参见孙文学主编:《中国财政史》,东北财经大学出版社 1997 年版,第 403 页。
〔2〕 参见王绍光:《分权的底限》,中国计划出版社 1997 年版,第 34 页。

续表

时期	财政体制
1968—1970 年	再度实行统收统支管理体制,少部分地区仍实行"总额分成,一年一变"
1971—1973 年	定收定支,收支包干,保证上缴(或差额补贴)
1974—1975 年	收入固定比例留成,超收另定分成比例,支出按指标包干
1976—1978 年	收支挂钩,总额分成

资料来源:彭健:《中国政府预算制度的演进(1949—2006 年)》,载《中国经济史研究》2008 年第 3 期。

新中国成立以来财政体制的频繁变动,是与国家整体的经济管理体制和经济、政治形势的变化紧密联系在一起的。财权在"放"与"收"、集中与分散之间屡经周折,也在很大程度上反映了持续、反复进行的对于"社会主义经济如何更有活力地发展"的探索。[1] 尽管如此,新中国成立初期在财政管理体制上的制度探索仍与一个制度化、法治化的财政权行使体系有较大的距离。我们需要看到,财政体制成为统揽一切的计划经济体制的附庸,财权随着政治运动在不同级次政府间分分合合,缺乏规范化的协调制衡机制。所有的变革尝试仍在"一放就乱,一乱就收,一收就死,一死就放"的改革周期中循环往复。[2]

(二)计划经济下的治理困境

如上所述,从财政权视角出发,我们可以看到新国家体制变迁本质上是财政所主导的。在传统国家财政权体制下,企业生产和银行信贷服从于国家财政预算计划,而国家的财政预算计划又服从于国家建构的目标。由于国家对企业实行统收统支,对银行实行行政命令,所以一切财政权集中于国家。在此情况之下,国家通过国家财政权可以较为方便地控制财政平衡,从

---

〔1〕 参见贾康:《我国财政体制改革的回顾与评析》,载《财经科学》1999 年第 5 期。

〔2〕 参见杨小凯、张永生:《新兴古典经济学和超边际分析》,中国人民大学出版社 2000 年版,第 224 页。

而实现宏观经济的平衡。这是在传统计划体制时期很少出现财政赤字的原因。但是没有财政赤字并不意味着就没有财政压力,实际上,到传统计划体制的后期,社会主义国家一直处于财政紧张的局面。何帆认为,20世纪70年代后期中国出现财政压力主要有三种原因:工业对农业剥削后导致的来自农村的压力;计划体制无法推动持续经济增长导致的国家财力的拮据;人口增长与就业压力下导致的对财政支出的压力。[1]

计划经济的治理困境反映出国家财政权在维护单一所有制上的力不从心,其直接表现就是在经济社会重构下的财政基础改变,财政收入领域的国营企业亏损愈发严重。1978年前中国的国营工业企业之所以能为国家提供财政收入,并不是因为企业自身效率的提高。除了政府不断投入带来的"粗放型增长"外,国营工业企业的盈利还源于工农产品价格"剪刀差"、低工资政策、工业垄断利润、部分折旧费和资源补偿费。随着"文化大革命"的结束,低工资制度也难以维持。国营工业垄断企业生产效率十分低下,财政投入所能得到的利润回报越来越低。[2] 1976年全国亏损企业亏损额达164.8亿元,工业企业亏损面达37.2%。1976年全民所有制独立核算工业企业每百元工业总产值实现利润12.6元,比1966年的21.9元减少42.5%。[3] 在传统计划体制下的社会契约中,国家许诺为公民提供就业和福利待遇,但僵化的经济体制和日益增长的人口及福利需求最终形成了不可调和的矛盾,给我国财政支出带来巨大压力。至20世纪70年代末期,这种压力已经远远超出了国家能力范围。[4] 对此,胡鞍钢认为:"到1975年,中央占财政总收入只有11.8%,是历史最低点,在世界各国这一比重也是最低

[1] 参见何帆:《为市场经济立宪:当代中国的财政问题》,今日中国出版社1998年版,第52-54页。

[2] 参见崔潮:《中国现代化进程中的财政制度变迁》,财政部财政科学研究所2011年博士学位论文。

[3] 参见国家统计局编:《中国统计年鉴1999:汉英对照》,中国统计出版社1999年版,第265页。

[4] 参见何帆:《为市场经济立宪:当代中国的财政问题》,今日中国出版社1998年版,第52-54页。

的,同期中央占财政总支出的49.9%。由此看来,很难说当时的中国计划经济是属于一个典型的中央集权经济,说是地方分权型的计划经济也许更为确切。"[1]为了维持国有经济的增长率,国家不得不将越来越大的国民收入投入国有经济中,但财政收入难以增长,无法维持高投入和高增长率的状态。

综上所述,国家财政权在新中国成立初期发挥了重要作用。其在实践中的表现体现了"一体两翼"的结构:财政管理上国家财政权权力高度集中,一切决策权都归属于中央政府,地方政府只负责执行;具体到收入和支出的"两翼"体制上,财政收入体制上主要依赖政府自有的国营企业所上缴的税收,财政支出体制上则侧重于国家战略的经济建设和国营企业经营活动。[2]财政收入主要来自国营企业,税种遭简化,从依赖"税"走向依赖"利",少量仅存的"税"实质上也成了"利"的一部分。国家财政在统揽一切的计划制度下建立了全能财政制度,财政支出大量投入经济建设领域,单一所有制经济已不能满足国家经济社会发展的需要,基于多种所有制的现代公共财政权的制度重构迫在眉睫。

第二节　现代国家财政权的合法性重构:以1982年《宪法》为中心

1978年召开的党的十一届三中全会开启了改革开放和社会主义现代化的伟大征程。改革开放以来,财政权力从计划经济时代的"国家财政权"向市场经济时期的"公共财政权"转型过渡。以1982年《宪法》对财政制度规

---

[1] 胡鞍钢:《中国政治经济史论(1949—1976)》,清华大学出版社2008年版,第515页。
[2] 参见刘守刚:《国家成长的财政逻辑:近现代中国财政转型与政治发展》,天津人民出版社2009年版,第99页。

范为指引，首先解决了现代国家建设过程中财政权的合法性建构。基于寻求社会活力与公平正义的社会基础，私有财产权的地位和其在国民经济中的比重显著上升，产权明晰度大大提高，经济基础层面的深刻变化进而推动着政府治理模式的转变，现代国家的公共财政权治理体系初步得到确立。

一、1982年《宪法》的财政制度规范

1982年《宪法》是在党的十一届三中全会实现新中国成立以来党的历史上具有深远意义伟大转折的大背景下产生的。在经历新中国成立初期"文化大革命"的动荡波折后，国家百废待兴，亟须在宪法层面确立国家权力的正当性。中国共产党基于对社会主义革命和建设的深刻总结，顺应时代潮流和人民愿望，就关系党和国家前途命运的大政方针作出政治决断和战略抉择，果断结束"以阶级斗争为纲"，实现党和国家工作中心战略转移，开启了改革开放和社会主义现代化建设新征程，这为1982年《宪法》提供了重要的政治基础和路线方针依据。1982年《宪法》的诞生，标志着我国在经历了新中国成立初期的探索之后，已找到适合我国国情的财政权体制道路，并力图通过宪法规范财政收支活动，建立现代国家的财政权合法性与正当性。

（一）1982年《宪法》为现代公共财政制度的建立提供了最根本的制度保障

1982年《宪法》对我国的根本政治制度和基本政治制度、基本经济制度、国家的根本任务、公民的基本权利和义务、国家机构的设置和职责等作出了明确规定，明确中华人民共和国的一切权力属于人民。人民依照法律规定，通过各种途径和形式，管理国家事务，管理经济和文化事业，管理社会事务。这些内容改革完善了国家制度，有效保障了人民更好地行使国家权

力,为现代公共财政制度的建立提供了最根本的组织和制度保障。

一是健全了人民代表大会制度。1982 年《宪法》设立了全国人大财政经济委员会,取代 1954 年《宪法》设立的全国人大预算委员会,负责提出对计划、预算及其执行情况的审查报告;扩大全国人大常委会的职权,加强全国人大常委会的组织,规定全国人大及其常委会行使国家立法权,将审查和批准"决算"修改为审查和批准"预算执行情况的报告",将原来由全国人大行使的决算审查批准权事实上交由全国人大常委会行使。并由 1994 年《预算法》进一步明确。此外,1982 年《宪法》还规定在中央统一领导下加强地方政权建设,规定县级以上地方各级人大设立常委会,省、自治区、直辖市人大及其常委会有权制定地方性法规,进一步完善了地方对于计划和预算的审查批准管理体制。

二是 1982 年《宪法》对我国基本经济制度作出规定,明确"社会主义经济制度的基础是生产资料的社会主义公有制",在肯定"国家在社会主义公有制基础上实行计划经济"的同时,明确"市场调节的辅助作用",增加规定个体经济是社会主义公有制经济的补充,这些内容为发展社会主义市场经济提供了有力法制保障。但 1982 年《宪法》也存在时代缺陷。1982 年《宪法》第 15 条第 1 款规定:"国家在社会主义公有制基础上实行计划经济。国家通过经济计划的综合平衡和市场调节的辅助作用,保证国民经济按比例地协调发展。"其所确立的计划经济制度随着市场竞争的逐步发展,已不适应国家经济发展和社会需要。自 1988 年以来的 4 个宪法修正案对此作出了修正,我国建立起社会主义市场经济制度。

三是 1982 年《宪法》第 3 条第 4 款规定:"中央和地方的国家机构职权的划分,遵循在中央的统一领导下,充分发挥地方的主动性、积极性的原则。"在总结新中国成立以来实践经验的基础上,正式确立了中央和地方关系法治化的基本原则。

四是强化国务院的权力。1982 年《宪法》明确了由国务院行使编制国家预算职权，同时规定在国务院首次设立审计机关；[1]规定审计机关对国务院各部门和地方各级政府的财政收支，对国家的财政金融机构和企业事业组织的财务收支，进行审计监督。审计机关在国务院总理领导下，依照法律规定独立行使审计监督权，不受其他行政机关、社会团体和个人的干涉。

（二）1982年《宪法》的有关具体规定

自1982年《宪法》颁布实施以来，我国在财政立法领域进行了大量工作。根据梳理，在1982年《宪法》中，关于公共财政权的内容散见于第2条、第56条、第62条、第67条、第70条、第89条、第91条、第99条、第107条、第117条等条文中，主要包括人大财政权、国务院财政权、地方财政权及审计监督权等内容，其相关规定构成了我国宪法对于公共财政权的规范内容。1982年《宪法》对于公共财政权的规定主要涉及财政权力配置及税收领域。在财政权力配置领域，1982年《宪法》在第3章“国家机构”部分具体规定了公共财政权在全国人大及其常委会、国务院、地方各级人大及地方各级政府、审计机关等主体之间的划分。具体而言，1982年《宪法》第62条规定：“全国人大行使下列职权：……（九）审查和批准国民经济和社会发展计划和计划执行情况的报告；（十）审查和批准国家的预算和预算执行情况的报告……”其中，审查和批准“社会发展计划”是1982年《宪法》增加的内容，在1982年之前《宪法》的规定中，全国人大行使的都是审查和批准国家预算和决算的职权。第67条是关于全国人大常委会行使职权的条款，其第5项规定，“在全国人民代表大会闭会期间，审查和批准国民经济和社会发展计划、国家预算在执行过程中所必须作的部分调整方案”。第70条规定全国人大设立财政经济委员会等专门委员会，在全国人大及其常委会的领导下，研究、审议和拟订有关财经领域议案。关于国务院对于公共财政权的行使，

[1] 根据胡乔木在宪法修改委员会第二次会议上所作的说明，在这次宪法修订草案里面，规定了设立审计机关，这是新中国成立以来没有正式成立的机构。审计机关是专门对国家财政开支进行监督的机关。它不仅对国家的财政开支，而且对于地方、对国营企业，都有权进行财政财务的监督。参见《胡乔木文集》（第2卷），人民出版社2012年版，第540页。

1982年《宪法》第89条第5项规定,国务院"编制和执行国民经济和社会发展计划和国家预算"。关于地方财政权,1982年《宪法》第99条规定,"县级以上的地方各级人民代表大会审查和批准本行政区域内的国民经济和社会发展计划、预算以及它们的执行情况的报告"。1982年《宪法》第117条还对于民族自治地方的财政自治权作出了专门规定,赋予了民族自治地方较大的财政自主权。除此之外,在税收领域,1982年《宪法》第56条规定:"中华人民共和国公民有依照法律纳税的义务。"尽管表述简单且未明确税收法定原则,但该条款仍对我国的财政收入领域具有重要意义。

1982年《宪法》是1954年《宪法》的继承和发展,它充分总结了新中国成立以后正反两方面的经验教训,注意吸取国际的经验,既考虑到当前的现实又考虑到发展的前景,内容更加完备,获得广泛的拥护和认同,是一部有中国特色的、适应新的历史时期需要的宪法,是新中国成立以来最完善的一部宪法,为中国特色社会主义制度的进一步发展提供了前进阶梯,为经济发展、社会进步提供了重要法治保障。1982年《宪法》是新中国宪法史上的里程碑,从此,国家迈出了健全社会主义法制的关键一步,标志着我国社会主义民主政治建设进入一个新的阶段。

二、"放权让利"的财税体制改革

随着改革开放的深化,我国财政体制逐步走向了政府向企业放权让利的市场化道路,伴随1982年《宪法》对于公民纳税义务的再次强调,国家的财政权及其税收体系也发生了深刻变化。

(一)国家多种经济所有制的发展完善

税收体制的改革与我国经济所有制的发展密切相连。党的十一届三中全会公报明确提出:"我国经济管理体制的一个严重缺点是权力过于集中,应该有领导地大胆下放,让地方和工农业企业在国家统一计划的指导下有更多的经营管理自主权;应该着手大力精简各级经济行政机构,把它们的大部分职权转交给企业性的专业公司或联合公司。”在我国计划经济条件下,国有企业与国家财政的关系,是按国家计划进行的一种指令性的直接分配关系。财政直接收取企业上缴的利润和税收,同时又根据国家计划负责企业所需的资金供应。[1] 正如上节所言,在这样一种计划体制下,原有的企业利润上缴已不足以满足国家生产建设的需要,加之改革开放以后,我国经济结构发生深刻变化,多种经济成分、经营方式蓬勃发展,原有的单一税收制度因为税种过少、征收范围过小、取得收入的来源不够普遍、税负不公平等已经无法适应新的社会发展实践。同时,面对经济高速发展对于资金的巨大需求,原有国家财政权已无法满足国家建设需要,政府开始寻求税收手段的支持,改革财政税收体制迫在眉睫。

在非公有制经济不断地被放开与承认过程中,通过国家政策引导,非公有制经济在国民经济中的地位进一步增强,国有经济呈现下降趋势,工商税收中国有经济比重逐步下降,这也与公共财政权所要求的宽税基、低税率、公平税负、减少税收对市场经济的干扰等特点相一致。[2] 与此同时,公有制与非公有制税收制度也在同步完成着现代公共财政收入体系的转变。通过国有企业利改税等税制改革,国家税收收入从 1978 年的 519.28 亿元增加至 1993 年的 4255.30 亿元,至 2021 年更是增加到 164490 亿元[3],成为财政收入的绝对大头。

(二)税收制度的变迁完善

税收体制改革需要强化税收征收能力。改革开放以来,税收领域自 1978 年开始即探索将企业上缴利润调整为缴纳税金。改革开放之前,国营企业采取向国家上缴利润形式,计划经济体制下企业经营与国家财政并未

---

[1] 参见赵梦涵:《新中国财政税收史(1927~2001)》,经济科学出版社 2002 年版,第 488 页。

[2] 参见胡书东:《经济发展中的中央与地方关系——中国财政制度变迁研究》,上海人民出版社、上海三联书店 2001 年版,第 179 页。

[3] 参见中国财政年鉴编辑委员会编辑:《中国财政年鉴(2021)》,中国财政杂志社 2021 年版,第 5 页。

得到有效分离。为进一步推进市场化改革方针，1982 年 12 月，五届全国人大五次会议通过《关于第六个五年计划的报告》，提出两步走的“利改税”方案：“今后三年内，在对价格不作大的调整的情况下，应该改革税制，加快以税代利的步伐。”“这项改革需要分别不同情况，有步骤地进行。对国营大中型企业，要分两步走。”经过 1979—1983 年的试点之后，1983 年 4 月，国务院正式出台了《国营企业利改税试行办法》，推出了第一步“利改税”，明确提出“将国营企业原来给国家上缴利润的办法，改为按国家规定的税种和税率向国家缴纳税金”。从 1983 年起对国营企业全面开征企业所得税，以部分取代原来的上缴利润模式。1984 年 9 月，国务院又出台了《国营企业第二步利改税试行办法》，实行第二步“利改税”，即将国营企业原来上缴国家的财政收入改为分别按 11 个税种向国家缴税，将大中型国营企业对国家的经济责任由计划经济时期的利润上缴改为 55%的企业所得税，对于小型国营企业开征 8 级超额累进所得税，同时开征国有企业调节税。由税利并存逐步过渡到完全的以税代利，将财政收入制度化、规范化并以法律规范形式固定下来。税收制度改革反映了经济成分的多样化和经济活动的日趋复杂，尽管从今天的眼光来审视，当时的税制改革还带有强烈的按公私所有制划分的时代色彩，但以加强收入权力与市场化重构为导向的公共财政权构建已经起步。

在具体税种领域，税收体制的改革从完善税种税制入手。1980 年 9 月全国人大通过了《中外合资经营企业所得税法》《个人所得税法》，开征中外合资经营企业所得税、外国企业所得税、个人所得税。1984 年 9 月，全国人大常委会通过《关于授权国务院改革工商税制发布有关税收条例草案试行的决定》，同月国务院发布《产品税条例(草案)》、《增值税条例(草案)》、《盐税条例(草案)》、《营业税条例(草案)实施细则》、《资源税条例(草案)》、《国营企业所得税条例(草案)》和《国营企业调节税征收办法》。1985 年 4 月，为保障经济体制改革和对外开放工作的顺利进行，提高税收体制改革效率,六届全国人大三次会议了通过了《关于授权国务院在经济体制改革和对外开放方面可以制定暂行的规定或者条例的决定》,意在经过实践检验条件成熟时再由全国人大或者全国人大常委会制定法律。[1] 根据这一授权,国家税种快速完善,从1985年到1988年,国务院在税制领域,以"暂行条例""试行"等形式颁布了《城市维护建设税暂行条例》《房产税暂行条例》《车船使用税暂行条例》《印花税暂行条例》《城镇土地使用税暂行条例》《耕地占用税暂行条例》《城乡个体工商业户所得税暂行条例》《个人收入调节税暂行条例》《私营企业所得税暂行条例》等十余项税收法规。经过此次授权,国务院通过商品税体系的细化,重建了原有的粗线条工商税体系。至1993年,我国已经有了涉及所得税、流转税、财产税、资源税、行为税等五大类共35个类别的税收体系,以流转税和所得税为核心的税制初步确立。[2] 2004年,以增值税为主要税种的流转税占税收总收入的64.4%,以企业所得税为主要税种的所得税占总税收的25.1%。[3]

三、"分灶吃饭"的财政管理体制

从上节可以看到,新中国成立以来,从20世纪50年代的统收统支到六七十年代的总额分成,虽然财政体制经历大大小小十余次的变革,但基本上是统一领导与分级管理相结合的模式。这种模式在一定程度上适应了计划经济体制的要求,较好地执行了中央的指令目标。但因为中国的国情复杂多样,各地资源禀赋亦有差异,随着财政压力的加大和市场化改革的深

---

[1] 参见《第六届全国人民代表大会第二次会议关于授权国务院在经济体制改革和对外开放方面可以制定暂行的规定或者条例的决定》。1985年4月,六届全国人大三次会议决定:授权国务院对于有关经济体制改革和对外开放方面的问题,必要时可以根据《宪法》,在同有关法律和全国人大及其常委会的有关决定的基本原则不相抵触的前提下,制定暂行的规定或者条例,颁布实施,并报全国人大常委会备案。经过实践检验,条件成熟时由全国人大或者全国人大常委会制定法律。

[2] 参见冯俏彬:《私人产权与公共财政》,中国财政经济出版社2005年版,第175-179页。

[3] 参见刘佐:《中国税制概览》,经济科学出版社2006年版,第11页。

入，这种高度集中的国家财政权体制已变得难以持续。[1] 国家财政权的现代化改革转向已成为历史必然。

（一）变迁沿革

1979—1992 年在中国经济史上被定位为有计划的商品经济时期。在此期间，国家和社会、中央和地方从"文化大革命"的桎梏中解放出来，通过放权地方和企业，厘清中央和地方的财政权力边界，为新型央地关系的调整构建进行了大量有益的尝试。根据时间序列，其在财政管理体制领域的主要举措包括以下方面：

1980—1984 年是第一阶段改革，财政体制为"划分收支、分级包干"，以"放权让利"为特征。国务院于 1980 年 2 月出台《关于实行"划分收支、分级包干"财政管理体制的通知》，明确按照经济管理体制规定的行政隶属关系，划分中央和地方财政收支范围。按照明确划分的收支范围，以 1979 年财政收支预计执行数为基础，经过合理调整后计算确定财政收支包干基数。这一调整既不涉及产权的界定，也不涉及承包者对所有者的财产责任，[2] 是中央财政为激发地方和企业活力作出的自我妥协与克制。1985—1987 年是第二阶段改革，这一时期财政体制调整为"划分税种、核定收支、分级包干"，即按税种和企业隶属关系，在所得税、调节税领域确定中央和地方的各自财政定额收入，在产品税上由中央与地方共享收入，支出仍按原体制划分。1988—1992 年的改革在前两次改革的基础上，确立了"多种形式的包干财政体制"的改革目标，国务院于 1988 年出台《关于地方实行财政包干办法的决定》，进一步提出了全国各省、自治区、直辖市和计划单列市，分别实行"收入递增包干""总额分成""总额分成加增长分成"等六种不同形式的包干办法[3]，其具体制度设计如表 3-4 所示：

[1] 参见赖勤学：《转型与立序》，知识产权出版社 2007 年版，第 224 页。
[2] 参见厉以宁：《股份制与现代市场经济》，江苏人民出版社 1994 年版，第 245 页。
[3] 参见贾康：《我国财政体制改革的回顾与评析》，载《财经科学》1999 年第 5 期。

表 3-4 1988—1992 年中国部分地区与中央收入分享合同

省份	收入递增包干		总额分成/%	总额分成加增长分成		上解递增包干		定额上解固定数额/亿元	定额补助/亿元
	合同规定增长率/%	地方留成比率/%		总额分成比例/%	增长分成比例/%	上解额/亿元	递增包干比例/%		
北京	4.0	50.0							
辽宁	3.5	58.3							
河南	5.0	80.0							
天津			46.5						
安徽			87.6						
大连				27.7	27.3				
青岛				16.0	34.0				
广东						14.1	9.0		
湖南						8.0	7.0		
上海								105.0	
山东								3.0	
吉林									1.1
西藏									9.0
新疆									15.3

资料来源：刘守刚：《国家成长的财政逻辑：近现代中国财政转型与政治发展》，天津人民出版社 2009 年版，第 180-182 页。

（二）影响评价

1979 年以来的改革开放初期，公共财政权和运行体制所实行的“分灶吃饭”的财政大包干体制改革，在一定程度上激活了民间资本和地方财政积极性，有力地促进了财政收入，进一步完善了公共财政权的收支管理体制。这项改革虽然起到了积极的作用，但引起了一个重要的变化，即国家汲取财政能力逐渐下降。从今天视角评价，改革开放初期的十余年尝试，限于经济财政理论与意识形态上的计划经济思维,政府财力极度分散,在体制上不能保证政府财政权必要的集中程度和中央与地方间合理的分配关系,中央财力降至历史最低点。1979—1993 年,由于减税让利,财政收入占国内生产总值比重从 28.4%下降到 12.6%,下降了约 16 个百分点。一方面,就财力分配关系而言,地方政府财政权虽比改革前有所扩大,却没有从本地实际出发建立、健全地方税种的权力;另一方面,就中央政府财政权而言,随着让权地方,中央财政收入占全国财政收入的比重由 1979 年的 46.8%下降为 1993 年的 33.3%,中央财政陷入了“弱中央”的境地。[1] 中央本级组织收入不能满足本级支出的需要,因而必须依靠地方财政收入的上解来平衡中央级收支,这种情况在世界各国是极罕见的,在很大程度上造成了中央政府调控能力的弱化和中央财政的被动局面,宏观政策意图的贯彻难以得到充分的财力保证。[2] (见表 3-5)

表 3-5　中央财政收支和地方财政收支比重

单位:%

年度	中央政府		地方政府	
	财政收入	财政支出	财政收入	财政支出
1985	37.9	45.3	62.1	54.7
1987	38.2	42.1	61.8	57.9
1989	37.5	36.4	62.5	63.6
1991	38.2	39.5	61.8	60.5
1992	39.7	41.4	60.3	58.6
1993	33.3	37.0	66.7	63.0

资料来源:国家统计局编:《中国统计年鉴》,中国统计出版社 1994 年版,第 220 页。

站在历史发展的角度,一旦与市场经济相适应的财政制度建立起来,现

[1] 参见贾康:《我国财政体制改革的回顾与评析》,载《财经科学》1999 年第 5 期。
[2] 参见王绍光:《分权的底限》,中国计划出版社 1997 年版,第 49-62 页。

有的国家总财力水平和中央政府相对财力水平就太低了,国家财政和中央财政实力太弱了。这时市场经济取代了计划经济,实现了政府职能转换和公共财政改革,国家控制社会经济生活、提供公共产品、维持国家机器正常运转的非财政手段已经变得十分有限,原来属于计划经济部分的调控手段都要放弃。因此,倘若没有适度规模水平的国家总财力和中央政府的相对财力,政府就无法顺利完成维护社会政治稳定、提供公共产品、进行宏观经济调控等任务。在完成了经济体制转轨之后,如果国家财政继续保持改革开放以来的低水平运行,国家财政和实际需求之间就会有比较大的缺口,引发一系列的政治经济危机。[1] 地方、中央各有突出问题,这也为 1993 年进一步的分税制改革埋下了伏笔。

第三节 现代公共财政权的转型构造:以 1993 年《宪法修正案》为发端

1979 年以后,随着我国市场化改革的启动深入,财政权的构建相应地步入一个由自发、自为到自觉的公共化轨道。[2] 但受限于经济、财政理论和意识形态上的禁锢,现代公共财政权的发展并不是一帆风顺的,国家在财政实践中也遭遇到新的危机和挑战。面对争论,1992 年,邓小平同志在南方谈话中明确指出,社会主义也有市场,计划和市场都是经济手段。1993 年党的十四届三中全会通过了《中共中央关于建立社会主义市场经济体制若干问题的决定》,明确提出,建立社会主义市场经济。为保障和促进社会主义市场经济体制的建立,1993 年 3 月八届全国人大一次会议通过《宪法修正

〔1〕 参见胡书东:《经济发展中的中央与地方关系——中国财政制度变迁研究》,上海人民出版社、上海三联书店 2001 年版,第 147-148 页。

〔2〕 参见张馨:《“公共经济(学)”析疑》,载《财贸经济》2004 年第 4 期。

案》,正式确立了社会主义市场经济的宪法地位,也克服了"有计划的商品经济"的提法在财政体制改革过程中的种种羁绊,这为在我国发展市场经济、建立市场经济体制下的公共财政权扫清了道路。1998 年全国财政工作会议将中国财政体制改革的目标确定为"公共财政",社会主义公共财政权的构造逐步成为未来中国财政转型的方向。在这一理论指引下,分税制改革、现代预算制度等一系列改革先后步入历史的舞台。

一、1993 年《宪法修正案》的制度规范

改革开放以来,个体经济、私营经济、外资企业等非公有制经济得到快速发展,1982 年《宪法》所确立的计划经济为主、市场调节为辅的经济制度已经不复存在,取而代之的是市场价格机制为主导的经济制度,因此需要修改宪法以使之在宪法层面也得到确认与保障。

(一)确立市场经济地位

在经济制度上,1993 年《宪法修正案》最大的亮点就是取消了 1982 年《宪法》第 15 条所确定的计划经济为主的市场经济制度,取而代之规定"国家实行社会主义市场经济"。虽然 1988 年、1993 年、1999 年、2004 年的《宪法修正案》均涉及市场经济要素的制定,但其中只有 1993 年《宪法修正案》根本性地改变了我国的经济体制,其所确立的社会主义市场经济制度标志着中国在改革开放 10 余年后终于迎来了全新的市场经济时代,这也标志着国家公权力对财政领域影响最为直接、最为全面的全能型国家财政权行使的结束,现代公共财政权由此逐步进入历史舞台。

(二)建立国家与市场的二元平衡

在国家与市场关系上,1993 年《宪法修正案》在确立社会主义市场经济地位的同时,规定"国家加强经济立法,完善宏观调控","国家依法禁止任何组织或者个人扰乱社会经济秩序"。这表明,一方面 1993 年《宪法修正案》废除了对国家经济财政生活的过度干预,另一方面国家通过公权力的规范

行使保障经济秩序和财政收支活动的顺利进行。国家并非实行完全放开管制的自由经济制度,其原因有两点:其一,市场经济是以公有制为基础的市场经济制度;其二,市场经济仍应通过宏观调控来进行约束。[1] 在国家与市场的关系上,1993 年《宪法修正案》坚持了市场有限性与公权力有效性的二元平衡,其结果在公共财政权领域中的税收改革、预算监督中均有体现。

(三)逐步完善多种所有制经济

在所有制方面,1982 年《宪法》颁布以来的《宪法修正案》先后对所有制作出了重要规定。1988 年《宪法修正案》第 1 条规定私营经济是"社会主义公有制经济的补充",赋予了私营经济合法地位;在 1999 年和 2004 年的《宪法修正案》中,又进一步明确了"在法律规定范围内的个体经济、私营经济等非公有制经济,是社会主义市场经济的重要组成部分","国家鼓励、支持和引导非公有制经济的发展"。上述《宪法修正案》彻底改变了非公有制经济的宪法地位和国家对其的政策取向。至 2013 年,党的十八届三中全会通过的《中共中央关于全面深化改革若干重大问题的决定》指出,"必须毫不动摇鼓励、支持、引导非公有制经济发展,激发非公有制经济活力和创造力"。该决定强调,"公有制为主体、多种所有制经济共同发展的基本经济制度,是中国特色社会主义制度的重要支柱,也是社会主义市场经济体制的根基。公有制经济和非公有制经济都是社会主义市场经济的重要组成部分,都是我国经济社会发展的重要基础"。该决定不仅重申了非公有制经济在社会主义市场经济中的地位,而且第一次将非公有制经济与公有制经济置于同等重要的地位和高度。

总体而言,1993 年《宪法修正案》确立了社会主义市场经济制度,在经济财政体制上改变了 1982 年《宪法》的总体面貌,为深入推进改革开放做出了重要贡献。具体而言,在公共财政权领域,1994 年分税制改革及现代预算体系的建立深刻影响了我国现代公共财政权的转型构造。

---

[1] 参见吴越:《经济宪法学导论——转型中国经济权利与权力之博弈》,法律出版社 2007 年版,第 207-209 页。

二、分税制改革下的央地关系重塑

随着社会主义市场经济地位的确立，公共财政权领域进一步明确了财政体制改革的目标方向。回首历史，1994 年的分税制改革在中国改革史上具有重要地位。任何的改革都有其历史必然性，1994 年的分税制改革的直接动因就是过去数十年的包干让利导致中央国库空虚，中央政府财政权愈发虚弱，国家财政连年出现大额赤字，中央宏观调控能力大为降低。通过央地关系的重塑变革，建立现代国家公共财政权已迫在眉睫。

（一）主要内容

1993 年 11 月，党的十四届三中全会通过了《中共中央关于建立社会主义市场经济体制若干问题的决定》，对积极推进财税体制改革作出明确具体部署：一是把现行地方财政包干制改为在合理划分中央与地方事权基础上的分税制，建立中央税收和地方税收体系。二是按照统一税法、公平税负、简化税制和合理分权的原则，改革和完善税收制度。1993 年 12 月国务院发布《增值税暂行条例》《消费税暂行条例》《营业税暂行条例》《企业所得税暂行条例》《土地增值税暂行条例》。全国人大常委会还通过修改《个人所得税法》，废止了城乡工商户所得税和个人收入调节税。三是改进和规范复式预算制度。根据中央决策，1993 年 12 月 15 日国务院下发《关于实行分税制财政管理体制的决定》，12 月 18 日发布的《财政部、中国人民银行、国家税务总局实行“分税制”财政体制后有关预算管理问题的暂行规定》正式确定分税制财政改革方案。

分税制所力图建立的不再是 20 世纪 80 年代的央地一对一协议分权，而是制度化、规范化的分权，将事权与财权相对应，地方收入与经济增长相挂钩，实行公式化的转移支付制度。其主要内容包括：第一，根据中央和地方政府的事权确定相应的财政支出范围。根据现行中央与地方事权和支出的划分，中央财政主要承担国家安全、外交和中央国家机关运转所需经费，调整国民经济结构、协调地区发展、实施宏观调控所必需的支出以及由中央直接管理的事业发展支出。地方财政主要承担本地区政权机关运转所需支出以及本地区经济、事业发展所需支出。第二,按税种划分中央财政与地方财政收入范围。根据事权与财权相结合的原则,按税种划分中央与地方的收入。将维护国家权益、实施宏观调控所必需的税种划为中央税;将同经济发展直接相关的主要税种划为中央与地方共享税;将适合地方征管的税种划为地方税,并充实地方税税种,增加地方税收入。具体划分如表 3-6 所示。第三,实行中央对地方的转移支付制度。为了保持现有地方既得利益格局,逐步达到改革的目标,中央财政对地方税收返还数额以 1993 年为基期年核定。按照 1993 年地方实际收入以及税制改革和中央与地方收入划分情况,核定 1993 年中央从地方净上划的收入数额(消费税+75%的增值税-中央下划收入)。1993 年中央净上划收入全额返还地方,保证现有地方既得财力,并以此作为以后中央对地方税收返还基数。1994 年以后,税收返还额在 1993 年基数上逐年递增,递增率按全国增值税和消费税的平均增长率的 1∶0.3 系数确定,即上述两税全国平均每增长 1%,中央财政对地方的税收返还增长 0.3%。如若 1994 年以后中央净上划收入达不到 1993 年基数,则相应扣减税收返还数额。[1]

表 3-6　分税制前后中央与地方税收收入划分对比

1985 年中央财政固定收入	1994 年中央财政固定收入	1985 年地方财政固定收入	1994 年地方财政固定收入	1985 年中央与地方分享收入	1994 年中央与地方分享收入
关税、海关代征产品税和增值税	关税、海关代征消费税和增值税	地方国营企业所得税、调节税、承包税	营业税(不含铁道部门、各银行总行、各保险总公司集中缴纳的营业税)	增值税	增值税(中央 75%,地方 25%)

〔1〕 参见《国务院关于实行分税制财政管理体制的决定》,载《财政》1994 年第 2 期。

续表

1985 年中央财政固定收入	1994 年中央财政固定收入	1985 年地方财政固定收入	1994 年地方财政固定收入	1985 年中央与地方分享收入	1994 年中央与地方分享收入
中央国营企业所得税、调节税	中央企业所得税	车船使用牌照税	车船使用税	资源税	资源税①
中央包干企业收入、军工企业收入	中央企业上缴利润	契税	契税	产品税	证券交易税（中央与地方各分享50%）
专项调节税	消费税	城市房地产税	房产税	营业税	
海洋石油、外资合资企业的工商统一税、所得税、矿区使用费	地方银行和外资银行及非银行金融企业所得税	集体企业所得税	地方企业所得税（不含上述地方银行和外资银行及非银行金融企业所得税）	建筑税	
铁道部和各银行、保险公司的营业税	铁道部门、各银行总行、各保险总公司缴纳的营业税、所得税、利润和城市维护建设税	城市维护建设税和其他收入	城市维护建设税（不含铁道部门、各银行总行、各保险总公司集中缴纳的部分）	外资、合资企业工商统一税	
烧油特别税		地方包干企业收入	地方企业上缴利润	盐税	
国库券收入		屠宰税	屠宰税	国营企业奖金税	

续表

1985年中央财政固定收入	1994年中央财政固定收入	1985年地方财政固定收入	1994年地方财政固定收入	1985年中央与地方分享收入	1994年中央与地方分享收入
国家能源交通重点建设基金		农牧业税	农牧业税	外资、合资企业的所得税	
其他收入		集市交易税	固定资产投资方向调节税	个人所得税	
		牲畜交易税	城镇土地使用税		
		税款滞纳金、补税罚款收入	个人所得税		
		尚待开征的土地使用税、房产税、车船使用税	农业特产税		
			耕地占用税		
			印花税		
			遗产和赠与税		
			土地增值税		
			国有土地有偿使用收入		

资料来源：宋新中主编：《当代中国财政史》，中国财政经济出版社1997年版，第409页；《国务院关于实行分税制财政管理体制的决定》(1993年12月15日发布)。

①资源税按不同的资源品种划分，大部分资源税作为地方收入，海洋石油资源税作为中央收入。

(二)效果评价

从表3-7中我们可以清晰看到，分税制实行后，相对于财政收入的缓慢提升，中央财政占整个财政收入的比重则飞速上升，分税制实施当年，就从1993年的22.0%提高到55.7%，地方财政收入则从78.0%下降到44.3%。通过分税制改革，重构了央地关系的财政基础，大大强化了中央政府的公共财政权力量，保障了国家方针和宏观调控的实施，改进了收入体制，较好地理顺了中央财政与地方财政、国家权力与企业权益的分配关系，增强了中央政府的宏观财政调控能力，抑制了财政收入相对值连续多年下滑的趋势，为中央政府推行既定的改革政策提供了充足的财政支持。[1] 通过央地关系的博弈平衡，中央政府成为最大赢家。

表 3-7　我国分税制实施前后财政收入占比情况

年份	财政收入/亿元	财政收入占 GDP 比重/%	中央财政收入/亿元	中央财政收入占全国财政收入的比重/%
1978	1132.26	31.2	175.77	15.5
1980	1159.93	25.7	284.45	24.5
1985	2004.82	22.4	769.63	38.4
1989	2664.90	15.8	822.52	30.9
1991	3149.48	14.6	938.25	29.8
1993	4348.95	12.6	957.51	22.0
1994	5218.10	11.2	2906.50	55.7
1996	7407.99	10.9	3661.07	49.4
1998	9875.95	12.6	4892.00	49.5
2000	13395.23	15.0	6989.17	52.2
2002	18903.64	18.0	10388.64	55.0
2004	26396.47	19.3	14503.10	52.3

资料来源：表格数据参见国家统计局编：《中国统计年鉴》，中国统计出版社1994年至2004年版。

[1] 参见赖勤学：《转型与立序》，知识产权出版社2007年版，第225-226页。

财政收入的增加带动了财政支出的增加，我国财政支出自分税制以来呈现显著增长之势。从绝对量上来看，中国财政支出在1981年为1138.41亿元，到2012年为12.57万亿元，增长了约110倍。1993年中国财政支出突破4000亿元，之后以每年平均净增1000亿元的速度增加，1999年首次突破10000亿元，之后以每年平均净增2000亿元的速度增加。[1]

分税制的建立，不仅极大地增强了中央政府的"财政能力"，而且地方政府尤其是县市等基层政府，亦经由分税制改革在一定程度上获得财政收支的独立地位。[2] 中国的地方政府经由"权力下放"改革而逐渐获得相当之自主权限，这使得中国的财政权模式走出了苏联高度集权下的计划经济老路，这种改革试验开始突破社会主义国家的财政收支划分制度模式，向分权改革下的公共财政权及企业市场化改革的方向转型。[3]

三、现代预算监督体系的制度约束

1994年的分税制财政体制改革，从收入方面初步理顺了中央与地方的分配关系，增强了中央财政的宏观调控能力。与之相同步，1994年3月八届全国人大二次会议制定通过《预算法》，在建立现代预算制度体系的道路上迈出了重要一步。但随着市场经济的发展完善，计划经济体制所造成的预算不够统一、规范，预算软约束，财政支出效益不高等问题却日益突出，具体表现为预算编制内容不完整、预算编制程度不细化以及预算资金使用效益不高。1998年以来，财政部门面对中央与地方的财政角力、学术界"国家分配论""公共财政论"的论战，大力推动了以公共财政权为导向的预算支出管理改革。至2014年《预算法》修正完成，现代预算监督体系逐步成为规范现代国家权力行使的主要管理手段。

---

〔1〕 参见崔巍：《财政宪法的民生导向研究》，世界图书出版西安有限公司2013年版，第154页。
〔2〕 参见周刚志：《财政转型的宪法原理》，中国人民大学出版社2014年版，第47页。
〔3〕 参见周刚志：《财政转型的宪法原理》，中国人民大学出版社2014年版，第47页。

（一）制度规范

我国现代预算监督体系的制度规范包括宪法对于预算制度的规定、《预算法》的专门规定与修正及相关部门法对于预算制度的规范。

在新中国成立之初，我国政府就着力建设预算制度，但鉴于当时的国家治理能力与后期的国家政治和社会生活的动荡，规范的现代国家预算制度并未落到实处。[1] 现代预算监督体系的重要性在改革开放以后才为人们所逐步重视。通过对既往宪法文本的梳理，新中国成立之初的前几部宪法关于财政预算管理的表述均为：全国人大批准国民经济计划、国家的预算和决算，国务院执行国民经济计划和国家预算。1954 年《宪法》第 27 条第 9 项及第 10 项、第 49 条第 7 项，1975 年《宪法》第 17 条及第 20 条，1978 年《宪法》第 22 条第 7 项、第 32 条第 5 项，均作出如此规定。在这种财政体制之下，"预算"尚未发挥出在现代国家治理体系中的应有作用。1982 年《宪法》第 62 条第 9 项、第 10 项和第 89 条第 5 项将表述修改为：全国人大"审查和批准国民经济和社会发展计划和计划执行情况的报告"和"审查和批准国家的预算和预算执行情况的报告"，国务院则负责"编制和执行国民经济和社会发展计划和国家预算"，现代国家的预算管理制度方得初见端倪。[2]

1994 年 3 月，八届全国人大二次会议制定通过的《预算法》是我国第一部预算专门法律。该法对我国宪法关于财政预算的规定作了充分具体的补充完善，是财政领域的宪法性法律。该法对预算监督进行了规定，明确了人大审批和调整以及监督预算的权力。2014 年《预算法》修改时，与《深化财税体制改革总体方案》相衔接，在立法宗旨和调整范围、预决算原则方面取得了一定突破，对全口径预决算、地方政府债务、转移支付、预算公开等作出

〔1〕 1951 年 8 月政务院发布《预算决算暂行条例》，拟定了国家预算的组织体系，各级人民政府的预算权，各级预算的编制、审查、核定与执行程序，决算的编制与审定程序等，但在实践中并未得到严格的贯彻实行。

〔2〕 参见周刚志：《财政转型的宪法原理》，中国人民大学出版社 2014 年版，第 75 页。

了诸多具体规范，在预决算编制、审查和批准、执行和调整、监督和法律责任方面也有许多完善，在加强预算监督、促进预算制度的科学化及规范化上又进一步。

除此之外，2006 年 8 月，全国人大常委会通过了《各级人民代表大会常务委员会监督法》，明确赋予全国人大“审查和批准决算，听取和审议国民经济和社会发展计划、预算的执行情况报告”的监督权力，并在第 3 章对预算监督进行了较为详细的规定，包括对国务院向全国人大提交预算草案的时间、决算草案的编制形式、汇报预算执行情况时间、预算调整的主体、预算审查的重点内容、预算审议意见的处理等。[1]

（二）预算实践

现代预算监督体制改革是我国财政体制改革日益深化的必然要求，是建立与我国市场经济相适应公共财政权的客观趋势。国家财政治理制度有很多，但只有在现代预算制度建立起来后，现代国家的治理能力才能得到显著提升。“毫不夸张地说，一个国家的治理能力在很大程度上取决于它的预算能力。如果不是因为有了现代预算制度，现代国家不可能有效地承担这么多的职能。”[2]

我国现代预算管理制度的改革始于 1998 年。自 1998 年以来，财政部门大力推动预算支出管理改革，部门预算、国库集中支付、政府采购、收支两条线、全口径预算、地方债务管理等预算管理制度改革相继出台，预算管理向着精细化、透明化、实权化、规范化的方向不断前进。[3] 1999 年，全国人大、审计署先后向财政部提出建议和要求，提出进一步改进预算工作，细化预算

〔1〕 参见王淑杰：《政府预算的立法监督模式研究》，中国财政经济出版社 2008 年版，第 109-110 页。

〔2〕 Allen Schick, *The Capacity to Budget*, Urban Institute Press, 1990, p. 225.

〔3〕 参见王淑杰：《政府预算的立法监督模式研究》，中国财政经济出版社 2008 年版，第 108 页。

内容。[1] 全国人大常委会预算工作委员会要求财政部2000年在向全国人大提交中央预算草案时要提供中央各部门预算收支等材料，要报送部门预算。自此，以贯彻全国人大的要求为契机，财政部决定从改革预算编制方法着手，逐步推进我国预算管理改革，从而拉开了我国预算改革的序幕。1999年7月24日财政部向国务院报送了《关于落实全国人大常委会意见改进和规范预算管理工作的请示》，提出细化预算、编制部门预算的构想；8月进一步征求国家计委、国家经贸委、科技部、教育部、农业部、社会保障部等部门对《关于改进2000年中央预算编制的意见》的意见；9月20日经国务院批准，财政部下发了《关于改进2000年中央预算编制的意见》，开始着手实施部门预算改革。财政部要求，从2000年开始，改变传统的预算编制方法，要求各部门统一实行新的预算编制方法，按照市场经济国家实行财政预算管理的基本组织形式要求，编制独立完整的部门预算，这是新中国成立以来的初次尝试。2001年以来，财政部相继制定了《进一步加强和规范中央预算管理的有关规定》等规范性文件，规范了财政部各内司(局)预算编制、执行中的行为。2003年党的十六届三中全会通过了《中共中央关于完善社会主义市场经济体制若干问题的决定》，总结制度经验和实践需要，明确提出改革预算编制制度，建立预算绩效评价体系，实行全口径预算管理，加强各级人大对本级政府预算的审查和监督。

经过十余年的探索发展，面对预算体制改革中出现的支出管理不规范、缺乏有效制约等情况，2014年修正的《预算法》进一步推动了全口径预算管理及预算公开工作。全口径预算体系的确立进一步以法律的形式明确了我国预算改革的方向，确立了包括一般公共预算、政府性基金预算、国有资本

[1] 1999年6月，审计署代表国务院在九届全国人大常委会第十次会议所作的《关于1998年中央预算执行情况和其他财政收支的审计工作报告》和全国人大常委会在审议1998年中央决算和中央财政审计报告中都提出要改进和规范中央预算编制工作。主要意见一是"要严格执行预算法，及时批复预算"；二是"要细化报送全国人大审查批准的预算草案内容，增加透明度"，"报送内容应增加对中央各部门支出、中央补助各地方的支出和重点项目的支出等"。

经营预算、社会保险基金预算的“四本预算”的全口径预算体系，标志着我国将逐步增强立法主导性，加强立法监督，推进各类预算的规范编制，约束过于宽泛的行政权力。在预算公开领域，2014 年《预算法》第 14 条规定“经本级人民代表大会或者本级人民代表大会常务委员会批准的预算、预算调整、决算、预算执行情况的报告及报表，应当在批准后二十日内由本级政府财政部门向社会公开”，有效地促进了对政府公共财政权力的监督。实践证明，至 2014 年《预算法》修正完成，1998 年开始的预算体制改革基本解决了预算编制形式不规范、方法不科学、内容不完整等问题，预算编制的规范化、制度化、透明化程度得到了较大的提高，初步实现了预算改革的阶段性目标。在预算编制形式上，初步实现了各项收支清晰、项目预算到位、“一个部门一本预算”的改革目标。在预算编制内容上，初步实现了全口径预算管理。在预算编制方法上，逐步实现了零基预算。各部门的支出预算划分为基本支出和项目支出两部分，采用不同的方法分别编制。对于基本支出预算，财政部门根据财力可能，结合部门的工作量、占有的资源、实际支出状况及部门分类，测算并确定不同的定员定额标准，按定员定额核定。项目支出预算通过填报项目申报文本的方式细化支出内容。按照项目的轻重缓急进行排序，建立项目库，财政部门进行综合平衡，在财力许可的范围内核定。在编制程序上，建立了“自下而上、自上而下”相结合的“两上两下”预算编制程序。通过上述一系列以加强支出管理为主旨的改革，现代公共财政权所内含的现代预算制度体系已经基本搭建完毕。以预算为介质，财政部门和各级人大从不同方面强化了对财政资金的监督管理，并取得了明显的效果，为下一步公众深入参与、监督、审核政府的财政收支搭建了一个基础性的平台，这是一个具有根本意义的肇始。[1] 至此，构建中国公共财政权的最后一块拼图最终完成。面对党的十八届三中全会以来，国家治理体系和

---

〔1〕 参见冯俏彬：《私人产权与公共财政》，中国财政经济出版社 2005 年版，第 194 页。

治理能力现代化下的财政体制改革,我国现代预算制度仍需在专业性、科学性的道路上进一步完善,以适应未来国家政治、经济、社会的变革需要。

综上所述,改革开放初期,以 1982 年《宪法》为指引,通过重建税制为主要特征的一系列改革,初步理顺了国有经济和政府之间的双重关系,建立了面向各种所有制、各地区企业平等竞争的税收环境。进而随着 1993 年《宪法》确立市场经济地位,通过 1994 年分税制改革,理顺了中央与地方之间的财政关系,厘清了两者公共财政权的权力边界;1998 年开始,通过预算制度的改革,进一步完善了财政支出上的权力监督。改革开放以来的财政改革的实质是与整体经济改革由计划向市场的导向相适应、相伴生的,即从财政自身来讲,走过的是一条经济职能不断收缩,公共管理职能日渐凸显和强化的"国家财政权"向"公共财政权"转型的过程。[1]

小结:中国公共财政权的宪法构造具有后发国家特殊性

综合本章所述,对于公共财政权宪法构造的路径考察,不仅需要明晰一般现代国家的发展路径,还应聚焦于中国后发国家的具体国情进行分析。作为后发国家的中国与现代西方国家的立宪路径显示了人类社会现代法律发展的普遍性与特殊性:一方面,与西方的现代立宪路径截然不同的后发国家立宪道路并不存在;另一方面,中国作为后发国家的独特历史前提又凸显出其建立现代立宪国家路径的特殊使命。[2] 从历史出发,西方公共财政权宪法构造首先关注于公共财政权的有限性,而中国等后发国家基于国家经济发展的需要首先关注于公共财政权的有效性,只有首先促进经济发展、提高民众的生活水平,公共财政权的宪法制度构造才有意义。正是在这种双

---

〔1〕 参见冯俏彬:《私人产权与公共财政》,中国财政经济出版社 2005 年版,第 169 页。
〔2〕 参见潘伟杰:《宪法的理念与制度》,上海人民出版社 2004 年版,第 157 页。

重使命的进程与压力下,中国的公共财政权成长路径才呈现现代国家建设中历史使命的叠加与错位的特殊性。

(一)独特性:后发国家的民族国家建构

与英美德等西方现代国家不同,中国人口众多,地区广袤,在客观上决定了中国现代公共财政权建构的复杂性。因而如何从总体上描述中国公共财政权宪法构造的过程就成为研究中的一大难题。以公共财政权为着力点的现代国家建设路径研究不仅要从西方国家的立宪过程中得到启示,而且要从我们所处的社会具有某种共同历史情境的国家立宪过程来体悟某种规律,从而真正认识本国所经历的制度空间以及制度精神。[1]

当代中国公共财政权构造的首要特点便是与其民族国家建设的历史任务叠加。现代各国的制度构建是在完全不一样的历史语境中展开的,故而其制度实践所强调的价值理念及制度视角同样也会有所差别。从 1949 年新中国国家财政权的快速建立可以看出,中国与西方发达国家走上现代化道路的不同历史际遇,造成各自对其公共财政权的制度设计并不一致。如果说发达国家是通过对王权的限制实现公共财政权的现代化路径的,那么中国不仅要完成内部权力体系的整合制约,而且要同时观照于外部层面国家建设的历史使命,应该说这个过程到现在很多后发国家尚未完成。[2] 中国在发展过程中与发达国家所处的历史阶段错位,决定了其在公共财政权的制度构建中不能完全照搬西方发达国家的既有经验,而应在认真考察分析自身与发达国家的国情差异后,决定自身的发展路径。[3]

现代国家的建构必须保证国家政权作为一个统一且独立个体的合法性,笔者认为,倘若没有一个积极作为的强大权力结构的支撑,中国在当下转型时期便无法通过限制政府权力和保障公民权利的自发性转换从而实现

---

〔1〕 参见潘伟杰:《宪法的理念与制度》,上海人民出版社 2004 年版,第 136 页。

〔2〕 参见潘伟杰:《论宪政与主权:权力的有限性与权力的合法化》,载《复旦学报(社会科学版)》2001 年第 4 期。

〔3〕 参见潘伟杰:《宪法的理念与制度》,上海人民出版社 2004 年版,第 182 页。

国家治理体系的现代化。正如迈克尔·曼所言,“国家成长与其说是有意识扩张权力的结果,不如说是为了避免财政崩溃而竭力寻求权宜之计的结果”[1]。宪法秩序正是产生于国家权力和社会权利的张力之中,对于国家权力的限制体现着宪法秩序对于国家主权的有限性与正当化之间的张力平衡。民族国家的制度建构不仅要为了防止权力滥用而作出基于现代国家一般意义上对国家公共财政权力的制约,而且也是宣示和支持国家公共财政权的独立和积极行使,是体现国家公共财政权正当性和合法性的重要制度保障。故而,我国作为后发国家在现代国家构建中,通过公共财政权的宪法构造不仅是对作为国家公权力的公共财政权的制约,也是对国家合法地行使公共财政权的支持和保障。作为国家权力的重要层面,公共财政权的正当化和合法化应当是宪法制度设计中的一个重要主题。

(二)普遍性:限权政府的现代化使命

当代中国的公共财政权构造无法脱离现代西方国家的既得路径,其同样置身于限权政府背景下完成。回顾各国现代化发展进程,如果说西方现代国家经由资产阶级财产权的构建保护到民主政治的财政权力建设,是一个在整体上看属于自然连续的生长流程,其公共财政权体制属于内部创新过程,那么,中国的公共财政权的宪法构造则是在外部压力与内部变迁的双重结合中发生的。日本学者杉原泰雄认为,“在人类的历史进程中有一个不可忽视的特点,这就是人类在不断地为共同生活制定规则。特别是近代以来,人类以国家为单位的各个历史阶段,每走过一个艰难困苦的里程,都要通过宪法来制定为克服困难所需要的新规则,以此来继续人类的发展;每经历一段困难深重的生活,都要通过宪法来确定为消除苦难所需要的新的政治及社会形态,从而进入新的历史阶段”[2]。回首中国改革开放以来走过

---

[1] [英]迈克尔·曼:《社会权力的来源》(第1卷),刘北成、李少军译,上海人民出版社2002年版,第584页。

[2] [日]杉原泰雄:《宪法的历史——比较宪法学新论》,吕昶、渠涛译,社会科学文献出版社2000年版,第1页。

的发展道路，其在完成民族国家建设之后又随即面临限权政府的建构挑战，新中国有必要通过公共财政权的权力体系完成新的历史使命。

限权政府的制度路径是这个时代任何国家合法性建构中无法逃避的改革责任。对于转型中国而言，如何限制政府不做“不应为”之事，尽责履行“须为”且“必为”之事，真正做到“法无授权不可为，法定职责必须为”，还社会空间以“法无禁止皆可为”，成为当下现代国家公共财政权宪法构造中的重要使命。[1]

(三)时代性：福利国家下的公共财政权的强化

当代中国的公共财政权构造时间上同步于西方福利国家的建设。福利国家开始于第二次世界大战之后，其社会福利保障的职能要求已逐步成为国家职能的核心部分。在现代，一个不能降低经济运行风险、为民众提供基本生活福利的国家，便无法获得执政的合法性。[2] 从西方历史的发展来看，20 世纪以前的国家职能基本局限于安全职能，因而被称为“夜警国家”。国家提供经济职能和社会职能是在 20 世纪初尤其是大萧条后才逐渐凸显出来，并越来越成为国家最主要的职能。[3] 财政对于中国的国家建设具有重要且现实的意义，不但要为国家的基本生存提供资源，而且必须为干预经济运行和提高公众福利提供资源。

福利国家的基本职责要求公共财政权在国家生活中以更为积极的形态运行，而当代中国公共财政权的第一责任正是保障公民的生存和发展。[4] 财政的存在源于人们的公共需要，是一种服务于大众的公共产品，所以必须

---

〔1〕 参见赖勤学：《转型与立序》，知识产权出版社 2007 年版，第 233 页。

〔2〕 参见刘守刚：《国家成长的财政逻辑：近现代中国财政转型与政治发展》，天津人民出版社 2009 年版，第 6 页。

〔3〕 参见刘守刚：《国家成长的财政逻辑：近现代中国财政转型与政治发展》，天津人民出版社 2009 年版，第 256 页。

〔4〕 在现代福利国家的建构中，对政府来说最主要的，莫过于保证民众的物质利益的增加和生活水平的提高，具体而言包括所提供最低的福利水准项目如下：(1)国家或政府介入市场经济；(2)保障每一个公民最基本福利需求满足；(3)保证每一个公民享有健康保障、营养、卫生、住宅、教育、就业与福利服务的最低标准。

取得人民的参与和同意。党的十八大向全国人民公开承诺，要多谋民生之利，多解民生之苦。党的十八大报告提出了未来民生任务和目标：人民生活水平全面提高；基本公共服务均等化总体实现。具体而言，就是通过公共财政权的行使，建立教育、医疗、养老、失业等多层次的全面社会保障和公共服务体系。逐步实现教育现代化，全民享有基本社会保障，收入分配差距缩小，基础医疗卫生服务全覆盖，低收入群体住房保障体系基本形成，中等收入群体持续扩大，社会和谐稳定。故而，当代中国公共财政权在福利国家的建设中发挥着越来越大的作用，其运行已从单纯的自我限权转向积极承担现代国家的社会福利职能，以更好地保障公民权利，促进社会公平的实现。[1]

综上所述，中国的公共财政权的宪法构造在历史任务的重叠交错中进行，中国在民族独立和民主建设的初始阶段试图发展和维护公共财政权的有效性，推动国家的经济发展，促进国家经济发展与民众生活水平的提高。虽然各国发展道路各有不同，但是从宪法层面审视，规范公共财政权的权力行使，建构现代限权政府是公共财政权宪法构造发展的必然趋势。我们必须正视中国公共财政权的有限性规范尚待我们在进一步深化改革中完善促进，通过宪法构造实现公共财政权的现代体制转型。

---

〔1〕 参见刘守刚：《国家成长的财政逻辑：近现代中国财政转型与政治发展》，天津人民出版社 2009 年版，第 91 页。

第四章

现行宪法关于公共财政规定的规范内涵与制度实践

基于前文所讨论的西方理论命题与中国自身经验，我们已对公共财政权的历史发展和逻辑进路有了充分的了解。回首新中国成立以来的发展变迁，我国的公共财政权构建取得了很大的成绩，面对在公共财政领域实现国家治理体系与治理能力现代化、建立现代公共财政体制的目标要求，公共财政权的宪法构造有其时代的必要性。回首过去，西方国家公共财政权的现代化道路向我们呈现了公共财政权宪法构造的逻辑进路；立足当下，中国后发国家的国情使命特殊性让我们明晰了中国在进行公共财政权宪法构造过程中的时代紧迫性与重要性；展望未来，现代国家财政治理还进一步需要公共财政权在宪法秩序规范与制度层面的完善保障。观照当下中国公共财政的制度实践，公共财政权的运行问题与挑战并存，对此应予以充分重视。本章将从宪法规范出发，基于前文所讨论的西方理论命题与中国自身经验，深入探讨我国宪法关于税收、计划和预算、中央和地方关系规定的制度内涵，分析有关宪法规定、宪法概念及其内涵在制度实践和立法中出现的发展变迁。

第一节　我国宪法关于税收规定的规范内涵与制度实践

税收是国家为提供社会公共服务需要，依照法律规定和法定程序向居民或非居民进行的金钱或实物课征。税收是财政收入的基本形式，既是国家治理体系的基础和物质保障，也是国家治理的重要手段。作为宪法规范的重要内容，我国现行《宪法》第 56 条规定："中华人民共和国公民有依照法律纳税的义务。"同时，通过修改宪法、制定修改法律法规以及具体的税收实践，宪法关于税收规定的制度内涵得到了进一步充实丰富。

一、我国宪法关于税收规定的发展历程

税收法定原则是税收立法和税收法律制度的一项基本原则,也是我国《宪法》关于公民依照法律纳税规定的重要精神体现。自《中华苏维埃共和国宪法大纲》颁布以来,《中国人民政治协商会议共同纲领》(以下简称《共同纲领》)、1954 年《宪法》等都对税收制度作了专门的规定。

(一)革命根据地时期关于税收的规定

税收是国家财政收入的基本形式,是国家政权组织运行和治国理政的基础和物质保障。中国共产党在革命根据地时期就高度重视通过法治手段保障税收征收和百姓依法缴税。1931 年 11 月,中华苏维埃第一次全国代表大会通过了《中华苏维埃共和国宪法大纲》,明确规定"宣布取消一切反革命统治时代的苛捐杂税,征收统一的累进税"。1941 年 11 月通过的《陕甘宁边区施政纲领》进一步规定"实行合理的税收制度,居民中除极贫者应予免税外,均须按照财产等第或所得多寡,实施程度不同的累进税制,使大多数人民均能负担抗日经费"。

(二)《共同纲领》中关于税收的规定

1949 年 9 月,中国人民政治协商会议第一届全体会议制定通过了具有临时宪法性质的《共同纲领》。《共同纲领》第 8 条规定:"中华人民共和国国民均有保卫祖国、遵守法律、遵守劳动纪律、爱护公共财产、应征公役兵役和缴纳赋税的义务。"与 1954 年《宪法》以及 1982 年《宪法》相比,《共同纲领》在公民的基本权利和义务部分着墨不多,亦未作专章规定。但作为公民所承担的最基本义务,《共同纲领》将缴税与保卫祖国、遵纪守法、爱护财产及服兵役相并列并在第 1 章"总纲"中作出规定,这凸显出新中国成立之初,对于依法缴税的重视。同时,《共同纲领》第 26 条规定:"中华人民共和国经济建设的根本方针,是以公私兼顾、劳资两利、城乡互助、内外交流的政策,达到发展生产、繁荣经济之目的。国家应在经营范围、原料供给、销售市场、劳

动条件、技术设备、财政政策、金融政策等方面，调剂国营经济、合作社经济、农民和手工业者的个体经济、私人资本主义经济和国家资本主义经济，使各种社会经济成分在国营经济领导之下，分工合作，各得其所，以促进整个社会经济的发展。"《共同纲领》在第4章"经济政策"中（第40条）对税收政策又专门作出明确、具体的规定。第40条第2款规定："国家的税收政策，应以保障革命战争的供给、照顾生产的恢复和发展及国家建设的需要为原则，简化税制，实行合理负担。"《共同纲领》中关于税收的内容，是在新中国成立之初的背景下作出的具体规定，对保障新生国家政权的运行和国家经济建设具有重要意义。

（三）1954年《宪法》中关于税收的规定

在实现过渡时期总任务的过程中，税收是促进所有制改变的一个重要手段，作为国家聚集和动员资金的重要手段，对国民收入的分配和再分配也起到积极的作用。[1] 1954年9月20日，一届全国人大一次会议制定通过了《宪法》。吸收借鉴《共同纲领》等经验，1954年《宪法》以专章对公民的权利和义务作出规定。在《共同纲领》第8条的基础上，将中华人民共和国公民遵纪守法、爱护公共财产、依法纳税、依法服兵役的义务拆成4条逐个作出具体规定。如1954年《宪法》第102条规定："中华人民共和国公民有依照法律纳税的义务。"这一规定，较之以往有关法律规范，一是明确了纳税的义务主体是"中华人民共和国公民"；二是首次在纳税的义务前明确要"依照法律"纳税，对于完善新中国税收法制建设具有重要意义。

此外，值得注意的是，1954年3月中共中央向宪法起草委员会提出中华人民共和国宪法草案初稿中规定："中华人民共和国公民有依照法律纳税的义务。各级人民政府非依照法律不得征税。"[2]较之通过的1954年《宪法》

---

〔1〕 参见韩大元：《1954年宪法制定过程》，法律出版社2014年版，第418页。

〔2〕 全国人大常委会法工委宪法室编：《中华人民共和国制宪修宪重要文献资料选编》，中国民主法制出版社2021年版，第340页。

的相关规定，还提出“各级人民政府非依照法律不得征税”，从保护公民权益和规范政府税收征收管理角度对税收法定提出了更高要求。但考虑到1954年《宪法》起草时新中国法制建设事业百废待兴，民事、刑事、行政等领域重要的基础性法律都尚未出台，要求各级人民政府非依照法律不得征税的标准恐怕难以达到，但从前述草案的相关规定足见中国共产党在推进税收法定建设中的决心和远见。此后，1975年《宪法》和1978年《宪法》均未对此作出规定。

（四）1982年《宪法》中关于税收的规定及其发展

1982年12月，五届全国人大五次会议制定通过了我国现行《宪法》。1982年《宪法》是在1954年《宪法》的基础上，总结新中国成立以来的历史经验制定的。其中关于税收，1982年《宪法》在篇章结构上将“公民的基本权利和义务”一章整体移至“国家机构”一章之前，并在第56条规定：“中华人民共和国公民有依照法律纳税的义务。”这一规定与1954年《宪法》的规定是相同的，对于坚持和完善税收法治的正确道路具有重要意义。

为贯彻实施宪法关于税收的规定，全国人大及其常委会始终高度重视税收法定原则的贯彻落实，积极推动税收方面的立法工作。在1982年《宪法》颁布出台之前，为适应改革开放和经济发展的需要，全国人大及其常委会于1980年制定了《个人所得税法》；1980年和1981年先后制定了《中外合资经营企业所得税法》《外国企业所得税法》。1982年《宪法》通过后，全国人大及其常委会根据实际情况先后7次对《个人所得税法》进行了修改，并在1991年制定《外商投资企业和外国企业所得税法》取代了《中外合资经营企业所得税法》《外国企业所得税法》。2007年制定了《企业所得税法》，统一内外资企业所得税。为加强税收征收管理，1992年还专门制定了《税收征收管理法》。2005年，十届全国人大常委会第十九次会议还废止了一届全国人大常委会于1958年制定的《农业税条例》，不断完善税收法治建设。

二、我国宪法关于税收规定的规范内涵

我国现行宪法对税收问题从不同角度作了规定，其核心是《宪法》第 56 条关于"中华人民共和国公民有依照法律纳税的义务"的规定；基础是《宪法》第 2 条第 1 款"中华人民共和国的一切权力属于人民"以及《宪法》"序言"关于"沿着中国特色社会主义道路，集中力量进行社会主义现代化建设"的国家任务的规定；目的是第 13 条关于"公民的合法的私有财产不受侵犯"的规定以及第 14 条关于"国家建立健全同经济发展水平相适应的社会保障制度"的规定等。此外，通过制定修改法律法规以及具体的税收实践，进一步充实和丰富了宪法关于税收规定的制度内涵。

（一）我国宪法关于税收规定的规范解释

分析理解宪法关于税收规定的规范内涵可通过文义解释、历史解释、目的解释、体系解释等方法进行。

一是从文义解释和历史解释出发，《宪法》第 56 条将公民依法纳税义务法定化。公民向国家纳税是一项光荣的义务。《宪法》第 56 条规定："中华人民共和国公民有依照法律纳税的义务。"第一，明确了依法纳税是公民的一项义务；第二，较之《共同纲领》关于"缴纳赋税的义务"的规定，明确要"依照法律"纳税，赋予了《宪法》第 56 条关于税收法定的价值原则。[1] 关于第二点我们将在下文作具体展开。此外，值得说明的是，1936 年苏联《宪法》和 1977 年苏联《宪法》均在公民的基本权利和义务一章规定了公民遵纪守法、保护社会主义公有制以及服兵役等义务，但均未规定依法纳税的义务。我国宪法在 1954 年起草和 1982 年修改时，在学习借鉴苏联宪法的基础上，从建设国家和保护完善公民基本权利和义务角度，专门增加公民依法纳

---

〔1〕 对于宪法上的税收法定原则，学者提出不同观点。秦前红认为，在制定 1982 年《宪法》的历史背景下，历史的局限决定了 1982 年《宪法》第 56 条不可能具有"租税法定"的实质语境。参见秦前红：《论宪法上的税》，载《河南财经政法大学学报》2012 年第 3 期。

税的义务规定,对于不断推进我国的税收法治建设具有重要意义。

二是通过目的解释,明确我国税收制度的目的。公民向国家纳税,是实现人民民主专政和现代国家治理体系现代化的基础条件。税收是财政收入的基本形式,既是国家治理体系的基础和物质保障,也是国家治理的重要手段。《宪法》第2条第1款规定:“中华人民共和国的一切权力属于人民。”国家的一切权力属于人民,人民通过选举产生各级国家政权机关,代表人民行使当家作主的权利。国家政权机关以及其他具有公共服务职能的机构的职责是为人民服务。为实现为人民服务的职能,需要适当数量的经费开支,因而需要建立税收制度,向公民征税。我国税收的基本原则是取之于民,用之于民。公民向国家纳税,是实现人民民主专政的国家职能所必需的,是一项光荣的义务。彭真同志在1982年《关于中华人民共和国宪法修改草案的报告》中指出:“草案规定了公民对于国家和社会应尽的各项义务。大家都遵守和履行公民的这些基本义务,才能保障大家都享受宪法规定的公民权利。”[1]对此,《宪法》“序言”中明确规定:“国家的根本任务是,沿着中国特色社会主义道路,集中力量进行社会主义现代化建设。”并在2018年《宪法修正案》进一步明确提出“把我国建设成为富强民主文明和谐美丽的社会主义现代化强国,实现中华民族伟大复兴”,进一步明确了我国税收制度的目的和方向。正如刘少奇同志在1954年9月《关于中华人民共和国宪法草案的报告》中所指出的:“宪法草案所规定的这些义务都是每一个公民无例外地必须遵守的。宪法草案的这些规定,将进一步提高人民群众对于我们伟大祖国的庄严的责任感。因为我们的国家是人民的国家,国家和人民的利益完全一致,人民就自然要把对国家的义务看做自己应尽的天职。”[2]

三是从体系解释出发,完善对于公民私人财产的保护。“任何规范的解

〔1〕 全国人大常委会法制工作委员会宪法室编:《中华人民共和国制宪修宪重要文献资料选编》,中国民主法制出版社2021年版,第100页。

〔2〕 全国人大常委会法制工作委员会宪法室编:《中华人民共和国制宪修宪重要文献资料选编》,中国民主法制出版社2021年版,第409页。

释也必须相应地考虑相关规范体的意义脉络关联、上下文背景以及该规范的体系位置，还有就是该规范在相关规范体的整体脉络中的功能。”[1]随着经济发展和人民生活水平提高，公民拥有的私人财产普遍有了不同程度的增加，特别是越来越多的公民有了私人的生产资料，群众对法律保护自己的财产有了更加迫切的要求。为贯彻落实党中央关于“完善保护私人财产的法律制度”的精神，2004 年 3 月，十届全国人大二次会议通过宪法修正案，在《宪法》第 13 条中明确“公民的合法的私有财产不受侵犯”，进一步明确国家对全体公民的合法的私有财产都给予保护，这对于完整理解税收制度的规范内涵，进一步规范政府税收及非税收入行为具有重要意义。

(二)税收法定原则的制度内涵

税收法定原则作为《宪法》第 56 条关于“中华人民共和国公民有依照法律纳税的义务”规定的价值体现，是建设法治国家、法治政府、法治社会的迫切需要，也是推动实现国家治理体系和治理能力现代化的必然要求，更是人民当家作主的直接体现。分析我国宪法关于税收法定原则的制度内涵，需要从是否有关公民纳税的事项必须由全国人大及其常委会通过法律作出规定，在多大程度上可以授权国务院通过行政法规规定有关公民纳税的事项，以及全国人大及其常委会关于公民纳税事项规定的内容和程度三个层面进行分析。

一是是否有关公民纳税的事项必须由全国人大及其常委会通过法律作出规定。作为公民的一项重要义务，有关公民纳税的事项必须由国家法律作出规定。税收作为一项严肃和稳定的国家活动，具有很大的强制性、无偿性和权威性，因此在我国，决定税收的机关应当是全国人民代表大会和它的常务委员会。税收取之于民、用之于民，税种的设立、税款的征收、收入的使用，直接关系纳税人的切身利益，涉及全体公民和义务纳税单位的财产权

[1] [德]卡尔·拉伦茨:《法学方法论》，黄家镇译，商务印书馆 2020 年版，第 248 页。

利。因此,创设税法、规定税收的权力应由代表人民行使国家权力的立法机关以法律的形式予以规范。[1] 2014 年党的十八届三中全会之前,除个人所得税、企业所得税、车船税由法律规定征收外,增值税、消费税、营业税、资源税、城镇土地使用税、土地增值税、房产税、城市维护建设税、车辆购置税、印花税、契税、耕地占用税、烟叶税、船舶吨税、关税(《海关法》只规定征收关税,但具体税收要素由条例规定)等 15 个税种由国务院制定的有关暂行条例规定征收。这些税收暂行条例适应了改革开放的需要,与几部税法一道构建了适应社会主义市场经济需要的税收制度,为保障改革开放和社会主义市场经济体制的建立发挥了重要作用。[2] 但这一税收制度架构与税收法定原则有相当大的差距,税收领域立法还存在不少短板,落实税收法定原则任务依然艰巨。随着经济社会发展,贯彻落实税收法定原则,加快税收立法进程成为理论与实务界的共同呼声。一些全国人大代表和政协委员也提出议案、建议或提案,建议尽快落实税收法定原则,将现行有关税收条例上升为法律。

二是在多大程度上可以授权国务院通过行政法规规定有关公民纳税的事项。这一问题的实质是关于授权立法问题。如上文所述,在改革开放初期,考虑到税收制度的建立、完善面临的错综复杂的情况,同时缺少相关经验,全国人大及其常委会遵循税收法定原则,依据 1982 年《宪法》第 89 条关于全国人大及其常委会可以授予国务院其他职权的规定,于 1984 年出台《关于授权国务院改革工商税制发布有关税收条例草案试行的决定》(已于 2009 年 6 月废止),授权国务院在实施国营企业"利改税"和改革工商税制的过程中,拟定有关税收条例,以草案形式发布试行;于 1985 年出台《关于授

---

〔1〕 刘剑文、熊伟提出,《宪法》第 56 条既是对公民纳税义务的确认,也是对国家课税权的一种限制,此处的"法律"应该仅指全国人大及其常委会制定的法律,不包括国务院的行政法规,更不包括部门规章和地方政府规章。参见刘剑文、熊伟:《税法基础理论》,北京大学出版社 2004 年版,第 109 页。

〔2〕 参见《全国人大常委会法工委负责人就〈贯彻落实税收法定原则的实施意见〉答问》,载中国政府网,http://www.gov.cn/xinwen/2015-03/25/content_2838356.htm。

权国务院在经济体制改革和对外开放方面可以制定暂行的规定或者条例的决定》,授权国务院对于有关经济体制改革和对外开放方面的问题,必要时可以根据宪法,在同有关法律和全国人民代表大会及其常务委员会的有关决定的基本原则不相抵触的前提下,制定暂行的规定或者条例。国务院根据有关授权决定颁布实施了一系列的税收暂行条例。在2000年《立法法》制定过程中,对于是否规定授权立法曾有过讨论。经研究,多数意见认为,20世纪80年代全国人大及其常委会的授权决定,对加快立法步伐、促进经济建设和改革开放,起到了积极作用,各方面的反映也是好的,保留对国务院的授权立法是必要的。[1] 因此,2000年《立法法》第9条规定,应当由全国人大及其常委会制定法律的事项尚未制定法律的,全国人大及其常委会有权作出决定,“授权国务院可以根据实际需要,对其中的部分事项先制定行政法规”。同时2000年《立法法》也对授权立法作了一些限制:被授权机关应严格按照授权的目的和范围行使这些权力,在制定法律的条件成熟时全国人大及其常委会及时制定法律终止授权决定。实践发展中,各方面意见提出现行授权立法规定比较原则,以往授权实践范围过于笼统、缺乏时限要求等问题。2015年十二届全国人大三次会议修改后的《立法法》第10条增加规定授权决定应当明确授权的“事项”和“期限”,并提出“授权的期限不得超过五年,但是授权决定另有规定的除外。被授权机关应当在授权期限届满的六个月以前,向授权机关报告授权决定实施的情况,并提出是否需要制定有关法律的意见”。2011年2月,十一届全国人大常委会第十九次会议通过的《车船税法》,就是在总结实践经验的基础上,将《车船税暂行条例》上升为法律的,为推进税收法定进程作出了有益探索。

三是全国人大及其常委会关于公民纳税事项规定的内容和程度。这一问题旨在聚焦于税收法定在法律层面的内涵要素。《宪法》第56条规定:

---

〔1〕 参见乔晓阳主编:《〈中华人民共和国立法法〉导读与释义》,中国民主法制出版社2015年版,第99页。

“中华人民共和国公民有依照法律纳税的义务。”根据《宪法》规定，无法律规定，无纳税义务；无法律规定，无权征收。税收法定原则在《税收征收管理法》和修改前的《立法法》等法律中即有体现。《税收征收管理法》第3条规定，税收的开征、停征以及减税、免税、退税、补税，依照法律的规定执行。2000年《立法法》第8条第8项规定，“基本经济制度以及财政、税收、海关、金融和外贸的基本制度”事项只能制定法律。但对全国人大及其常委会关于公民纳税事项规定的内容和程度并未作出具体规定。2015年《立法法》修改，明确规定“税种的设立、税率的确定和税收征收管理等税收基本制度”只能制定法律，为实行宪法确立的税收法定原则提供了制度保障，也通过立法进一步丰富完善宪法关于税收规定的制度内涵。

三、我国税收领域的立法实践与规范完善

全国人大及其常委会高度重视落实税收立法工作，大力推进税收法治建设。截至2023年11月，我国已制定通过《税收征收管理法》及12部税收实体法律和房地产税试点决定，增值税法草案和关税法草案已提请全国人大常委会审议，税收法定工作不断深入落实推进。（见表4-1）

（一）现行税种立法情况

1. 个人所得税

1980年9月10日，五届全国人大三次会议通过《个人所得税法》。1986年1月7日，国务院发布《城乡个体工商业户所得税暂行条例》。1986年9月25日，国务院发布《个人收入调节税暂行条例》。1993年10月31日，八届全国人大常委会第四次会议通过《关于修改〈中华人民共和国个人所得税法〉的决定》，自1994年1月1日起施行，1986年国务院发布的《城乡个体工商业户所得税暂行条例》和《个人收入调节税暂行条例》同时废止。1999年8月30日九届全国人大常委会第十一次会议对《个人所得税法》进行了第二次修正，2005年10月27日十届全国人大常委会第十八次会议进行了第三

次修正,2007 年 6 月 29 日十届全国人大常委会第二十八次会议进行了第四次修正,2007 年 12 月 29 日十届全国人大常委会第三十一次会议进行了第五次修正,2011 年 6 月 30 日十一届全国人大常委会第二十一次会议进行了第六次修正,2018 年 8 月 31 日十三届全国人大常委会第五次会议对该法进行了第七次修正。

2. 企业所得税

1980 年 9 月 10 日,五届全国人大三次会议审议通过《中外合资经营企业所得税法》。1981 年 12 月 13 日,五届全国人大四次会议通过《外国企业所得税法》。1984 年 9 月 18 日,国务院发布《国营企业所得税条例(草案)》和《国营企业调节税征收办法》。1985 年 4 月 11 日,国务院发布《集体企业所得税暂行条例》。1988 年 6 月 25 日,国务院发布《私营企业所得税暂行条例》。1991 年 4 月 9 日,七届全国人大四次会议通过《外商投资企业和外国企业所得税法》,自 1991 年 7 月 1 日起施行,《中外合资经营企业所得税法》和《外国企业所得税法》同时废止。1993 年 12 月 13 日,国务院发布《企业所得税暂行条例》,自 1994 年 1 月 1 日起施行;1984 年国务院发布的《国营企业所得税条例(草案)》和《国营企业调节税征收办法》、1985 年国务院发布的《集体企业所得税暂行条例》、1988 年国务院发布的《私营企业所得税暂行条例》同时废止;国务院有关国有企业承包企业所得税的办法同时停止执行。2007 年 3 月 16 日,十届全国人大五次会议通过《企业所得税法》,自 2008 年 1 月 1 日起施行;1991 年 4 月 9 日七届全国人大四次会议通过的《外商投资企业和外国企业所得税法》和 1993 年 12 月 13 日国务院发布的《企业所得税暂行条例》同时废止。

3. 车船税(车船使用牌照税、车船使用税)

1951 年 9 月 13 日,政务院发布《车船使用牌照税暂行条例》。1986 年 9 月 15 日,国务院发布《车船使用税暂行条例》。2006 年 12 月 29 日,国务院发布《车船税暂行条例》,自 2007 年 1 月 1 日起施行;1951 年 9 月 13 日政务院发布的《车船使用牌照税暂行条例》和1986年9月15日国务院发布的《车船使用税暂行条例》同时废止。2011年2月25日,十一届全国人大常委会第十九次会议通过《车船税法》,自2012年1月1日起施行;2006年12月29日国务院发布的《车船税暂行条例》同时废止。2019年4月23日,十三届全国人大常委会第十次会议通过了《关于修改〈中华人民共和国建筑法〉等八部法律的决定》,对《车船税法》作出修正。

4. 契税

1950年4月3日,政务院公布《契税暂行条例》。1997年7月7日,国务院发布《契税暂行条例》,自1997年10月1日起施行。2020年8月11日,十三届全国人大常委会第二十一次会议通过《契税法》,自2021年9月1日起施行;1997年7月7日国务院发布的《契税暂行条例》同时废止。

5. 印花税

1950年12月19日,政务院公布《印花税暂行条例》。1958年9月11日,一届全国人大常委会第一百零一次会议审议并原则通过的《工商统一税条例(草案)》规定,印花税并入工商统一税,《印花税暂行条例》废止。1988年8月6日,国务院发布《印花税暂行条例》。2011年1月8日,根据国务院《关于废止和修改部分行政法规的决定》对《印花税暂行条例》进行了修订。2021年6月10日,十三届全国人大常委会第二十九次会议通过《印花税法》,自2022年7月1日起施行;国务院发布的《印花税暂行条例》同时废止。

6. 船舶吨税

1950年12月22日财政部和海关总署发出《关于海关代征吨税办法的联合通知》。经政务院财政经济委员会批准,1952年9月29日海关总署发布《海关船舶吨税暂行办法》。1986年6月2日,国务院决定将船舶吨税划归交通部管理,由海关代征。1991年交通部对税率表进行修订,1994年交通部进行了再次修订。2011年12月5日,国务院发布《船舶吨税暂行条例》,自2012年1月1日起施行;1952年9月16日政务院财政经济委员会批准、1952年9月29日海关总署发布的《海关船舶吨税暂行办法》同时废止。2017年12月27日,十二届全国人大常委会第三十一次会议通过《船舶吨税法》,自2018年7月1日起施行;国务院公布的《船舶吨税暂行条例》同时废止。2018年10月26日,十三届全国人大常委会第六次会议对《船舶吨税法》进行了修正。

7. 耕地占用税

1987年4月1日,国务院发布《耕地占用税暂行条例》。2007年12月1日,国务院发布《耕地占用税暂行条例》,自2008年1月1日起施行;1987年4月1日国务院发布的《耕地占用税暂行条例》同时废止。2018年12月29日,十三届全国人大常委会第七次会议通过《耕地占用税法》,自2019年9月1日起施行;国务院公布的《耕地占用税暂行条例》同时废止。

8. 资源税

1984年9月18日,国务院发布《资源税条例(草案)》。1993年12月25日,国务院发布《资源税暂行条例》,自1994年1月1日起施行;1984年9月18日国务院发布的《资源税条例(草案)》《盐税条例(草案)》同时废止。2011年9月30日《资源税暂行条例》进行了修订。2019年8月26日,十三届全国人大常委会第十二次会议通过《资源税法》,自2020年9月1日起施行;国务院发布的《资源税暂行条例》同时废止。

9. 环境保护税

1979年,全国人大常委会通过《环境保护法(试行)》,其中确立了排污费制度,现行《环境保护法》延续了这一制度。2003年,国务院公布的《排污费征收使用管理条例》对排污费征收、使用的管理作了规定。2016年12月25日十二届全国人大常委会第二十五次会议通过了《环境保护税法》,2018年10月26日十三届全国人大常委会第六次会议对其进行了修正。

10. 城市维护建设税

1985 年 2 月 8 日国务院发布《城市维护建设税暂行条例》,2011 年 1 月 8 日根据国务院《关于废止和修改部分行政法规的决定》修订。2020 年 8 月 11 日,十三届全国人大常委会第二十一次会议通过《城市维护建设税法》,自 2021 年 9 月 1 日起施行;国务院发布的《城市维护建设税暂行条例》同时废止。

11. 车辆购置税

2000 年 10 月,国务院颁布《车辆购置税暂行条例》。2018 年 12 月 29 日,十三届全国人大常委会第七次会议通过《车辆购置税法》,自 2019 年 7 月 1 日起施行;国务院公布的《车辆购置税暂行条例》同时废止。

12. 烟叶税

2006 年前,烟叶收入按照国务院发布的《关于对农业特产收入征收农业税的规定》征收农业特产税。2006 年 4 月 28 日,国务院公布《烟叶税暂行条例》。2017 年 12 月 27 日,十二届全国人大常委会第三十一次会议通过《烟叶税法》,自 2018 年 7 月 1 日起施行;国务院公布的《烟叶税暂行条例》同时废止。

(二)尚未完成立法情况[1]

1. 关税

1951 年 4 月 18 日,政务院公布《暂行海关法》,该法的第 11 章为"关税的

---

[1] 实践中,还有许多税种随着经济社会发展已停征废除。主要包括:

(1)货物税:1950 年 1 月 30 日,政务院随《关于统一全国税政的决定》附发《货物税暂行条例》。1950 年 12 月 19 日,政务院公布修正以后的《货物税暂行条例》。1958 年 9 月 11 日,一届全国人大常委会第一百零一次会议审议并原则通过的《工商统一税条例(草案)》规定,货物税并入工商统一税,《货物税暂行条例》废止。

(2)工商业税(工商所得税):1950 年 1 月 30 日,政务院随《关于统一全国税政的决定》附发《工商业税暂行条例》。1950 年 12 月 19 日,政务院作了修正。1958 年 9 月,一届全国人大常委会第一百零一次会议审议并原则通过的《工商统一税条例(草案)》规定,《工商业税暂行条例》中营业税部分废止,所得税部分成为一个独立税种,被称为"工商所得税",主要对集体所有制企业征收。1985 年至 1988 年,《集体企业所得税暂行条例》、《城乡个体工商业户所得税暂行条例》和《私营企业所得税暂行条例》等公布施行后,"工商所得税"即行消失。

征免”。1951年5月10日，根据《暂行海关法》，政务院公布《海关进出口税则》

---

(3)屠宰税：1950年12月19日，政务院公布《屠宰税暂行条例》。1994年1月23日，国务院发布《关于取消集市交易税、牲畜交易税、烧油特别税、奖金税、工资调节税和将屠宰税、筵席税下放给地方管理的通知》，将屠宰税下放地方管理。2006年2月17日，国务院发布第459号令决定，自2006年2月17日起废止《屠宰税暂行条例》。

(4)利息所得税：1950年12月19日，政务院公布《利息所得税暂行条例》。1959年1月6日，国务院批复同意财政部报送的《关于拟从1959年起停止征收存款利息所得税的报告》，从1959年起停止征收存款利息所得税。1986年7月25日，国务院发出《关于废止部分财贸法规的通知》，废止《利息所得税暂行条例》。

(5)特种消费行为税(文化娱乐税)：1951年1月16日，政务院公布《特种消费行为税暂行条例》。1952年12月31日，政务院财政经济委员会发布《关于税制若干修正及实行日期的通告》中规定：特种消费行为税改称文化娱乐税，部分税目并入工商税。1956年5月3日，一届全国人大常委会第三十五次会议通过《文化娱乐税条例》。1966年9月19日，国务院批转财政部报送的《关于停止征收文化娱乐税的请示报告》。1986年7月25日，国务院发出《关于废止部分财贸法规的通知》，废止特种消费行为税。1987年11月24日，六届全国人大常委会第二十三次会议通过《关于批准法制工作委员会关于对1978年底以前颁布的法律进行清理的情况和意见的报告的决定》，决定《文化娱乐税条例》不再适用。

(6)盐税：政务院没有发布专门的条例，其征税依据是1950年1月20日政务院公布的《关于全国盐务工作的决定》。1973年，盐税名义上并入工商税，但实际上仍然按照原来的方式征收。1984年9月18日，国务院发布《盐税条例(草案)》。1993年12月13日，国务院发布《资源税暂行条例》，自1994年1月1日起施行；《盐税条例(草案)》同时废止。

(7)农业税：1950年9月5日，中央人民政府委员会公布《新解放区农业税暂行条例》。1958年6月3日，一届全国人大常委会第九十六次会议通过《农业税条例》。2005年12月29日，十届全国人大常委会第十九次会议通过《关于废止〈中华人民共和国农业税条例〉的决定》，《农业税条例》自2006年1月1日起废止。

(8)商品流通税：1952年12月31日，经政务院批准，政务院财政经济委员会发布《商品流通税试行办法》(棉纱统销税并入商品流通税)。1958年9月11日，一届全国人大常委会第一百零一次会议审议并原则通过的《工商统一税条例(草案)》规定，商品流通税并入工商统一税，《商品流通税试行办法》废止。

(9)交易税(牲畜交易税)：交易税没有正式立法，而是由各地根据全国税务会议的要求和当地的实际情况自行制定单行办法征收。1953年修正税制后，粮食交易税改征货物税，棉花交易税并入商品流通税，其他征收交易税的土特产品也陆续停止征税，继续对牲畜交易征收的交易税成为独立的税种。1982年12月13日，国务院发布《牲畜交易税暂行条例》。1994年1月23日，国务院废止《牲畜交易税暂行条例》。

(10)牧业税：牧业税没有正式立法，而是授权各有关省的人民政府自行拟定征收办法，报请大区人民政府或者军政委员会核准后，转报政务院备案。2005年12月29日，十届全国人大常委会第十九次会议通过《关于废止〈中华人民共和国农业税条例〉的决定》，牧业税同时停止征收。

(11)工商统一税：1958年9月11日一届全国人大常委会第一百零一次会议审议并原则通过，9月13日由国务院发布试行《工商统一税条例(草案)》，将货物税、商品流通税、工商业税中的营业税部分、印花税简化为工商统一税。1966年以后，工商统一税仅对外适用，基本停止征收。1993年12月29日，八届全国人大常委会第五次会议通过《关于外商投资企业和外国企业适用增值税、消费税、营

和《海关进出口税则暂行实施条例》。1985 年 3 月 7 日，国务院发布《进出口

业税等税收暂行条例的决定》,《工商统一税条例(草案)》同时废止。

(12)工商税:1972 年 3 月 30 日,国务院批转财政部报送的《关于扩大改革工商税制试点的报告》并附《工商税条例(草案)》,将工商统一税及其附加、城市房地产税、车船使用牌照税、盐税和屠宰税合并为工商税,1973 年全面试行。1984 年第二步“利改税”改革后,工商税按性质分解为产品税、增值税、营业税和盐税。

(13)集市交易税:1962 年 4 月 16 日,国务院批准财政部报送的《集市交易税试行规定》,1966 年以后各地陆续停止征收。1994 年 1 月 23 日,国务院废止了《集市交易税试行规定》。

(14)烧油特别税:1982 年 4 月 22 日,国务院批转国家计委、财政部报送的《关于征收烧油特别税的试行规定》。1994 年 1 月 23 日,国务院废止了《关于征收烧油特别税的试行规定》。

(15)建筑税(固定资产投资方向调节税):1983 年 9 月 20 日,国务院发布《建筑税征收暂行办法》,自 10 月 1 日起施行。1987 年 6 月 25 日,国务院发布《建筑税暂行条例》,自 7 月 1 日起施行;《建筑税征收暂行办法》同时废止。1991 年 4 月 16 日,国务院发布《固定资产投资方向调节税暂行条例》,自 1991 年度起施行;《建筑税暂行条例》同时废止。1999 年 12 月 17 日,财政部、国家税务总局、国家发展计划委员会印发《关于暂停征收固定资产投资方向调节税的通知》,规定自 2000 年 1 月 1 日起新发生的投资额,暂停征收固定资产投资方向调节税。2011 年 1 月 8 日,国务院《关于废止和修改部分行政法规的决定》修订了《固定资产投资方向调节税暂行条例》。2012 年 11 月 9 日,国务院发布《关于修改和废止部分行政法规的决定》,废止《固定资产投资方向调节税暂行条例》。

(16)奖金税:1984 年 6 月 28 日,国务院发布《国营企业奖金税暂行规定》;1985 年 7 月 3 日,国务院对《国营企业奖金税暂行规定》进行了修订。1985 年 8 月 24 日,国务院发布《集体企业奖金税暂行规定》。1985 年 9 月 20 日,国务院发布《事业单位奖金税暂行规定》。1994 年 1 月 23 日,国务院废止了《国营企业奖金税暂行规定》《集体企业奖金税暂行规定》《事业单位奖金税暂行规定》。

(17)产品税:1984 年 9 月 18 日,国务院发布《产品税条例(草案)》。1993 年 12 月 13 日,国务院发布《增值税暂行条例》,自 1994 年 1 月 1 日起施行;《产品税条例(草案)》同时废止。

(18)工资调节税:1985 年 7 月 3 日,国务院发布《国营企业工资调节税暂行规定》。1994 年 1 月 23 日,国务院废止了《国营企业工资调节税暂行规定》。

(19)筵席税:1988 年 9 月 22 日,国务院发布《筵席税暂行条例》。1994 年 1 月 23 日,国务院发布《关于取消集市交易税、牲畜交易税、烧油特别税、奖金税、工资调节税和将屠宰税、筵席税下放给地方管理的通知》,将筵席税下放给地方管理。2008 年 1 月 15 日,国务院发布《关于废止部分行政法规的决定》,《筵席税暂行条例》调整对象已消失,实际上已经失效。

(20)特别消费税:1989 年,国家税务总局先后发出《关于对彩色电视机征收特别消费税的若干具体问题的通知》和《关于对小轿车征收特别消费税的若干具体问题的通知》。1992 年 4 月 24 日,国务院停止征收彩色电视机特别消费税。1994 年税改时,对小轿车征收的特别消费税并入消费税。

(21)农业特产税:1994 年 1 月 30 日,国务院发布《关于对农业特产收入征收农业税的规定》。2006 年 2 月 17 日,国务院发布国务院令第 459 号,国务院《关于对农业特产收入征收农业税的规定》自 2006 年 2 月 17 日起废止。

(22)营业税:1984 年 9 月 18 日,国务院发布《营业税条例(草案)》。1993 年 12 月 13 日,国务院发布《营业税暂行条例》,自 1994 年 1 月 1 日起施行;1984 年 9 月 18 日国务院发布的《营业税条例(草案)》同时废止。2008 年 11 月 5 日修订《营业税暂行条例》。2017 年 11 月,国务院颁布《关于废止〈中华人民共和国营业税暂行条例〉和修改〈中华人民共和国增值税暂行条例〉的决定》,《营业税暂行条例》即告废止。

关税条例》和《海关进出口税则》,自3月10日起施行;1951年政务院公布的《海关进出口税则》及《海关进出口税则暂行实施条例》同时废止。1987年1月22日,六届全国人大常委会第十九次会议通过《海关法》,自1987年7月1日起施行,该法第5章为"关税"。1987年9月12日,根据《海关法》,国务院对《进出口关税条例》进行修订。1992年3月18日,国务院对《进出口关税条例》进行了第二次修订。2003年11月23日,国务院发布《进出口关税条例》,自2004年1月1日起施行;1992年3月18日国务院修订发布的《进出口关税条例》同时废止。2011年1月8日,根据国务院《关于废止和修改部分行政法规的决定》修订。2023年10月,为进一步维护国家主权和利益,促进对外贸易,维护进出口秩序,规范关税的征收和缴纳,十四届全国人大常委会第六次会议初次审议了国务院提请审议的关税法草案。

2. 增值税

增值税是我国当前第一大税种,30年来一直依据《增值税暂行条例》等行政法规进行征收。1984年9月18日,国务院发布《增值税条例(草案)》。1993年12月13日,国务院发布《增值税暂行条例》,自1994年1月1日起施行;1984年9月18日国务院发布的《增值税条例(草案)》同时废止。2017年11月,国务院颁布《关于废止〈中华人民共和国营业税暂行条例〉和修改〈中华人民共和国增值税暂行条例〉的决定》,对《增值税暂行条例》作了修改。2019年,财政部、国家税务总局将《消费税法(征求意见稿)》向社会公开征求意见。根据立法工作计划,2022年12月,十三届全国人大常委会第三十八次会议初次审议了增值税法草案;2023年8月,十四届全国人大常委会第五次会议对增值税法草案二次审议稿进行了审议。

3. 消费税

1993年12月13日,国务院发布《消费税暂行条例》,自1994年1月1日起施行,2008年11月5日修订。2019年,财政部、国家税务总局将《消费税法(征求意见稿)》向社会公开征求意见。

4. 房地产税(房产税、城市房地产税)

1951 年 8 月 8 日,政务院公布《城市房地产税暂行条例》。1986 年 9 月 15 日,国务院发布《房产税暂行条例》。之后,城市房地产税仅对外商投资企业、外国企业和外国人征收。2008 年 12 月 31 日,国务院发布第 546 号令决定,1951 年 8 月 8 日政务院公布的《城市房地产税暂行条例》自 2009 年 1 月 1 日起废止。2011 年 1 月 8 日,根据国务院《关于废止和修改部分行政法规的决定》对《房产税暂行条例》进行了修订。2011 年,经国务院同意,上海市、重庆市开展了个人住房房产税改革试点。2021 年 10 月,为积极稳妥推进房地产税立法与改革,十三届全国人大常委会第三十一次会议通过了《关于授权国务院在部分地区开展房地产税改革试点工作的决定》,同时要求国务院按照积极稳妥的原则,统筹考虑深化试点与统一立法。

5. 城镇土地使用税

1988 年 9 月 27 日,国务院发布《城镇土地使用税暂行条例》,2006 年 12 月 31 日进行了修订,2011 年 1 月 8 日根据国务院《关于废止和修改部分行政法规的决定》修订。2021 年全国人大常委会《关于授权国务院在部分地区开展房地产税改革试点工作的决定》明确,非居住用房地产继续按照《房产税暂行条例》《城镇土地使用税暂行条例》执行。

6. 土地增值税

1993 年 12 月 13 日,国务院发布《土地增值税暂行条例》,自 1994 年 1 月 1 日起施行。2011 年 1 月 8 日,根据《国务院关于废止和修改部分行政法规的决定》修订。

表 4-1　税收领域现行有效的法律及尚未制定法律的暂行条例情况

制定时间	法律名称	行政法规名称
1980 年	个人所得税法	
2007 年	企业所得税法	
2011 年	车船税法	
2016 年	环境保护税法	

续表

制定时间	法律名称	行政法规名称
2017 年	船舶吨税法	
2017 年	烟叶税法	
2018 年	车辆购置税法	
2018 年	耕地占用税法	
2019 年	资源税法	
2020 年	城市维护建设税法	
2020 年	契税法	
2021 年	印花税法	
2021 年	关于授权国务院在部分地区开展房地产税改革试点工作的决定	房产税暂行条例(1986 年公布,2011 年修订)
		土地增值税暂行条例(1993 年公布,2011 年修订)
		城镇土地使用税暂行条例(1988 年公布,2006 年、2011 年、2013 年、2019 年修订)
		进出口关税条例(1985 年公布,1987 年、1992 年、2003 年、2011 年、2013 年、2016 年、2017 年修订)
		增值税暂行条例(1993 年公布,2008 年、2016 年、2017 年修订)
		消费税暂行条例(1993 年公布,2008 年修订)

第二节　我国宪法关于计划和预算规定的制度内涵与实践发展

计划和预算是国家公共财政监督的核心,也是现代国家治国理政的重要宪制要素。自1954年以来,我国宪法先后对全国人大审查批准计划和预算工作作出了相关规定,并不断通过立法贯彻落实宪法关于审查批准计划、预算的规定和精神。经过改革开放40年的发展,我国不断探索完善现代财政体制和计划、预算的审查批准制度,国民经济计划和预算在促进国民经济和社会发展、保证国家政治稳定、改善人民生活、提升国家治理体系和治理能力现代化等方面发挥了越来越重要的作用。通过不断探索实践人大预算监督,我国逐步建立了全面、规范的预算治理体系,也为国家治理法治化提供了坚实保障。

一、我国宪法关于计划和预算规定的发展历程

审查和批准计划和预算及其执行情况的报告是宪法赋予全国人大的一项重要职权。自1954年《宪法》明确规定计划和预算的审查批准体制机制以来,我国宪法关于审查批准计划和预算的规定在人民代表大会制度的实践中不断发展完善。

(一)《共同纲领》中关于预算的规定

新民主主义革命时期,由于当时的历史条件,《中华苏维埃共和国宪法大纲》《陕甘宁边区施政纲领》等宪法性文件中对于预算并未作出规定。《共同纲领》与新中国成立之后通过的几部宪法的充分规定不同,《共同纲领》仅在第2章"政权机关"中对尚未建立的人民代表大会制度作了相对简要的规定,同时分专章具体规定了新政权的"军事制度""经济政策""文化教育政策""民族政策""外交政策"。其中在"经济政策"一章,《共同纲领》第40条第1款中规定:"建立国家预算决算制度,划分中央和地方的财政范围,厉行精简节约,逐步平衡财政收支,积累国家生产资金。"在中国共产党领导制定的宪法性文件中第一次明确提出建立国家预决算制度,并对财政政策和基本原则作了规定。1949年《中央人民政府组织法》第7条规定,中央人民政府委员会"批准或修改国家的预算和决算",在新中国成立之初就对预决算

的批准体制机制作了明确规定。

(二)1954 年《宪法》关于计划和预算的规定

1954 年《宪法》在全国人民代表大会制度设立之初就在全国人大职权中明确了计划和预决算事项。第 27 条规定,全国人民代表大会职权包括“(九)决定国民经济计划”和“(十)审查和批准国家的预算和决算”,并于第 34 条在全国人大设立了专门委员会性质的“预算委员会”。同时,1954 年《宪法》还分别规定了国务院“执行国民经济计划和国家预算”以及地方各级人民代表大会“审查和批准地方的预算和决算”的职权。在学习借鉴苏联宪法的基础上[1],在 1954 年《宪法》中首次规定了全国人大对国民经济计划的批准及国务院的执行,并明确了地方的预决算审批制度,对于建立系统完善的预算管理体制具有重要意义。

此后,四届全国人大一次会议制定通过 1975 年《宪法》,其第 17 条规定,全国人大“批准国民经济计划、国家的预算和决算”,将由全国人大“决定”计划改为“批准”计划,将“审查和批准”预决算修改为“批准”预决算。1978 年《宪法》第 22 条第 7 项重新明确了全国人大在计划和预算事项上的审查职权,对计划和预算合并表述为:“(七)审查和批准国民经济计划、国家的预算和决算。”

(三)1982 年《宪法》关于计划和预算的规定

1982 年《宪法》在过往实践经验的基础上,恢复 1954 年《宪法》将计划和预算分别在一条的不同项中的表述,并进一步完善了关于计划和预算审查工作的规定。其第 62 条规定,全国人大职权包括“(九)审查和批准国民经济和社会发展计划和计划执行情况的报告”“(十)审查和批准国家的预算和预算执行情况的报告”;第 67 条规定,全国人大常委会在全国人大闭会期

---

[1] 1936 年苏联《宪法》第 14 条中规定:苏维埃社会主义共和国联盟由它的最高国家权力机关和国家管理机关“(十)制订苏联国民经济计划;(十一)批准苏联统一的预算和决算,规定列入全联盟、各共和国和各地方的预算的税收和其他各项收入”。

间,审查和批准国民经济和社会发展计划、国家预算在执行过程中所必须作的部分调整方案;第 70 条设立了全国人大财政经济委员会;第 89 条规定国务院编制和执行国民经济和社会发展计划和国家预算;第 99 条规定县级以上的地方各级人民代表大会审查和批准本行政区域内的国民经济和社会发展计划、预算以及它们的执行情况的报告。总结 1982 年《宪法》确定的计划和预算审查批准制度,一是将“国民经济计划”修改为“国民经济和社会发展计划”,并增加了对于计划执行情况报告的审查批准,确保已经批准的计划得以贯彻落实。二是将审查和批准“决算”修改为审查和批准“预算执行情况的报告”。由于全国人大每年召开会议时上一年度决算难以编制出来,因此 1982 年《宪法》规定由全国人大审查和批准上一年度预算执行情况的报告,1994 年《预算法》进一步明确了由全国人大常委会审查和批准上一年度的决算,实践中一般是每年 6 月召开的全国人大常委会批准。三是明确了由国务院行使编制国家预算职权,全国人大负责审查和批准国家预算。四是进一步完善了地方对于计划和预算的审查批准管理体制。

此外,1982 年《宪法》第 70 条还设立了全国人大财政经济委员会,取代 1954 年《宪法》设立的全国人大预算委员会,负责提出对计划、预算及其执行情况的审查报告。全国人大及其常委会在计划和预算中发挥作用的一个重要条件,就是通过其财政经济委员会的工作。财政经济委员会是全国人大重要的专门委员会之一。第一届至第五届全国人民代表大会设预算委员会,第六届至第九届全国人民代表大会设财政经济委员会,其中第九届全国人民代表大会常务委员会设立预算工作委员会。财政经济委员会受全国人大及其常委会领导,设主任委员 1 人,副主任委员、委员若干人。财政经济委员会提出对国民经济计划和计划执行情况的审查报告;提出对国家预算和预算执行情况的审查报告,以及对国家决算的审查报告;审议全国人大常委会、大会主席团交付的国民经济计划、国家预算在执行过程中所必须作的部分调整方案和议案、质询案、经济法律草案;提出职权范围内的议案等。财政经济委员会设有办事机构。办事机构分设办公室、法案室、经济室、调研室。财政经济委员会在对计划、预算草案的初步审查、听取计划、预算情况汇报、审查报告的提出、审议有关预算的议案等具体工作中都发挥着主导作用,对计划、预算执行情况还发挥着经常性监督作用。

(四)关于计划和预算的立法情况

1982 年《宪法》实施以来,全国人大及其常委会先后制定了《全国人民代表大会组织法》、《全国人民代表大会议事规则》和《全国人民代表大会常务委员会议事规则》、《预算法》、《各级人民代表大会常务委员会监督法》及有关决定,落实宪法关于计划和预算审查工作的规定和精神,保障宪法实施。

——1989 年《全国人民代表大会议事规则》。该议事规则专章规定了"审议工作报告、审查国家计划和国家预算"的相关程序,对宪法规定进一步作了细化规定。其第 32 条规定:"全国人民代表大会每年举行会议的时候,国务院应当向会议提出关于国民经济和社会发展计划及计划执行情况的报告、关于国家预算及预算执行情况的报告,并将国民经济和社会发展计划主要指标(草案)、国家预算收支表(草案)和国家预算执行情况表(草案)一并印发会议,由各代表团进行审查,并由财政经济委员会和有关的专门委员会审查……主席团审议通过后,印发会议,并将关于国民经济和社会发展计划的决议草案、关于国家预算和预算执行情况的决议草案提请大会全体会议表决……"2021 年 3 月,十三届全国人大四次会议通过了《关于修改〈中华人民共和国全国人民代表大会组织法〉的决定》和《关于修改〈中华人民共和国全国人民代表大会议事规则〉的决定》,对全国人大及其常委会审查计划、规划和预算的程序作了进一步细化完善。

——1994 年《预算法》。根据分税制改革的精神,1994 年制定的《预算法》第 12 条规定"全国人民代表大会审查中央和地方预算草案及中央和地方预算执行情况的报告;批准中央预算和中央预算执行情况的报告",第 37

条第1款规定:“国务院财政部门应当在每年全国人民代表大会会议举行的一个月前,将中央预算草案的主要内容提交全国人民代表大会财政经济委员会进行初步审查。”2014年8月十二届全国人大常委会第十次会议通过的《关于修改〈中华人民共和国预算法〉的决定》和2018年12月十三届全国人大常委会第七次会议通过的《关于修改〈中华人民共和国产品质量法〉等五部法律的决定》,对于进一步加强预算审查监督具有重要意义。

——1998年成立全国人大常委会预算工作委员会。针对预算审查工作专业性强、工作量大,财政经济委员会难以集中力量进行预算审查监督的情况,为加强全国人民代表大会及其常务委员会对预算的审查监督,改变主要进行预算程序性审查的现状,促进依法理财,保障国民经济和社会事业健康发展,经九届全国人大常委会第六次会议批准,全国人大常委会预算工作委员会于1998年12月29日成立。根据1999年12月九届全国人大常委会第十三次会议通过的《关于加强中央预算审查监督的决定》,全国人大常委会预算工作委员会的主要职责是:协助全国人民代表大会财政经济委员会承担全国人民代表大会及其常务委员会审查预决算、审查预算调整方案和监督预算执行方面的具体工作。受全国人民代表大会常务委员会委员长会议委托,承担有关法律草案的起草工作;协助全国人民代表大会财政经济委员会承担有关法律草案审议方面的具体工作。经委员长会议专项同意,预算工作委员会可以要求政府有关部门和单位提供预算情况,并获取相关信息资料及说明。经委员长会议专项批准,可以对各部门、重大建设项目的预算资金使用和专项资金的使用进行调查,政府有关部门和单位应积极协助、配合。该决定同时规定:国务院财政部门应当及时向全国人民代表大会财政经济委员会和全国人大常委会预算工作委员会通报有关中央预算编制的情况,在全国人民代表大会会议举行的一个半月前,将中央预算初步方案提交财政经济委员会进行初步审查。全国人大常委会预算工作委员会内设办公室、预决算审查室、法案室、调研室等4个局级机构。

——1999年12月,九届全国人大常委会第十三次会议审议通过了《关于加强中央预算审查监督的决定》;2000年3月,九届全国人大常委会第十四次会议审议通过了《关于加强经济工作监督的决定》,进一步明确了全国人大在国民经济计划、预算审查等方面的监督职责和程序规定。2021年,全国人大常委会先后对上述两个决定进行了修改完善,进一步加强了对于预算审查和经济工作的监督。

——2006年8月,十届全国人大常委会第二十三次会议通过《各级人民代表大会常务委员会监督法》。该法根据我国宪法和有关法律的规定,在总结实践经验的基础上,对各级人大常委会的计划和预算监督作出了专门的、明确的规定,对于加强和改进人大常委会监督工作,更好地履行人大常委会的监督职责,对于加强和改进计划和预算工作,更好地发挥计划和预算的职能作用,具有重要的意义。

二、我国宪法关于"国民经济和社会发展计划"规定的制度内涵

制订和实施国民经济和社会发展计划,引领经济社会发展,是中国共产党治国理政的一种重要方式,是中国特色社会主义发展模式的重要体现。[1]《宪法》第62条规定全国人大审查和批准国民经济和社会发展计划和计划执行情况的报告,第67条规定全国人大常委会在全国人大闭会期间审查和批准国民经济和社会发展计划、国家预算在执行过程中所必须作的部分调整方案;第89条规定国务院编制和执行国民经济和社会发展计划和国家预算,第99条规定县级以上的地方各级人民代表大会审查和批准本行政区域内的国民经济和社会发展计划、预算以及它们的执行情况的报告。通过立法及制度实践,我国宪法关于"国民经济和社会发展计划"规定的制

〔1〕参见王昌林:《国民经济和社会发展五年规划(计划)制定和实施的主要历程、重要作用、宝贵经验与建议》,载中国人大网2020年10月21日,http://www.npc.gov.cn/npc/c30834/202010/9a2a59d4e3124ec787021268174bd57e.shtml。

度内涵不断发展完善。

(一)关于国民经济和社会发展计划的概念及发展

国民经济和社会发展计划是关于全国或者某一行政区域经济社会发展的目标、任务、政策措施和工作部署的总安排,是国家宏观管理的重要手段。[1] 这一概念已由最早的国民经济计划拓展为包括国民经济和社会发展年度计划、国民经济和社会发展五年规划纲要及中长期发展规划纲要的丰富制度内涵。从《宪法》及《地方各级人民代表大会和地方各级人民政府组织法》等法律文本来看,经历了从“国民经济计划”到“国民经济和社会发展计划”的变化。1954 年《宪法》中首次明确规定全国人大和国务院分别决定和执行“国民经济计划”。这一阶段,我国主要实行高度集中的计划经济体制。与此相适应,国民经济计划主要采取指令性计划的管理方式,由中央制订计划,然后层层分解下达到地方和企业。为贯彻执行宪法规定,各国家机关和全国各族人民认真编制、批准和实施国民经济计划,对实现经济快速发展和社会长期稳定,发挥了卓有成效的作用。此后,1975 年《宪法》规定,全国人大批准、国务院制订和执行“国民经济计划”,地方各级人大和地方各级革命委员会在本地区内审查和批准地方的“国民经济计划”。1978 年《宪法》规定,全国人大审查和批准、国务院编制和执行“国民经济计划”。1979 年《地方各级人民代表大会和地方各级人民政府组织法》规定,县级以上地方各级人大审查和批准本行政区域的“国民经济计划”;县级以上地方各级人大常委会决定对本行政区域“国民经济计划”的部分变更。1982 年《宪法》颁布施行后,随着改革开放的不断发展,国民经济计划的名称、定位和内容等也发生了一系列重大变化,“国民经济计划”一词逐渐被“国民经济和社会发展计划”取代。

一是根据实践发展需要,1982 年《宪法》将 1954 年《宪法》规定的“国民

---

[1] 参见沈春耀:《计划和预算监督》,载中国人大网 2006 年 11 月 8 日,http://www.npc.gov.cn/npc/c220/200611/eb51e575c9d240649ca0e0c0147fbfd4.shtml。

经济计划”名称改为“国民经济和社会发展计划”,内容上增加了社会发展的内容;管理方式上从行政指令性计划、政府直接配置资源逐步向符合市场经济规律的宏观经济管理转变,大幅度缩减计划管理的范围和指标,大幅度向地方和企业下放计划决策权,精简了行业管理机构。[1] 在地方层面用两款作了规定:其一,地方各级人大审查和决定地方的经济建设、文化建设和公共事业建设的计划;其二,县级以上地方人大审查和批准本行政区域内的国民经济和社会发展计划。1986 年修改《地方各级人民代表大会和地方各级人民政府组织法》时,根据《宪法》的规定,将县级以上地方人大及其常委会、县级以上地方政府职权条款中的有关表述改为“国民经济和社会发展计划”。2006 年制定的《各级人民代表大会常务委员会监督法》关于县级以上人大常委会经济监督职能也使用“国民经济和社会发展计划”的表述。从实践来看,1982 年以来,全国人大通过的“国民经济计划”改为了“国民经济和社会发展计划”,如 1980 年 9 月五届全国人大三次会议通过的《关于一九八〇、一九八一年国民经济计划安排,一九七九年国家决算、一九八〇年国家预算和一九八一年国家概算的决议》中仍使用“国民经济计划”的表述,1982 年 12 月五届全国人大五次会议通过的《1983 年国民经济和社会发展计划》就改为了“国民经济和社会发展计划”。

二是关于国民经济和社会发展规划的发展完善。随着我国向社会主义市场经济体制转轨,1993 年修改宪法,将“计划经济”改为“市场经济”,从“十一五”规划开始,我国将多年来一直使用的国民经济和社会发展“五年计划”,改为“五年规划”,进一步将规划指标分为预期性和约束性两类,基本形成了与社会主义市场经济体制相适应的国民经济和社会发展规划制度。2000 年制定的全国人大常委会《关于加强经济工作监督的决定》规定了“国

[1] 参见王昌林:《国民经济和社会发展五年规划(计划)制定和实施的主要历程、重要作用、宝贵经验与建议》,载中国人大网 2020 年 10 月 21 日,http://www.npc.gov.cn/npc/c30834/202010/9a2a59d4e3124ec787021268174bd57e.shtml。

民经济和社会发展年度计划”、“五年计划”和“长远规划”。结合实践来看,在“十一五”之前,“计划”既可以指五年计划也可以指年度计划,如第一个五年计划(1953—1957年)至第十个五年计划(2001—2005年)都使用“计划”一词,而“规划”一词主要指长远规划,如1991年4月七届全国人大四次会议通过的《关于国民经济和社会发展十年规划和第八个五年计划纲要的报告》中的“十年规划”。进入21世纪后,随着我国从计划经济转变为市场经济,“五年计划”改为“五年规划”,2006年《各级人民代表大会常务委员会监督法》首次在法律中明确“国民经济和社会发展五年规划”的名称,明确了“五年规划”的法律地位。

三是党的十九届五中全会审议通过了《中共中央关于制定国民经济和社会发展第十四个五年规划和二〇三五年远景目标的建议》,2021年3月十三届全国人大四次会议审查并批准了《国民经济和社会发展第十四个五年规划和2035年远景目标纲要》。总结实践发展经验和需要,2021年修改《全国人民代表大会组织法》《全国人民代表大会议事规则》时增加了“规划纲要”的表述;2021年对《关于加强经济工作监督的决定》也作了相应修改,专门增加了关于中长期发展规划纲要的规定。总的来看,《宪法》和《地方各级人民代表大会和地方各级人民政府组织法》中的“计划”可以作广义理解,既包括年度计划,也包括五年规划和中长期规划。通过制度实践和立法规定,国民经济和社会发展五年规划纲要、中长期发展规划纲要、国民经济和社会发展年度计划的审查批准程序得到了进一步完善和规范,宪法中有关计划规定的制度内涵得到不断完善发展。

(二)宪法关于计划审查批准程序的制度程序

现行《宪法》规定:全国人大审查和批准国民经济和社会发展计划和计划执行情况的报告,全国人大常委会在全国人大闭会期间,审查和批准国民经济和社会发展计划在执行过程中所必须作的部分调整方案。根据《宪法》规定,《各级人民代表大会常务委员会监督法》《全国人民代表大会议事规则》《全国人民代表大会常务委员会议事规则》《全国人民代表大会常务委员会关于加强经济工作监督的决定》对计划的审查批准程序作了进一步完善。

一是初步审查程序。《全国人民代表大会议事规则》规定，全国人民代表大会会议举行的45日前，国务院有关主管部门应当就上一年度国民经济和社会发展计划执行情况的主要内容与本年度国民经济和社会发展计划草案的初步方案，上一年度中央和地方预算执行情况的主要内容与本年度中央和地方预算草案的初步方案，向全国人民代表大会财政经济委员会和有关的专门委员会汇报，由财政经济委员会进行初步审查。2021年十三届全国人大四次会议修改《全国人民代表大会议事规则》，根据各方面意见和实践需要，将“三十日”修改为“四十五日”，进一步完善了计划的初步审查程序。

二是大会审查程序。根据《全国人民代表大会议事规则》和《全国人民代表大会常务委员会关于加强经济工作监督的决定》的规定，全国人民代表大会每年举行会议的时候，国务院应当向会议提出关于上一年度国民经济和社会发展计划执行情况与本年度国民经济和社会发展计划草案的报告、国民经济和社会发展计划草案，由各代表团进行审查，并由财政经济委员会和有关的专门委员会审查。财政经济委员会根据各代表团和有关的专门委员会的审查意见进行审查，向主席团提出关于上一年度国民经济和社会发展计划执行情况和本年度国民经济和社会发展计划草案的审查结果报告。

三是批准程序。根据《全国人民代表大会议事规则》的规定，大会主席团审议通过关于计划草案及其执行情况审查结果的报告后，印发会议，并将关于上一年度国民经济和社会发展计划执行情况与本年度国民经济和社会发展计划的决议草案提请大会全体会议表决。

此外，国民经济和社会发展五年规划的制定审查和批准程序亦经实践发展和立法得到了规范，各个五年计划都有完整的正式文本并完成了法律程序。在实践中形成了先由党中央提出建议，然后国务院根据建议组织有关部门制定纲要(草案),最后提交全国人民代表大会审查批准的制订五年计划的制度和比较规范的工作程序及宪法性制度惯例。五年计划的科学性、严肃性、有效性进一步增强。[1]

(三)宪法关于监督和调整计划执行的制度发展

国民经济和社会发展计划经全国人民代表大会批准后,即进入执行阶段。《宪法》第67条规定,全国人大常委会在全国人大闭会期间,审查和批准国民经济和社会发展计划在执行过程中所必须作的部分调整方案。《各级人民代表大会常务委员会监督法》第17条第1款进一步明确,国民经济和社会发展计划经人民代表大会批准后,在执行过程中需要作部分调整的,国务院和县级以上地方各级人民政府应当将调整方案提请本级人民代表大会常务委员会审查和批准。改革开放以来,国家计划在执行过程中的部分调整,曾经发生过两次:一是1981年2月至3月五届全国人大常委会第十七次会议听取了时任国务院副总理兼国家计划委员会主任姚依林《关于调整一九八一年国民经济计划和国家财政收支的报告》,经过讨论和审查,通过了《关于批准国务院调整1981年国民经济计划和国家财政收支报告的决议》;二是1992年3月至4月七届全国人大五次会议审议了国务院《关于提请审议兴建长江三峡工程的议案》,决定批准将兴建长江三峡工程列入国民经济和社会发展十年规划。就上述实例看,计划调整都有其特定的背景和原因。总的来看,在计划的宏观性、指导性、预期性特点日趋显著的情况下,计划在执行中一般都会有所调适,但不常发生法律意义上的计划调整。1998年后实行积极财政政策、三次调整预算及相关经济政策,都没有对计划进行调整,而是在半年度计划执行情况报告中作出必要的说明,这也可以看作是这一监督形式的新变化。值得注意的是,自2006年3月十届全国人大四次会

[1] 参见王昌林:《国民经济和社会发展五年规划(计划)制定和实施的主要历程、重要作用、宝贵经验与建议》,载中国人大网2020年10月21日,http://www.npc.gov.cn/npc/c30834/202010/9a2a59d4e3124ec787021268174bd57e.shtml。

议通过的“十一五”规划纲要开始,全国人大审查批准五年规划纲要和年度计划,都将经济社会发展主要量化指标明确划分为预期性指标和约束性指标两类,强调规划确定的约束性指标具有法律效力,[1]这对于规划的制定和规划的执行都提出了更高的要求。[2] 2021 年 12 月,十三届全国人大常委会第三十二次会议通过了新修改的《关于加强经济工作监督的决定》,进一步明确经全国人大批准的国民经济和社会发展年度计划、五年规划纲要在执行过程中,出现下列情况之一的,可以进行调整:“(一)因国内外经济形势发生重大变化导致宏观调控政策取向和主要目标、重点任务等必须作出重大调整的;(二)国家发生特别重大自然灾害、全局性的重大公共安全事件或者进入紧急状态等导致国民经济和社会发展年度计划、五年规划纲要无法正常执行或者完成的;(三)其他特殊情况导致国民经济和社会发展年度计划、五年规划纲要无法正常执行或者完成的。”

计划调整之外,关于计划在执行过程中的监督机制,宪法并未作出具体规定。对此,全国人大常委会先后于 2000 年和 2006 年通过《关于加强经济工作监督的决定》和《各级人民代表大会常务委员会监督法》,进一步完善了计划执行过程中的监督。一是听取和审议半年度计划执行情况报告。根据《各级人民代表大会常务委员会监督法》的规定,国务院和县级以上地方各级人民政府应当在每年 6 月至 9 月,向本级人大常委会报告本年度上一阶段国民经济和社会发展计划的执行情况。全国人大常委会应当在每年 8 月听取和审议国务院关于本年度上一阶段国民经济和社会发展计划执行情况的报告。常务委员会组成人员的审议意见交由国务院研究处理,国务院应当将研究处理情况向常务委员会提出书面报告。二是听取和审议五年规划的中期评估报告。根据《各级人民代表大会常务委员会监督法》第 21 条的规

---

〔1〕《中华人民共和国国民经济和社会发展第十一个五年规划纲要》中规定“本规划确定的约束性指标,具有法律效力”。

〔2〕参见沈春耀:《计划和预算监督》,载中国人大网 2006 年 11 月 8 日,http://www.npc.gov.cn/npc/c220/200611/eb51e575c9d240649ca0e0c0147fbfd4.shtml。

定,国民经济和社会发展五年规划经人民代表大会批准后,在实施的中期阶段,人民政府应当将规划实施情况的中期评估报告提请本级人大常委会审议。规划经中期评估需要调整的,人民政府应当将调整方案提请本级人大常委会审查和批准。这是2006年3月十届全国人大四次会议通过的"十一五"规划纲要在"健全规划管理体制"部分中明确提出的建立五年规划的中期评估制度举措。[1] 对中长期规划进行中期评估并向人大常委会提出中期评估报告是《各级人民代表大会常务委员会监督法》所规定的一种新的监督形式。2006年《各级人民代表大会常务委员会监督法》制定以来,全国人大常委会先后听取和审议了"十一五""十二五""十三五"规划纲要中期评估报告[2]。人大常委会围绕中期评估报告开展的监督工作,将比半年度计划执行情况报告更加全面、深入,更加具有开拓性。三是五年规划的动态监测的总结评估。2021年12月,十三届全国人大常委会第三十二次会议通过了新修改的《关于加强经济工作监督的决定》,在总结实践经验和发展需要的基础上,进一步提出国务院应当加强对五年规划纲要实施情况的动态监测和总结评估。要求对上一个五年规划纲要实施情况进行总结评估形成总结评估报告,与提请全国人民代表大会审查批准的五年规划纲要草案一并印发全国人民代表大会会议。

三、我国宪法关于预算规定的制度内涵及其发展实践

我国《宪法》对预算的编制、审批、执行监督体制作了诸多具体规定,第62条规定,全国人民代表大会"审查和批准国家的预算和预算执行情况的报告";第67条规定,全国人大常委会在全国人大闭会期间,审查和批准国家

[1] 参见沈春耀:《计划和预算监督》,载中国人大网,http://www.npc.gov.cn/zgrdw/npc/bmzz/falv/2006-11/08/content_1384042.htm。

[2] 参见尹中卿:《新发展理念:审查批准"十四五"规划纲要的行动指南》,载中国人大网2021年2月18日,http://www.npc.gov.cn/npc/c30834/202102/1bd656d1e1d84c3fa261011534c2bc19.shtml。

预算在执行过程中所必须作的部分调整方案；第 89 条规定国务院编制和执行国家预算；第 99 条规定县级以上的地方各级人民代表大会审查和批准本行政区域内的预算以及它们的执行情况的报告。《全国人民代表大会组织法》、《全国人民代表大会议事规则》、《全国人民代表大会常务委员会议事规则》、《预算法》、《各级人民代表大会常务委员会监督法》、《地方各级人民代表大会和地方各级人民政府组织法》、全国人大常委会《关于加强中央预算审查监督的决定》等法律规定，从审批职权、审批程序方面对宪法关于预算规定的制度内涵在相关具体领域作了具体落实及发展。

（一）关于国家预算概念的发展

《宪法》第 62 条规定，全国人民代表大会审查和批准“国家的预算”。这一概念直接来自 1954 年《宪法》的规定。1954 年《宪法》规定全国人大审查和批准国家的预算和决算，国务院执行国家预算；在地方人大职权条款中，规定地方各级人大审查和批准地方的预算和决算。1975 年《宪法》和 1978 年《宪法》中均有“国家预算”和“国家的预算”的表述，与 1954 年《宪法》基本一致。1982 年《宪法》规定，全国人大审查和批准国家的预算和预算执行情况的报告，全国人大常委会在大会闭会期间，审查和批准国家预算在执行过程中所必须作的部分调整方案，国务院编制和执行国家预算。实践中，国务院在每年全国人民代表大会会议召开时提出本年度国家预算草案及上一年度预算执行情况的报告。作为预算审查批准工作的核心，国家预算概念的制度内涵通过立法及实践发展不断完善。

一是从国家预算到中央和地方预算的概念分化。1991 年通过的《国家预算管理条例》（已失效）中规定，国家预算由中央预算和地方预算组成。也就是说，“国家预算”是指全国的总预算，包括中央预算和地方预算。实践中，1994 年以前，全国人民代表大会根据宪法规定审查和批准包括中央预算和地方预算在内的国家预算，县级以上的地方各级人民代表大会审查和批准包括本级政府预算和汇总的下一级总预算在内的本级总预算。比如，

1994年3月,八届全国人大二次会议通过了《关于1993年国家预算执行情况和1994年国家预算的决议》,决定批准国务院提出的1994年国家预算。这里的问题是,全国人民代表大会审批的国家预算中包括了地方预算,县级以上地方各级人民代表大会审批的本级总预算中包括了汇总的下一级总预算,这就造成了同一级预算要由上下级人民代表大会重复审批,使预算审批的法律关系不清。在预算法草案起草和审议的过程中,有些人大常委会组成人员、有关部门和不少地方的同志都提出,应当在预算法中解决好这个问题。[1] 根据全国人大有关专门委员会和人大常委会组成人员在审议中提出的意见,1994年《预算法》规定全国人大审查中央和地方预算草案及中央和地方预算执行情况的报告,批准中央预算和中央预算执行情况的报告,将中央和地方预算区分开,地方预算在全国人大会议上只审查不批准;县级以上地方各级人民代表大会审查本级总预算草案及本级总预算执行情况的报告,批准本级预算。自1995年开始,全国人大会议通过的相关决议名称由"国家预算"改为"中央及地方预算",如八届全国人大四次会议通过的《关于1995年中央及地方预算执行情况和1996年中央及地方预算的决议》,决定批准国务院提出的1996年中央预算。据此,全国人民代表大会批准的预算从国家的预算明确为中央预算,不再批准地方预算,但仍听取审议地方预算和预算执行情况的报告;县级以上地方各级人民代表大会只批准本级政府预算,不批准汇总的下一级总预算。《预算法》关于"中央预算"的规定,是对实践发展的经验总结,可以较好地解决预算审批中存在的矛盾和问题,同时也有利于增强各级人大和政府的责任,符合宪法规定和宪法原则,是对宪法关于国家预算规定的制度发展。

二是关于预算草案作为会议文件的印发。预算草案因预算编制能力和保密要求的限制,自新中国成立以来经历了从保密到公开,从简略到详尽、

---

〔1〕 参见刘仲藜:《关于〈中华人民共和国预算法(草案)〉的说明》,载《中华人民共和国全国人民代表大会常务委员会公报》1994年第2期。

从机密到会后收回再到下发代表的发展历程,大体上可分为以下几个阶段。第一阶段(1954—1999年)是预算草案保密阅读、缺乏详细科目时期。通过查阅历年大会有关文件,因为涉及预算草案的保密要求,早期大会审议预算时,由财政部负责同志作大会预算报告,预算草案被标为保密件,设立专门场所放置预算草案或下发至代表小组供代表阅读审议,并按要求会后收回。在这一时期,提交全国人大审议的预算草案比较简单。对此,1999年《关于〈全国人民代表大会常务委员会关于加强中央预算审查监督的决定(草案)〉的说明》指出,我国现行预算科目包括类、款、项、目四个层次,而现在报送全国人大审查批准的中央预算草案一般只列到类,只有几十个大数。例如:预算建设性拨款只有总数;对地方的补助支出3000多亿元,仅仅列一个总数。有些支出甚至没有预算,而是随批随支。第二阶段(2000—2006年)是预算编制逐步细化完善时期。1999年6月,全国人大常委会审议1998年中央财政决算和中央财政审计报告时,提出了细化预算编制、编制部门预算的要求,财政部研究制定了改进2000年中央预算编制的方案,提出了加强预算管理的意见。为此,自2000年九届全国人大三次会议开始,大会预算在以往收支分类的基础上,进一步做了细化,并选择了教育部、农业部、科学技术部、劳动和社会保障部四个部门作为向全国人民代表大会报送部门预算的试点,首次编制部门预算。此后,全国预算及中央部门预算逐步细化完善,从2003年十届全国人大一次会议开始预算草案不再定密,但仍作为内部文件管理。第三阶段(2006年至今)是预算草案作为报告附件,下发代表审查时期。自2006年十届全国人大四次会议开始,预算草案的会议文件由"会后收回"改为了"内部文件妥善保管",2005年全国预算执行情况与2006年全国预算草案、2006年中央部门预算草案由大会正式文件改为预算报告的附件一、附件二提交大会审议,并下发到每个代表手中。2015年十二届全国人大三次会议开始,会议文件在预算和预算执行情况的报告后又增加了由财政部编制的中央对地方转移支付分地区2014年预算执行情况与2015年预算草案作为附件三，预算草案得到了进一步完善。

三是关于审查结果的报告和全国人民代表大会决议。根据《预算法》规定，计划和预算草案经全国人大财政经济委员会提出预算执行情况和预算草案的审查结果报告后，由大会全体会议表决通过关于国民经济和社会发展计划的决议、关于国家预算和预算执行情况的决议。需要说明的是，20世纪80年代初曾有几次大会作出的是关于预算执行情况和预算草案的报告的决议，但很快得到了纠正，明确了大会作出的是关于预算执行情况和预算草案的决议，并以通过决议形式同意财政经济委员会的审查结果报告，批准预算执行情况和预算草案的报告，批准中央预算。这就明确了全国人民代表大会审查批准的核心内容是预算而不是报告。

四是关于预算草案的具体内容。关于预算草案相关报表名称的表述。1989年，《全国人民代表大会议事规则》在草案和执行情况报告的基础上，第32条第1款提出应“将国民经济和社会发展计划主要指标(草案)、国家预算收支表(草案)和国家预算执行情况表(草案)一并印发会议”。在近年的计划预算审查工作实践中，上述报表草案已不断充实完善为包括国民经济和社会发展计划总表(草案)、上年度全国预算执行情况和当年全国预算(草案)、中央对地方转移支付分地区上年度预算执行情况和当年预算(草案)、中央部门预算(草案)的计划和预算草案。为此，2021年《全国人民代表大会议事规则》修改时，吸收目前的计划和预算工作实践经验，细化完善了对于相关报表名称的表述规定。

(二)《宪法》关于预算报告的制度内涵

《宪法》第62条规定，全国人大审查和批准“国家的预算和预算执行情况的报告”。全国人民代表大会关于预算审查批准工作自新中国成立之初开始，经历了一个不断发展完善的过程。截至2022年，自第一届全国人大开幕至今，全国人大通过的预算报告共50份(见表4-2)，其中改革开放前的有6份。在不同时期，全国人大审议由国务院向大会提出的预算报告的情况是不同的。

通过查阅历届大会会议文件,1985 年之前预算报告先后有“关于决算与预算草案的报告”“关于决算和概算执行情况的报告”等报告形式;分税制改革和《预算法》出台之后,预算报告逐步改为“关于中央及地方预算执行情况和中央及地方预算草案的报告”,其内容也从新中国成立初期以及改革开放之初的以数字列举为主,发展为以预算说明和政策解读为主。至此,目前大会关于计划和预算的会议文件在实践中发展完善为报告+草案附件的形式,即《关于××××年国民经济和社会发展计划执行情况和××××年国民经济和社会发展计划草案的报告》《关于××××年中央及地方预算执行情况和××××年中央及地方预算草案的报告》。报告以总结上一年度工作、阐述当年的草案安排为主,同时考虑到计划和预算草案专业性较强,为便于代表审议,计划和预算报告后继续附有全国财政收支的图表,而含有详细报表的计划草案和预算草案分别作为报告的附件提交大会审议讨论。特别值得说明的是,《宪法》关于“国家的预算和预算执行情况的报告”的规定在实践中产生了“国家的预算”和“预算执行情况的报告”以及“国家的预算和预算执行情况”的“报告”两种断句方法。更因为目前全国人大审查的报告名称就是预算执行情况和预算草案的报告,更容易让人误以为《宪法》关于预算审查的规定是落在报告上而非预算草案。实践中,全国人民代表大会的会议议程及新闻报道也多表述为审查上一年度预算执行情况与本年度预算草案的报告,而缺少了关于审查预算草案的内容。自 2020 年十三届全国人大三次会议开始,大会议程和日程中关于预算审查工作的表述作了修改,将大会议程中“审查预算执行情况和预算草案的报告”修改为“审查上一年度预算执行情况和本年度预算草案的报告、本年度预算草案”,将大会日程中的“审查预算报告”修改为“审查预算报告和预算草案”,更加符合宪法规定和预算审查的制度内涵。

表 4–2　全国人大审查批准预算报告及其决议的情况

年份	预算报告	审查报告	大会决议
1955	关于一九五四年国家决算和一九五五年国家预算的报告	预算委员会关于一九五四年国家决算和一九五五年国家预算的审查报告	关于一九五四年国家决算和一九五五年国家预算的决议
1956	关于 1955 年国家决算和 1956 年国家预算的报告	预算委员会关于 1955 年国家决算和 1956 年国家预算的审查报告	关于 1955 年国家决算和 1956 年国家预算的决议
1957	关于 1956 年国家决算和 1957 年国家预算草案的报告	预算委员会关于 1956 年国家决算和 1957 年国家预算草案的审查报告	关于周恩来总理的政府工作报告、关于 1956 年国家决算和 1957 年国家预算和关于 1957 年度国民经济计划的决议
1958	关于 1957 年国家预算执行情况和 1958 年国家预算草案的报告	预算委员会关于 1957 年国家预算的执行情况和 1958 年国家预算草案的审查报告	关于一九五七年国家预算执行情况和一九五八年国家预算及一九五八年度国民经济计划的决议
1959	关于一九五八年国家决算和一九五九年国家预算草案的报告	预算委员会关于一九五八年国家决算和一九五九年国家预算草案的审查报告	关于政府工作报告、一九五九年国民经济计划、一九五八年国家决算和一九五九年国家预算的决议
1960	关于一九五九年国家决算和一九六〇年国家预算草案的报告	预算委员会关于一九五九年国家决算和一九六〇年国家预算草案的审查报告	关于一九六〇年国民经济计划、一九五九年国家决算和一九六〇年国家预算的决议
1962	无	预算委员会关于一九六〇年国家决算的审查报告	关于一九六〇年国家决算的决议

续表

年份	预算报告	审查报告	大会决议
1965	无	预算委员会关于一九六四年国家预算预计执行情况和一九六五年国家预算的初步安排的审查报告	关于政府工作报告、一九六五年国民经济计划主要指标和一九六五年国家预算初步安排的决议
1979	关于一九七八年国家决算和一九七九年国家预算草案的报告	预算委员会关于一九七八年国家决算和一九七九年国家预算草案的审查报告	关于一九七九年国民经济计划、一九七八年国家决算和一九七九年国家预算的决议
1980	关于一九七九年国家决算、一九八〇年国家预算草案和一九八一年国家概算的报告	预算委员会关于一九七九年国家决算、一九八〇年国家预算草案和一九八一年国家概算的审查报告	关于一九八〇、一九八一年国民经济计划安排，一九七九年国家决算、一九八〇年国家预算和一九八一年国家概算的决议
1981	关于1980年国家决算和1981年国家概算执行情况的报告	预算委员会关于一九八〇年国家决算和一九八一年国家概算执行情况的审查报告	关于批准国务院一九八〇年国家决算和一九八一年国家概算执行情况报告的决议
1982	关于一九八二年国家预算执行情况和一九八三年国家预算草案的报告	预算委员会关于一九八二年国家预算执行情况和一九八三年国家预算草案的报告	关于1982年国家预算执行情况和1983年国家预算草案报告的决议
1983	关于一九八二年国家决算的报告	财政经济委员会关于一九八二年国家决算的审查报告	关于一九八二年国家决算的决议
1984	关于1983年国家决算和1984年国家预算草案的报告	财政经济委员会关于一九八三年国家决算和一九八四年国家预算草案的审查报告	关于一九八三年国家决算和一九八四年国家预算的决议

续表

年份	预算报告	审查报告	大会决议
1985	关于一九八四年国家预算执行情况和一九八五年国家预算草案的报告	财政经济委员会关于一九八四年国家预算执行情况和一九八五年国家预算草案的审查报告	关于1984年国家预算执行情况和1985年国家预算的决议
1986—1993	同上,略	同上,略	同上,略
1994	关于1993年国家预算执行情况和1994年国家预算草案的报告	财政经济委员会关于1993年国家预算执行情况和1994年国家预算草案的审查报告	关于1993年国家预算执行情况和1994年国家预算的决议
1995	关于1994年国家预算执行情况和1995年中央及地方预算草案的报告	财政经济委员会关于1994年国家预算执行情况和1995年中央及地方预算草案的审查报告	关于1994年国家预算执行情况和1995年中央及地方预算的决议
1996	关于1995年中央和地方预算执行情况及1996年中央和地方预算草案的报告	财政经济委员会关于1995年中央及地方预算执行情况和1996年中央及地方预算草案的审查报告	关于1995年中央及地方预算执行情况和1996年中央及地方预算的决议
1997年至今	同上,略	同上,略	同上,略

（三）全国人大常委会预决算管理职权的制度内涵及其发展变迁

《宪法》第62条中规定,全国人民代表大会“审查和批准国家的预算和预算执行情况的报告”,但并未对决算作出规定。1982年《宪法》刚刚通过时,全国人大会议召开的时间尚不固定,1983年、1984年的全国人大会议分别是在6月和5月召开的,由全国人大直接批准上年度国家决算,时间上是可行的,故 1982 年、1983 年的国家决算由全国人大作出决议予以批准。从 1985 年开始,全国人大会议召开的时间都是在 3 月,此时上年度国家决算尚来不及完成,由全国人大直接审查批准决算在时间上存在困难。为此,1986 年 4 月 12 日,六届全国人大四次会议通过《关于一九八五年国家预算执行情况和一九八六年国家预算的决议》,批准 1986 年国家预算和预算报告,并授权全国人大常委会审查和批准 1985 年国家决算。1986 年 6 月 25 日,六届全国人大常委会第十六次会议作出《关于批准 1985 年国家决算的决议》,根据大会授权,审议并批准 1985 年国家决算和决算报告。从 1986 年至 1995 年,六届、七届、八届全国人大先后 10 次授权全国人大常委会审查和批准国家决算,全国人大常委会作出决议批准国家决算。1994 年 3 月 22 日,八届全国人大二次会议审议通过《预算法》,并于 1995 年 1 月 1 日起施行。2018 年修正的《预算法》第 20 条第 2 款规定,全国人大常委会"审查和批准中央决算"。[1]《各级人民代表大会常务委员会监督法》规定,国务院应当在每年 6 月,将上一年度的中央决算草案提请全国人大常委会审查和批准。县级以上地方各级人民政府应当在每年 6 月至 9 月,将上一年度的本级决算草案提请本级人大常委会审查和批准。决算草案应当按照本级人民代表大会批准的预算所列科目编制,按预算数、调整数或者变更数以及实际执行数分别列出,并作出说明。全国人大常委会《关于加强中央预算审查监督的决定》还规定,中央决算草案应当在全国人民代表大会常务委员会举行会议审查和批准的 30 日前,提交财政经济委员会,由财政经济委员会结合审计工作报告进行初步审查。综上所述,《预算法》和相关立法中关于决算的规定,是根据宪法的精神、全国人大履职实践和加强最高国家权力机关对国家决算监督的需要,对国家决算批准问题作出的专门宪制安排,进一步丰富了宪法关于全国人大常委会预决算审查职权的制度内涵。

[1] 参见曲頔:《全国人民代表大会授权常务委员会行使相关职权研究》,载《中国法律评论》2021 年第 2 期。

此外,同计划监督相类似,宪法并未对预算在执行中的监督作出具体规定。《宪法》第67条中规定,全国人大常委会在全国人民代表大会闭会期间,审查和批准国家预算在执行过程中所必须作的部分调整方案。对此,全国人大于1994年制定通过《预算法》,并在1999年作出《关于加强中央预算审查监督的决定》,进一步明确了全国人大常委会对预算审查监督的职权。具体而言主要包括两个方面:一是听取和审议半年度预算执行情况报告。根据《预算法》和《各级人民代表大会常务委员会监督法》的规定,国务院应当在每年8月向全国人大常委会报告本年度上一阶段本级预算的执行情况。二是审查和批准中央预算的调整方案。根据2021年修改的《关于加强中央预算审查监督的决定》,要加强中央预算调整方案的审查工作。中央预算执行中,农业、教育、科技、社会保障等重点领域支出的调减,新增发行特别国债,增加地方政府举借债务规模,须经全国人民代表大会常务委员会审查和批准。中央预算执行中必须作出预算调整的,国务院应当编制中央预算调整方案,一般于当年6月至10月提交全国人民代表大会常务委员会。

第三节　我国宪法关于中央和地方关系规定的制度内涵与实践发展

作为一个幅员广阔、历史悠久的单一制国家,中央和地方关系始终是我国宪法在制定和修改中讨论的一个核心命题。在新中国成立伊始,《共同纲领》就对中央和地方关系作出了具体详尽的论述,为确立和规范中央和地方关系法治化打下了扎实基础。此后,随着经济社会发展,我国中央和地方关系在不断调试中发展完善,在实践运行中也出现了一方面中央政府财政收入与支出规模无法满足现代国家财政需求,另一方面地方政府更是在繁多的支出责任与并不规范的财政收入间勉力维持的问题和挑战。通过不断探索实践,我国中央和地方关系法治化不断向前推进,中央与地方政府财政关系逐渐清晰,我国宪法关于中央和地方关系规定的制度内涵愈发饱满完善,为国家治理法治化提供了坚实保障。

一、我国宪法关于中央与地方关系规定的发展历程

中央和地方关系是我们党在革命政权建立伊始就思考研究的重要宪制问题。《共同纲领》及历部宪法中对中央和地方关系先后作出明确规定,对于规范和完善中央和地方关系具有重要意义。

(一)《共同纲领》关于中央和地方关系的规定

《共同纲领》作为中国共产党领导建立新生革命政权的纲领性文件,对中央和地方关系从不同角度和层面作了充分的规定。一是第 15 条规定"各下级人民政府均由上级人民政府加委并服从上级人民政府。全国各地方人民政府均服从中央人民政府"。有学者提出这是我国单一制特征最早的宪法表达。[1] 二是第 16 条规定:"中央人民政府与地方人民政府间职权的划分,应按照各项事务的性质,由中央人民政府委员会以法令加以规定,使之既利于国家统一,又利于因地制宜。"明确央地分权、兼顾国家统一和因地制宜的原则,为确立新生政权的中央和地方关系树立了基础规范。三是第 33 条规定:"中央人民政府应争取早日制定恢复和发展全国公私经济各主要部门的总计划,规定中央和地方在经济建设上分工合作的范围,统一调剂中央各经济部门和地方各经济部门的相互联系。中央各经济部门和地方各经济部门在中央人民政府统一领导之下各自发挥其创造性和积极性。"首次在宪法性文件中明确提出地方的创造性和积极性,具有重要宪法意义。四是第 40 条规定:"关于财政:建立国家预算决算制度,划分中央和地方的财政范围,厉行精简节约,逐步平衡财政收支,积累国家生产资金。国家的税收政

[1] 参见郑毅:《建国以来中央与地方关系在宪法文本中的演变》,载《中国行政管理》2015 年第 4 期。

策，应以保障革命战争的供给、照顾生产的恢复和发展及国家建设的需要为原则，简化税制，实行合理负担。”从财政预算角度对中央和地方的财政关系作出明确规定，对于中央和地方财政收支分配体系的建立具有重要意义。

根据《共同纲领》的规定，在同次会议上通过的《中央人民政府组织法》规定，中央人民政府委员会制定并解释国家的法律，颁布法令。1949 年 12 月，政务院先后通过《大行政区人民政府委员会组织通则》、《省人民政府组织通则》、《市人民政府组织通则》和《县人民政府组织通则》，根据上述组织通则的规定，行使地方立法职权的主体相当广泛，大行政区政府、省政府、直辖市、大行政区辖市和省辖市政府、县政府都有权拟定与本行政区域政务有关的暂行法令、条例，报上一级政府批准或备案。1950 年 3 月，政务院颁布了《关于统一国家财政经济工作的决定》，第一次对中央与地方经济管理权限进行划分，全国的财政、经济、金融、行政管理权集中到中央政府手里，而地方政府则设立了与中央经济部门相对应的管理机构，初步形成了中央和地方行政管理体制。

（二）1954 年《宪法》关于中央和地方关系的规定

总结新中国成立初期过度放权地方的经验教训，1954 年《宪法》明确中央高度的集中统一领导。在新中国成立之初，我国的行政区划层级较多，在省级之上还有一级“大区”，且各级地方均在特定范围内享有相应的地方立法权，可谓我国地方立法权配置最为丰富的时期。但仅仅数年实践后其即凸显较为严重的问题：地方立法权的过度下放不仅会严重干扰国家法制的统一，甚至还会对中央权威产生不利影响。因此，1954 年 6 月 11 日下午在中南海勤政殿举行的宪法起草委员会第七次全体会议上，毛泽东同志明确指出：“我们是中央集权，不是地方分权。一切法律都要由中央来制定，地方不能制定法律。”1954 年 9 月一届全国人大一次会议通过《宪法》，其中第 21 条规定：“中华人民共和国全国人民代表大会是最高国家权力机关。”第 22 条规定：“全国人民代表大会是行使国家立法权的唯一机关。”

尽管1954年《宪法》对于中央和地方关系采取了“收”的规定，但很快在实践中根据需要不断扩大了地方的权力。1956年，毛泽东同志在《论十大关系》中就明确提出：“中央和地方的关系也是一个矛盾。解决这个矛盾，目前要注意的是，应当在巩固中央统一领导的前提下，扩大一点地方的权力，给地方更多的独立性，让地方办更多的事情。这对我们建设强大的社会主义国家比较有利。我们的国家这样大，人口这样多，情况这样复杂，有中央和地方两个积极性，比只有一个积极性好得多。我们不能像苏联那样，把什么都集中到中央，把地方卡得死死的，一点机动权也没有。”1955年一届全国人大二次会议通过了《关于授权常务委员会制定单行法规的决议》，把享有国家立法权的范围扩大到了全国人大常委会。作出这项授权决议的理由是：“随着社会主义建设和社会主义改造事业的进展，国家急需制定各项法律，以适应国家建设和国家工作的要求。在全国人民代表大会闭会期间，有些部分性质的法律，不可避免地急需常务委员会通过施行。为此，……授权常务委员会依照宪法的精神、根据实际的需要，适时地制定部分性质的法律，即单行法规。”1959年二届全国人大一次会议，进一步规定全国人大常委会在全国人大闭会期间根据情况的发展和工作的需要，有权修改现行法律中已经不适用的条文。民族自治地方的自治机关有权制定自治条例和单行条例，报全国人大常委会批准。中央和地方关系在新中国国家建设实践中不断发展变化。

（三）现行宪法关于中央和地方关系的规定

党的十一届三中全会以后，为了适应全国工作重点转移到社会主义现代化建设上来的需要，改变中央在立法、行政等事务上集中管理的状况，调动中央和地方的“两个积极性”，1979年7月，五届全国人大二次会议通过的《地方各级人民代表大会和地方各级人民政府组织法》规定：省、自治区、直辖市的人民代表大会根据本行政区域的具体情况和实际需要，在和国家宪法、法律、政策、法令、政令不抵触的前提下，可以制订和颁布地方性法规，并报全国人大常委会和国务院备案。充分总结实践经验,1982 年《宪法》进一步确立了我国中央与地方关系的基本内容:第一,在单一制基础上建立民族自治地方和特别行政区。《宪法》规定我国是统一的多民族国家,“各少数民族聚居的地方实行区域自治”,“国家在必要时得设立特别行政区”。第二,实行民主集中制。《宪法》第 3 条规定,“国家机构实行民主集中制的原则”。同时,《宪法》第 3 条第 4 款规定:“中央和地方的国家机构职权的划分,遵循在中央的统一领导下,充分发挥地方的主动性、积极性的原则。”在总结新中国成立以来实践经验的基础上,正式确立了中央和地方关系法治化的基本原则。第三,《宪法》第 58 条规定:“全国人民代表大会和全国人民代表大会常务委员会行使国家立法权。”第 62 条规定,全国人民代表大会修改宪法,制定和修改刑事、民事、国家机构的和其他的基本法律。第 67 条规定,全国人大常委会制定和修改除应当由全国人民代表大会制定的法律以外的其他法律;在全国人民代表大会闭会期间,对全国人民代表大会制定的法律进行部分补充和修改,但是不得同该法律的基本原则相抵触。《宪法》除规定全国人大及其常委会行使国家立法权外,还规定:国务院根据宪法和法律,制定行政法规;省级人大及其常委会,在不同宪法、法律、行政法规相抵触的前提下,可以制定地方性法规;民族自治地方包括自治区、自治州、自治县的人民代表大会有权依照当地民族的政治、经济和文化的特点,制定自治条例和单行条例,分别报有关上级人大常委会批准;国务院各部、各委员会根据法律和国务院的行政法规、决定、命令,在本部门的权限内,发布规章。1982 年《宪法》改变了 1954 年《宪法》关于“全国人民代表大会是行使国家立法权的唯一机关”的规定,根据宪法修改委员会成员肖蔚云的记录,当时的主要考虑是 1982 年《宪法》规定了省级人大及其常委会可以制定地方性法规,虽然不是法律,但总算是一种法。1982 年《宪法》这样的规定既有利于发挥中央和地方的积极性,又将二者做了区分。[1] 从这个意义上来说,我国现行《宪法》赋予了地方立法以充分的空间。

此后,根据《宪法》规定和实践发展需要,全国人大及其常委会又制定修改《地方各级人民代表大会和地方各级人民政府组织法》《国务院组织法》《民族区域自治法》《香港特别行政区基本法》《澳门特别行政区基本法》《立法法》等一系列重要法律,对我国的中央和地方关系从不同角度和层面作出具体规定。1986 年修改的《地方各级人民代表大会和地方各级人民政府组织法》,赋予省、自治区的人民政府所在地的市和国务院批准的较大的市地方立法权。1992 年 7 月七届全国人大常委会第二十六次会议通过决定,授予深圳市的人大及其常委会制定法规的权力。1994 年和 1996 年又先后授予厦门市、珠海市及汕头市的人大及其常委会制定法规的权力。2000 年制定《立法法》时确立赋予经济特区所在地的市以及较大的市地方立法权。十八届四中全会提出,依法赋予设区的市地方立法权。为落实好中央精神,2015 年修改《立法法》,又将原来享有地方立法权的 49 个较大的市,扩大到所有设区的市,并将《立法法》中"较大的市"修改为"设区的市",规定:"设区的市的人民代表大会及其常务委员会根据本市的具体情况和实际需要,在不同宪法、法律、行政法规和本省、自治区的地方性法规相抵触的前提下,可以对城乡建设与管理、环境保护、历史文化保护等方面的事项制定地方性法规。"根据《民族区域自治法》关于"自治州的自治机关行使下设区、县的市的地方国家机关的职权,同时行使自治权"的规定,相应赋予自治州人大及其常委会设区的市地方立法权。2018 年 3 月 11 日十三届全国人大一次会议通过了《宪法修正案》,在《宪法》第 3 章"国家机构"第 100 条增加 1 款:"设区的市的人民代表大会和它们的常务委员会,在不同宪法、法律、行政法规和本省、自治区的地方性法规相抵触的前提下,可以依照法律规定制

---

[1] 参见肖蔚云:《我国现行宪法的诞生》,北京大学出版社 1986 年版,第 57 页。

定地方性法规,报本省、自治区人民代表大会常务委员会批准后施行。”这是完善中国特色社会主义立法体制的重大举措,是对我国地方立法实践探索与成功经验的提炼升华和宪法确认。同时在财政领域实践中,国家 1994 年分税制财政体制改革进一步从收入方面对中央和地方的财权进行了划分,促进了中央和地方财政收入的大幅增长,不断增强的财政实力为进一步合理划分中央与地方事权、规范中央和地方政府间的财政关系提供了有力的保障。

二、中央和地方政府财权与支出责任运行实践情况

改革开放以来,我国围绕建立社会主义市场经济体制的目标,以调整管理体制改革为重点,逐步推进政府行政管理体制的转变。经过多次改革与调整,我国中央与地方关系不断完善,但是目前仍存在政府与市场职能划分不清、中央与地方事权调整随意性大、中央地方事权错位、事权和财权匹配不合理、支出责任层层下移等问题。规范纵向权力运行,建立权责相适应的中央、地方财政权力关系体系,其最终意义不仅仅在于各级政府“钱袋子”的多寡,更是关系到政府能否具备正常履行职责的能力,关系到整个社会经济的稳定和繁荣。分析当下中央与地方公共财政权力在实践中的运行情况的最终目的是实现公共财政权及其制度变革在推动现代国家治理方式的变革中发挥重要的作用。

(一)中央政府财权与支出责任运行实践情况

在我国,财政纵向分权实行的是一种中央财政主导模式,由国务院及其部门制定相关的规定予以调整。观察其实施效果,公共财政权纵向权力运行首先表现在中央财政收入与支出的缺位。一方面,我国中央政府财政收入占比仍处于较低水平;另一方面,中央政府财政支出亦严重不足。公共财政权的有限性与有效性矛盾在中央政府财政困境中显露无遗,其双重不足造成了我国中央政府财政权力的缺位。

首先,中央政府财政收入仍然不足。我国实行单一制国家结构形式,区域发展差异较大,加之城镇化提速,人口快速流动带来基本公共服务需求激增,而区域财力分布严重不均衡客观上需要中央适度集中财力,加大对中西部地区的转移支付,推动地区间基本公共服务均等化。但从国际比较看,与有人认为的我国中央政府财政过度集权的看法相反,目前我国中央财政的集中程度并不高,英国、法国、意大利、澳大利亚等国家中央财政收入占总财政收入比重都在70%以上,美国常规年份也在65%左右。而根据财政部的数据,我国1994年分税制改革的目标是将中央收入占比提高到60%。分税制改革后该比重快速提高,从1993年的22%仅用1年时间便在1994年达到55.7%,近20年来在50%上下小幅波动,2013年为46.6%。除了中央财政占比,我们还可以从各国财政总收入占国内生产总值比重的对比中评估我国财政收入水平。根据美国Peterson研究院的统计,中国政府财政总收入占国内生产总值比重与欧美国家比较仍处于较低水平,从图4-1中可以看到,尽管数据显示自1995年以来我国财政收入占比已从10%左右上升至25%,但仍明显低于欧美发达国家10个至30个百分点。[1] 由此可见,总财政收入占国内生产总值比例、中央财政占总财政比例双双低于西方发达国家,我们必须要正视我国作为单一制国家中央财政收入不足的现实困境,从长远来讲它将严重制约我国国家目标的实现。

其次,中央政府财政支出责任仍有缺位。相较于中央政府财政收入较低,我国中央政府财政支出不足的问题更为严重。1994年分税制改革目标是加强中央层面的财力,提高国家财政汲取能力。故而按照一般情理,中央也应该承担更多支出责任,但实践中随着分税制改革的推进,中央政府层面所承担的支出责任却并未随着中央财政资金的增加而增加。作为公共财政权核心的中央财政权力“缺位”“越位”“错位”情况仍存在。中央政府在纵

---

〔1〕 Kirkegaard J F. *Continental-Sized Fiscal Unions: Lessons for China from the United States and Euro Area*, New Finance Review, 2015.

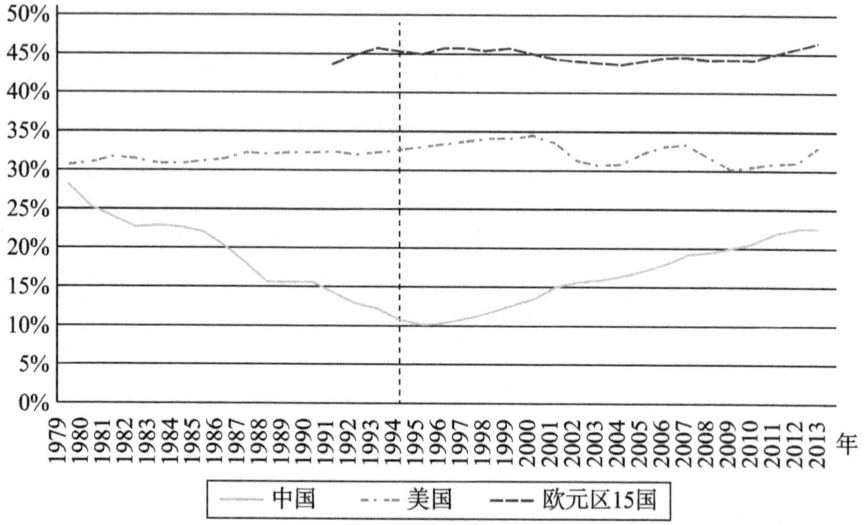

图 4-1　各国政府财政总收入占国内生产总值比例

Kirkegaard J F. *Continental-Sized Fiscal Unions: Lessons for China from the United States and Euro Area*, New Finance Review, 2015.

向权力划分中具有制定政策的主动权，政府间财政关系缺乏明确的法律基础，使中央政府在财政体制改革中掌握了较大的主动权。实践中，公共财政权支出责任的不匹配在中国部属高校招生困局的案例中可以得到明显的体现。以高等教育领域为例。不同于计划经济时代，中央已不再管理招生、录取、培养、分配各个过程的细节，但这并不意味着中央就可以放手各地方政府完全自我调控。20 世纪末以来高考招生的权力下放使之从中央计划转变为地方计划，但监督统筹地方计划中对于教育平等权的落实并提供充足的财政资金是中央的宪制责任。[1] 高校招生制度从一个侧面反映出中国的中央和地方财政关系，在规范层面的权力分配之中，一个健康的单一制国家之下，中央与地方财政关系意味着中央既非全盘负责，亦非全面退出，而是“有所为，有所不为”，然而当前中央财政 15%的支出比例已难以完成单一制

〔1〕 参见闫然：《高考招生与教育行政体制改革——央地关系视角下的重塑考量》，载《行政与法》2014 年第 1 期。

国家中央政府的财政任务。

根据上文数据分析，自1994年分税制改革以来，我国中央财政管理体制已取得了初步的成效，但面对当前发展阶段中央财权收入与支出责任的失衡缺位，仍需我们立足于单一制国家的发展目标，保障中央政府财政收入与支出的权力运行。

（二）地方政府财权与支出责任实践情况

1994年税制改革不但促进了中国经济的高速发展，而且让人们看到了中国走出财政体制改革的魔咒。但是中央政府主导下的分税制改革也存在不足，尽管一定程度上它增加了中央政府的财政收入，但并未能使中央与地方财政收入分配制度化、规范化和透明化。与此同时，由于各地区之间自然资源、工业基础上的差异，加上国家在改革开放之初为实现"让一部分人先富起来"的发展战略而做出的各种政策倾斜，直接导致各省市发展不均的现象愈发突出，原有的地方政府收入与支出责任划分已不能适应各地方的发展现状。一方面，以北京、上海、广州为代表的沿海省市财政收入屡创新高，面对地方财政收入与支出不成比例的现状，对于地方财政自治权力的需求日益强烈；另一方面，广大西部省份财政收支尚无法实现自给自足，而中央财政转移支付等手段的非制度化运行，为地方财政发展带来巨大的挑战和不确定性。

一是地方政府财政收入与支出不成比例。在中国的财政体制中，单一制下的中央政府面临着地方政府日益强烈的财政自治权力诉求。与中央财政权力缺位相对比，我国地方政府面临着财权过小与支出责任过大的财政困境。这种财政收入与支出责任的失衡主要表现在以下两个方面：

首先，地方财政收入权限过小。当前我国省级以下的地方财政收入管理体制仍面临较大挑战，县乡级地方政府财政困难与日俱增，有地方采取税收分享，有地方实行包干制，广泛开源节流应对财政收入困难。特别是在缺乏主体税种且税源不固定情况下，随着农业税的取消以及"营改增"的全面实行,地方政府自由财源发展弹性恐将进一步低于中央财政,以至于无法应对日益增加的公共支出。[1] 如图 4-2 所示,我们可以进一步比较中央与地方收入支出占总收入支出的比例,两条折线中上面一条深色实线是中国中央政府的收入占比,下面一条淡灰色虚线是支出占比。相较于中央政府财政收入自 1994 年分税制改革以来已基本稳定在 50%上下,中央财政支出占比则自 2003 年以来呈逐年下降趋势,至 2013 年已不足 15%。在规范层面的权力分配之中,一个健康的单一制国家之下,中央与地方财政关系意味着中央既非全盘负责,亦非全面退出,而是应该"有所为,有所不为",然而当前中央财政 15%的支出比例已难以完成单一制国家中央政府的财政任务,尽管有转移支付的调整,但地方财政在收入与支出上的严重失衡已显露无遗。

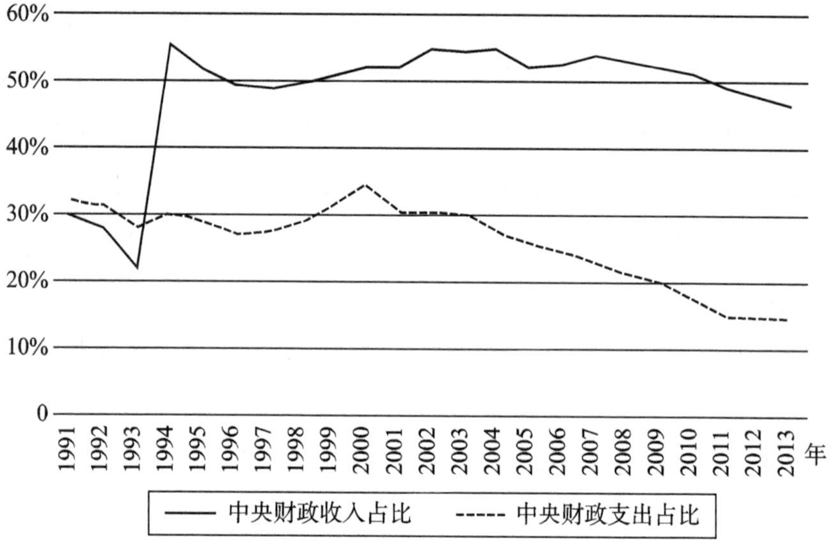

图 4-2 我国中央政府财政收入及支出占比

相关数据参见国家统计局编:《中国发展报告(2013)》,中国统计出版社 2013 年版。

其次,地方财政支出责任过大且不规范。与中西部地方财政收入困难相比较,上海、江苏、浙江、广东等省市对于更大空间财政自主权、更为明确

[1] 参见刘丽:《税权的宪法控制》,法律出版社 2006 年版,第 149 页。

支出责任划分的需要更为迫切。公共财政权力的下放必须伴随目标、权力和责任的规定，地方政府财权与支出责任的划分设定需要明确支出主体、支出目标和监督程序，形成将每个支出行为与整个国家目标联系在一起的公共财政权纵向分权体系。[1] 然而目前地方财政运行中，一方面，中央政府在政策文件中对各级地方政府提出更高的施政要求；另一方面，因为缺乏稳定的地方财政收入，有的地方政府通过各种办法大幅违规举债，并以各种名目征收税费来弥补资金缺口，地方公务员、教师工资拖欠、乱收费、乱罚款等情况时有发生。[2] 随之而来的地方政府债务规模攀升，财政风险日益加剧，地方财政困难问题显现。

二是中央对地方政府财政转移支付不清晰。中央政府通过支出责任的划分调整，利用转移支付承担一部分地方事权支出责任，并通过财政专项支付，支持地方经济发展，以应对地方政府日益强烈的财权呼声。但因为转移支付规范化的不足，中央部委与地方政府均为此承受了巨大压力。同时，部分社会保障事务、跨区域的重大建设项目等作为中央与地方的共同事权，因为区域发展不均，在财权和支出责任的划分中又产生了新的争议与困难。当前我国转移支付等中央调控手段缺乏有效的监督机制，在制度实践中缺乏指导财政调控、支出责任划分的制度规范。确立我国 1994 年分税制以来中央与地方关系划分的一项重要规范性文本依据是 1993 年国务院《关于实行分税制财政管理体制的决定》，该决定以国务院文件形式开启了我国分税制改革，但其仅是国务院规范性文件并非国务院正式的行政法规，时至今日尚没有一部专门法律调整财政纵向分权事项。由于宪法、法律对财政纵向分权缺乏规定，使我国财政纵向分权的人为因素太多，实践中不规范情况时有发生。同时，由于缺乏宪法和法律依据，中央和地方财政关系安排上存在较大的不确定情况，而这种变动权多掌握在中央政府手中，造成地方对本级

[1] 参见姚来燕：《我国人大财政权研究》，中国检察出版社 2010 年版，第 79-81 页。
[2] 参见赖勤学：《转型与立序》，知识产权出版社 2007 年版，第 233 页。

财政收入的安排丧失主动权,不利于地方经济的发展。[1]

与建立现代财政制度的要求相比,现行中央对地方转移支付制度存在的问题和不足表现在:其一,中央和地方事权和支出责任划分不清晰,转移支付结构不够合理。其二,一般性转移支付项目种类多、目标多元,均等化功能弱化;专项转移支付涉及领域过宽,分配使用不够科学。其三,一些项目行政审批色彩较重,与简政放权改革的要求不符。此外还包括地方配套压力较大,财政统筹能力较弱,转移支付管理漏洞较多、信息不够公开透明等。[2] 以2013年转移支付情况为例,中央支出仅占全部支出的15%,中央通过转移支付给地方的财力过大,转移支付的交易成本巨大,"寻租"空间很大,有可能导致腐败现象发生。

综上所述,中央和地方权力架构及其功能的设置,是一国政治体制改革的重要内容,关系到国家的稳定与繁荣。合理划分中央与地方事权,对中央和地方政府权责进行有效的配置,反映了一国政府的行政管理水平,也是一个国家制度竞争力的重要因素。层次清晰、责权明确的中央与地方事权不仅有利于明确各级政府间的责任、提高政府的行政效率,也是健全财力和事权相匹配的财政体制的前提。为此,有必要在央地财政关系确立基本规则后,将各领域转移支付等相关问题以法律形式固定下来,尽快通过深化改革和完善制度,解决规范中央与地方转移支付实践中所存在的新情况新问题。

小结:公共财政权构造面临立法规范与制度运行的双重考验

从中国现代化进程来看,其权力结构在推动经济发展和维护社会秩序

---

〔1〕 参见崔巍:《财政宪法的民生导向研究》,世界图书出版西安有限公司2013年版,第212页。

〔2〕 参见国务院《关于改革和完善中央对地方转移支付制度的意见》(国发〔2014〕71号)。

方面取得了巨大成功,创造了连续30余年经济的高速发展。以实质宪法的视角观察,改革开放以来中国宪法规范的变迁过程涉及国家理念之变更、经济体制之转型、财政体制之变革,中国公共财政权的宪法构造已经在实践中探索前行。通过第二章、第三章对世界各国与我国的财政历史发展演进论证,我们深刻认识到各国国情的巨大差异所带来的公共财政权构建上的巨大差别。故而公共财政权的宪法构造,需要结合国情加以具体分析。通过分析国家转型阶段对中国公共财政权实施的影响与挑战,笔者认为,当代中国公共财政权宪法构造面临着宪法法律规范与制度实践的双重挑战,两者互为因果,阻碍了我国公共财政权的运行,显示公共财政权宪法构造任重道远。

一、公共财政权有效性需求呼唤完善公共财政宪法法律规范体系

公共财政权的有效性来自宪法和法律,体现在对国家义务的履行和均等公共服务的提供。自1982年《宪法》颁布以来,我国在公共财政权领域制定出台了一系列法律规范。在财政权方面,1982年《宪法》第1条、第2条、第62条、第67条、第70条、第89条、第91条、第99条、第107条、第117条等条文的规定构成了我国宪法对于公共财政权的规范内容。但总体而论,我国在公共财政宪法法律规范体系建设上还有诸多可待进一步完善之处。一方面,我国公共财政权领域宪法及相关宪法性法律文本规范不足。与德国、日本等国宪法及其相关法相比较,其宪法规范中对于公共财政的保障均作出了较为具体的制度安排,而我国宪法关于公共财政权的规范相对简单。随着经济社会的高速发展,我国许多重要的公共财政制度设计需要宪法相关法的补充完善。另一方面,公共财政权的有效性在制度实践中的缺失,一定程度上阻碍了我国深化公共财政领域改革的脚步,影响了财政立宪的进程。现有公共财政权领域部分行政规制、规范性文件的法律位阶过低、权威不够、缺乏刚性,不利于公共财政权的行使与调控,导致一些财政税

务问题无法得到解决,公共财政权法律制度体系还有待进一步完善。

二、制度运行失范反映公共财政权有限性挑战

制度实践层面,纵向权力的财责异位、横向权力运行的弱势监督是如今中国公共财政权面临的现实制度难题。当代中国公共财政权的实践运行经历着从国家财政权向公共财政权的转变。国家财政权运行模式是计划经济体制下的制度设计,而随着市场经济的发展,传统财政权运行体制已无法跟上社会经济生活的发展步伐。近年来我国政府财政实践中所发生的诸多实例足以说明,在当前转型时期政府面临巨大的财政压力,而我国公共财政权制度体系在财政权力监督与保障上存在的一系列缺陷,使国家财政对于实现权力有效行使和制约面临严峻的危机挑战。[1] 面对我国在公共财政宪法制度运行中所存在的一系列问题,如未能建立有效的横向权力制约机制、中央政府与地方政府财权与支出责任的划分问题、财政决策和活动中缺乏对于公民权利的保障和尊重等,是我国现阶段公共财政权宪法构造的现实挑战,需要我们通过机制的重塑构建来破解难题。

破解当代中国公共财政权立法与实践的双重挑战,需要深入研究理解深化改革中立法规范与制度实践的关系。脱离现实制度运行的立法规范,即使技术设计再完美亦无用处;反之,没有宪法及相关法律规范的支撑,制度实践的硕果也无法生根发芽。只有协同立法与实践“两驾马车”,一方面将公共财政权制度实践中成功经验及时通过法律形式固定下来,另一方面通过立法规范,有效制约规范公共财政权的依法行使,才能促进宪法在公共财政领域有效性与有限性的有机统一。

是为小结,亦为下章引言。

---

〔1〕 参见周刚志:《论公共财政与宪政国家——作为财政宪法学的一种理论前言》,北京大学出版社 2005 年版,第 169 页。

第五章

新时代公共财政宪法制度的发展与完善

宪法是凝聚共识、找寻制度公约数的最佳方案。公共财政是以满足社会的公共需要为目标的财政制度安排。面对我国公共财政制度运行中的立法规范与制度运行的双重考验,应从制度规范与实践应对两个层面着手,建立现代财政宪法法律规范体系,从国家治理体系的层面探索完善公共财政在央地分权、预算监督等领域的制度实践。与之相对应,本章试提出财政法治化、分权规范化、监督刚性化三组概念作为新时代中国公共财政宪法构造的制度解答。

第一节　完善公共财政制度宪法法律规范体系

一国公共财政法律规范体系的构建,与其政治制度特点、经济发展水平、历史传统具有密切关系。完善我国公共财政制度的宪法法律规范体系,对于优化资源配置、维护市场统一、促进社会公平、实现国家长治久安具有重要作用。完善公共财政制度宪法法律规范体系,应进一步研究完善相关宪法规范的制度内涵,健全公共财政法律规范体系,全面落实税收法定原则以及推进政府非税收入法定化,通过多种制度供给模式,全面实现国家现代财政制度和治理体系的现代化。

一、丰富发展公共财政宪法规范的制度内涵

公共财政宪法规范是构成现代国家治理体系的重要基石,应对财政横向权力制衡监督发挥积极的制度功用。有效运行的公共财政权体系离不开宪法的保障,这是全面推进依法治国的财政法治化要求。公共财政宪法法律规范体系包括宪法以及作为宪法性法律的相关财政领域法律法规,其中最为基本的就是我国《宪法》中关于财政内容的规定(见表5-1)。根据第二章对世界192个国家宪法文本的统计,有80个国家将财政事务置于独立的

一章，与公民权利、议会、行政、司法等内容并列，突显出财政内容在国家现代化治理中的重要地位。在现行财政体制下，我国《宪法》并未用专章或专题规定财政问题，而是对具体财政税收作出具体规定。《宪法》这些规定对规范公共财政权运行、建立符合我国现代国家经济社会发展的财政体制具有重要意义，通过对国家财政权力的配置及各项财政活动的调控规范，有力地促进了国家财政实力逐步增强，保障了国民经济和社会各项事业稳步发展，我国的财政法制建设取得了不俗的成绩。

表 5-1　我国《宪法》对于公共财政的主要规定

章节/性质	条文序号	条文内容
总纲	《宪法》第 2 条	中华人民共和国的一切权力属于人民。 人民行使国家权力的机关是全国人民代表大会和地方各级人民代表大会。 人民依照法律规定，通过各种途径和形式，管理国家事务，管理经济和文化事业，管理社会事务。
	《宪法》第 3 条	中华人民共和国的国家机构实行民主集中制的原则。 全国人民代表大会和地方各级人民代表大会都由民主选举产生，对人民负责，受人民监督。 国家行政机关、监察机关、审判机关、检察机关都由人民代表大会产生，对它负责，受它监督。 中央和地方的国家机构职权的划分，遵循在中央的统一领导下，充分发挥地方的主动性、积极性的原则。
	《宪法》第 6 条	中华人民共和国的社会主义经济制度的基础是生产资料的社会主义公有制，即全民所有制和劳动群众集体所有制。社会主义公有制消灭人剥削人的制度，实行各尽所能、按劳分配的原则。 国家在社会主义初级阶段，坚持公有制为主体、多种所有制经济共同发展的基本经济制度，坚持按劳分配为主体、多种分配方式并存的分配制度。
	《宪法》第 7 条	国有经济，即社会主义全民所有制经济，是国民经济中的主导力量。国家保障国有经济的巩固和发展。

续表

章节/性质	条文序号	条文内容
总纲	《宪法》第8条	农村集体经济组织实行家庭承包经营为基础、统分结合的双层经营体制。农村中的生产、供销、信用、消费等各种形式的合作经济,是社会主义劳动群众集体所有制经济。参加农村集体经济组织的劳动者,有权在法律规定的范围内经营自留地、自留山、家庭副业和饲养自留畜。 城镇中的手工业、工业、建筑业、运输业、商业、服务业等行业的各种形式的合作经济,都是社会主义劳动群众集体所有制经济。 国家保护城乡集体经济组织的合法的权利和利益,鼓励、指导和帮助集体经济的发展。
	《宪法》第9条	矿藏、水流、森林、山岭、草原、荒地、滩涂等自然资源,都属于国家所有,即全民所有;由法律规定属于集体所有的森林和山岭、草原、荒地、滩涂除外。 国家保障自然资源的合理利用,保护珍贵的动物和植物。禁止任何组织或者个人用任何手段侵占或者破坏自然资源。
	《宪法》第10条	城市的土地属于国家所有。 农村和城市郊区的土地,除由法律规定属于国家所有的以外,属于集体所有;宅基地和自留地、自留山,也属于集体所有。 国家为了公共利益的需要,可以依照法律规定对土地实行征收或者征用并给予补偿。 任何组织或者个人不得侵占、买卖或者以其他形式非法转让土地。土地的使用权可以依照法律的规定转让。 一切使用土地的组织和个人必须合理地利用土地。
	《宪法》第11条	在法律规定范围内的个体经济、私营经济等非公有制经济,是社会主义市场经济的重要组成部分。 国家保护个体经济、私营经济等非公有制经济的合法的权利和利益。国家鼓励、支持和引导非公有制经济的发展,并对非公有制经济依法实行监督和管理。
	《宪法》第12条	社会主义的公共财产神圣不可侵犯。 国家保护社会主义的公共财产。禁止任何组织或者个人用任何手段侵占或者破坏国家的和集体的财产。

续表

章节/性质	条文序号	条文内容
总纲	《宪法》第13条	公民的合法的私有财产不受侵犯。 国家依照法律规定保护公民的私有财产权和继承权。 国家为了公共利益的需要,可以依照法律规定对公民的私有财产实行征收或者征用并给予补偿。
	《宪法》第14条	国家通过提高劳动者的积极性和技术水平,推广先进的科学技术,完善经济管理体制和企业经营管理制度,实行各种形式的社会主义责任制,改进劳动组织,以不断提高劳动生产率和经济效益,发展社会生产力。 国家厉行节约,反对浪费。 国家合理安排积累和消费,兼顾国家、集体和个人的利益,在发展生产的基础上,逐步改善人民的物质生活和文化生活。 国家建立健全同经济发展水平相适应的社会保障制度。
	《宪法》第15条	国家实行社会主义市场经济。 国家加强经济立法,完善宏观调控。 国家依法禁止任何组织或者个人扰乱社会经济秩序。
	《宪法》第16条	国有企业在法律规定的范围内有权自主经营。 国有企业依照法律规定,通过职工代表大会和其他形式,实行民主管理。
	《宪法》第17条	集体经济组织在遵守有关法律的前提下,有独立进行经济活动的自主权。 集体经济组织实行民主管理,依照法律规定选举和罢免管理人员,决定经营管理的重大问题。
税收	《宪法》第56条	中华人民共和国公民有依照法律纳税的义务。
人大财政权	《宪法》第62条	全国人民代表大会行使下列职权:……(十)审查和批准国民经济和社会发展计划和计划执行情况的报告;(十一)审查和批准国家的预算和预算执行情况的报告……
	《宪法》第67条	全国人民代表大会常务委员会行使下列职权:……(五)在全国人民代表大会闭会期间,审查和批准国民经济和社会发展计划、国家预算在执行过程中所必须作的部分调整方案……
	《宪法》第70条第1款	全国人民代表大会设立民族委员会、宪法和法律委员会、财政经济委员会、教育科学文化卫生委员会、外事委员会、华侨委员会和其他需要设立的专门委员会。在全国人民代表大会闭会期间,各专门委员会受全国人民代表大会常务委员会的领导。

续表

章节/性质	条文序号	条文内容
国务院财政权	《宪法》第 89 条	国务院行使下列职权：……（五）编制和执行国民经济和社会发展计划和国家预算……
地方财政权	《宪法》第 99 条第 2 款	县级以上的地方各级人民代表大会审查和批准本行政区域内的国民经济和社会发展计划、预算以及它们的执行情况的报告……
	《宪法》第 107 条第 1 款	县级以上地方各级人民政府依照法律规定的权限，管理本行政区域内的经济、教育、科学、文化、卫生、体育事业、城乡建设事业和财政、民政、公安、民族事务、司法行政、计划生育等行政工作……
	《宪法》第 117 条	民族自治地方的自治机关有管理地方财政的自治权。凡是依照国家财政体制属于民族自治地方的财政收入，都应当由民族自治地方的自治机关自主地安排使用。
审计监督权	《宪法》第 91 条	国务院设立审计机关，对国务院各部门和地方各级政府的财政收支，对国家的财政金融机构和企业事业组织的财务收支，进行审计监督。 审计机关在国务院总理领导下，依照法律规定独立行使审计监督权，不受其他行政机关、社会团体和个人的干涉。

（一）为公共财政提供最高效力的宪法规范依据

财政法治化是建立现代国家的必然要求，也是公共财政宪法规范的基本特征。通过宪法对重要财政事项进行规范，可进一步厘清公权力和私权利、财政权和财产权、公共领域和私人领域、政府行为和市场行为之间的界限，为整个财政立法体系提供最高法律效力的依据。从法治的概念内涵界定出发，财政法治化是社会公众通过国家权力机构和相应的法律程序，决定、约束、规范和监督政府的财政行为，从而使财政体现出是社会公众的财政，是建立在法规规范化基础上的财政。[1] 首先，公共财政宪法规范的建立，应坚持通过完善公共财政制度和法律规范体系，贯彻实施宪法关于公共

〔1〕 参见张馨：《话说公共财政》，载《江西财税与会计》1999 年第 6 期。

财政的规定,将政府的财政行为纳入法治化轨道,具体包括了财政相关法律效力位阶的提升、政府财政权力的厘清与规范以及财政立法体系的健全与完善等多个维度。其次,确定中国公共财政权的法治化价值进路,要厘清公共财政权的权力边界。世界各国发展经验告诉我们,政府通过不断剥离组织、管理经济活动的职能,并通过这一过程中出现的各种问题倒逼政府与企业的各自职能归位。在此过程中,私有财产权与国家公共财政权的边界越发清晰,并在发展中逐步确立了公共财政权规范化的权力运行体系。从转型中国的实践中我们看到,公共财政权的行使需要厘清财政的公私关系,尤其是厘清政府和市场的关系。当市场失灵而社会又需要解决公共事务时,政府需要及时将财政资金介入其中,同时公共财政权在运行中应做到尊重人民的权利,保障人民的利益。在这样的法治环境中,通过既赋予政府必要的财政权力以进行财政收支与管理活动,又限制政府对于未经法定授权的财产的获取,从而将政府的公权力触角限制在法律规定的规模与范围之内,保证公共财政权在既定的规则和程序下顺畅运行。

(二)明确国家财政经济事业发展方向

我国《宪法》第6—17条对国家基本经济制度和经济政策等作了具体规定。其中第6条规定了国家的基本经济制度,第7条、第8条、第11条分别规定了国有经济、农村集体经济、非公有制经济,第9条、第10条规定了自然资源和土地的所有权,第12条和第13条规定了公共财产和私有财产的保护,第14条规定了社会主义生产的手段和目的,第15条规定了社会主义市场经济体制,第16条、第17条分别对国有企业和集体经济组织作了规定。以上这些为我国公共财政制度运行明确了发展方向。具体而言,以《宪法》第14条关于社会主义生产的规定为例,第14条第2款和第3款明确规定:"国家厉行节约,反对浪费。国家合理安排积累和消费,兼顾国家、集体和个人的利益,在发展生产的基础上,逐步改善人民的物质生活和文化生活。"这一规定在我国仍将长期处于社会主义初级阶段的基本国情下,是党和国家在社会主义现代化国家建设进程中确定公共财政方针政策的重要依据。

具体而言,一是公共财政的政策方向与我国对于基本国情和社会主要矛盾的认识具有密切关系。1981 年,党的十一届六中全会通过的《关于建国以来党的若干历史问题的决议》明确:“我国所要解决的主要矛盾,是人民日益增长的物质文化需要同落后的社会生产之间的矛盾。党和国家工作的重点必须转移到以经济建设为中心的社会主义现代化建设上来,大力发展社会生产力,并在这个基础上逐步改善人民的物质文化生活。”这是党在改革开放进程中制定各项路线、方针和政策的重要依据,并在 1982 年《宪法》制定时法律化为“在发展生产的基础上,逐步改善人民的物质生活和文化生活”。党的十九大郑重宣告中国特色社会主义进入了新时代,提出我国社会主要矛盾已经转化为人民日益增长的美好生活需要和不平衡不充分的发展之间的矛盾。社会主要矛盾的变化,要求在继续推动发展的基础上着力解决好发展的不平衡不充分问题,但没有改变我们对于我国社会主义所处历史阶段的判断,我国仍处于并将长期处于社会主义初级阶段的基本国情没有变。国家发展经济的根本目的就是逐步改善人民的物质生活和文化生活,满足人民日益增长的美好生活需要。

二是国家合理安排积累和消费的规定明确了公共财政改善人民的物质生活和文化生活是一个循序渐进的过程。根据马克思主义政治经济学理论,社会主义积累主要用于扩大再生产,代表人民的长远利益;社会主义消费直接用于人民生活,代表劳动人民的当前利益。为此,需要正确处理好积累和消费的关系,既要通过储蓄积累积极进行投资建设,也要全面促进消费,增强消费对经济发展的基础性作用,不断提高人民生活水平。当前在我国经济社会进入新发展阶段、贯彻新发展理念、构建新发展格局的时代背景下,关于积累和消费的规定也相应具有了新的内涵。在市场经济下,计划经济时代的积累基金已发展为投资基金,《宪法》第 14 条中“积累和消费”的概念内涵已由“投资和消费”所涵盖,国家通过宏观投资,更为主动参与经济建设,推动经济社会高质量发展。同时,随着经济社会不断发展,在积累和消费的关系上,也应当充分发挥市场在经济发展中的决定性作用,更多地由市场来调节和决定。为了推动经济高质量发展,做好国内国际经济双循环,我们还需要进一步扩大内需、提倡鼓励个人消费。随着我国社会和个人经济水平的不断提高,盲目投资、过度消费等情况不时见诸报端,造成资源的浪费,对社会生产生活和勤俭节约的社会风气带来不利影响。为此,一方面,在制订国家发展规划、计划时,应当坚持投资规模、资源供给与社会经济发展的总体水平相适应,不能超出社会经济的发展阶段和国家财力,保证资源配置与经济社会发展的合理需求相匹配,避免因过度投资造成浪费。另一方面,也要注意厉行节约与发展各项事业、保障和改善民生、提升治理效能并不矛盾,人民日益增长的对美好生活的需要是发展的目的。

三是公共财政的制度运行需要处理好国家、集体和个人利益的平衡关系。《宪法》第 14 条第 3 款明确提出,国家在发展生产和改善人民生活过程中要兼顾国家、集体和个人的利益。为此,既要考虑国家和集体的整体利益、长远利益,也要考虑人民群众的个人利益和眼前利益。发展生产的目的是改善人民的物质生活和文化生活;改善人民的物质生活和文化生活,必须建立在发展生产的基础上。超越社会生产的发展和物质财富的增长、不适当地扩大消费,会损害人民的根本利益和长远利益;片面强调发展生产和扩大积累,不注意相应提高人民的物质和文化生活水平,最终也会挫伤人民的积极性。基于对基本国情和社会主要矛盾的认识,对《宪法》“国家厉行节约,反对浪费”的理解和执行,需要国家、集体和个人共同努力。现行《宪法》这一规范既是对物质消费的要求,也是对国家公共财政的精神要求。无论是在经济还不够发达、物质产品还不够丰富的新中国成立初期,还是在经济有了较大发展、物质产品比较丰富的中国特色社会主义新时代,国家公共财政开支必须发扬艰苦奋斗的优良传统,坚持厉行节约,反对浪费,发愤图强,艰苦奋斗,不断地为社会积累财富,提高人民群众的物质和文化生活水平,将改革开放和社会主义现代化建设事业不断推向前进。同时,这一规定也是对全体人民的要求。在《陕甘宁边区抗战时期施政纲领》、《共同纲领》以及1978年《宪法》中,厉行节约的有关规定的规范对象均是国家机关及其工作人员,1982年《宪法》将其提升至对国家的要求,需要全国各族人民共同努力,践行落实这一宪法规定。

（三）坚持和发展公共财政领域全过程人民民主

在公共财政的宪法构造过程中,坚持和发展全过程人民民主具有重要意义。我国《宪法》第2条规定“中华人民共和国的一切权力属于人民……人民依照法律规定,通过各种途径和形式,管理国家事务,管理经济和文化事业,管理社会事务”,因此完善公共财政制度设计,离不开“人民”的主体地位。只有始终坚持将人民放在公共财政权宪法构造的重要地位,才能通过保障公民参与公共财政、促进民众公共需求的意见表达等技术路径,建立现代国家公共财政制度,为现代国家的成长发展,培育良好的社会生态环境。一是要发挥人民代表大会制度在公共财政全过程人民民主中的主渠道作用。我国《宪法》第62条规定:“全国人民代表大会行使下列职权:……（十一）审查和批准国家的预算和预算执行情况的报告……”如本书第一章所言,公共财政权作为国家权力,来自人民的让渡授权,就其权力的行使主体而言,要进一步坚持和完善全国人民代表大会及其常务委员会在公共财政领域的权威和作用,在宪法层面明确代议制机关、行政机关、审计机关等主体的财政权力内容,进一步巩固和提高全国人民代表大会及其常务委员会在预算审议、公债发行等财政收支领域进行实质性审议、制约和批准的权威和地位,落实并不断加强人民代表大会对国家重大财政的决定和监督功能。二是要不断促进公共财政领域民众需求的意见表达。公共财政权的宪法构造离不开“公共”二字,公共财政的公共性本质决定了在现代国家公共财政制度构建和运行中需要全体民众的参与互动,决定了财政权的行使处理需要依照民主程序听取普通民众的意见。小到一个村落的村务公开,大到一个国家代议制机关中的年度预算,财政民主化即是社会成员的公共需求得到回应和满足的过程,同时在此过程中,政府的财政行为也受到来自民主程序的监督制约。改革开放以来,国家财政权向公共财政权开始了转型过渡,民众有了更多的空间参与公共财政权的决策表达。公共财政权应反映社会的公共利益,目的是满足社会成员的公共需要,是以公共权力为主体进行的一系列管理活动。财政的目的和活动范围都具有公共性,因而财政收入、财政支出也应当反映公共意志,表达民情,实现财政目的和要求。正如高培勇等人所言,“社会成员公共需求显示得越充分、财政收支决策的规制越公正、合理、透明,财政的公开化程度就越高”[1]。只有坚持和发展财政领域全过程人民民主,才能使人民真正发挥其主体作用,才能防止公共财政活动方向偏离公共利益,才能保证财政的每一分钱真正用之于民。

(四)完善涉及公共财政的合宪性、涉宪性问题审查研究

要真正实现公共财政权的宪法保障监督,不仅要将公共财政载入宪法法律,使公共财政权成为一项宪法基本内容,由国家机关认真履行宪法义务,而且还需要建立符合本国国情实际的监督审查制度。我国公共财政权宪法审查监督制度必须与人民代表大会制度的国情结合起来,公共财政权公权力的权力属性决定了宪法监督的必要性与复杂性。根据《宪法》规定,由全国人大及其常委会负责监督宪法实施。党中央印发的《法治中国建设规划(2020—2025年)》中明确提出“有关方面拟出台的行政法规、军事法规、监察法规、地方性法规、经济特区法规、自治条例和单行条例、部门规章、地方政府规章、司法解释以及其他规范性文件和重要政策、重大举措,凡涉及宪法有关规定如何理解、实施、适用问题的,都应当依照有关规定向全国人大常委会书面提出合宪性审查请求”。实践中,全国人大及其常委会高度重视包括公共财政制度运行在内的合宪性、涉宪性问题研究审查,保护公民

---

[1] 高培勇、张斌、王宁:《中国公共财政建设指标体系研究》,社会科学文献出版社2012年版,第2页。

财产权等基本权利，确保公共财政在宪法法律框架下的规范高效运行。2021 年 1 月，全国人大常委会法制工作委员会《关于 2020 年备案审查工作情况的报告》中提出，2020 年“两会”期间全国政协委员朱征夫提出的“关于对机场建设费进行合宪性审查的意见和建议”中提出，机场建设费的正式名称是“民航发展基金”，目前征收依据是财政部于 2012 年 3 月 17 日印发的《民航发展基金征收使用管理暂行办法》。朱征夫委员认为，收取民航发展基金的行为包含征收公民私有财产的内容，根据《宪法》和《立法法》的规定，公民的合法的私有财产不受侵犯，对非国有财产的征收、征用，只能制定法律。以财政部印发的《民航发展基金征收使用管理暂行办法》为依据征收民航发展基金，涉嫌违反宪法。全国人大常委会法制工作委员会对这一问题作了认真研究。我国现行法律中“征收”一词既可用于纳入预算管理的税费征收，也可用于国家对非国有动产、不动产的征收。民航发展基金作为一种政府性基金，其征收不属于《宪法》第 13 条规定的对公民私有财产的征收，主要理由为：一是征收事由与被征收人的关联性不同。民航发展基金用于民航基础设施建设，按照“谁受益，谁付费”的原则，由使用航路、航站资源的航空公司和乘客缴纳，作为征收对象的旅客和航空公司也是征收的受益人，缴纳义务人与其对航空运输资源的使用之间有特定的关联。宪法上对私有财产的征收是基于公共利益的需要，征收事由与被征收人之间的关联一般比较弱，被征收人与征收的受益一般也没有直接、必然的关联。二是补偿要求和征收程序不同。对非国有财产的征收会导致财产权主体成为特别负担者，需要由征收主体予以补偿，其征收程序一般包含征收登记、征收决定、补偿等。民航发展基金的本质是政府收费，不具有可补偿性，航空旅客应缴纳的民航发展基金由航空公司或者销售代理机构在旅客购买机票时一并代征，航空公司应缴纳的民航发展基金由民航局清算中心直接征收。据此，全国人大常委会法制工作委员会研究认为，民航发展基金不属于《宪法》第 13 条规定的对公民私有财产的征收，并非 2015 年《立法法》第 8 条规定的只能由法律规定的事项。[1]

2021 年 4 月，十三届全国人大常委会第二十八次会议通过了修订后的《关于加强中央预算审查监督的决定》。其中专门规定："依法执行备案制度、强化预算法律责任。国务院应当将有关预算的法规及规范性文件，中央预算与地方预算有关收入和支出项目的划分、地方向中央上解收入、中央对地方税收返还或者转移支付的具体办法，省、自治区、直辖市政府报送国务院备案的预算决算的汇总，中央政府综合财务报告，以及其他应当报送的事项，及时报送全国人民代表大会常务委员会备案。"为此，可进一步研究完善对法律草案涉及政府财政支出方面规定的分析评估，一是研究起草部门分析评估法律草案对政府财政支出的影响机制。提案人在法律草案说明中对草案涉及政府财政支出的规定进行分析，特别是对需要增加支出的规定进行评估，有关分析评估应当客观全面地反映不同方面的意见。二是建立法律草案审议中涉及财政支出问题的沟通协调机制。对于法律草案涉及财政支出问题的，送交人大常委会有关工作机构及时研究提出意见或者协调政府财税部门提出反馈意见。

二、全面贯彻落实税收法定原则

税收法定原则是宪法在公共财政领域的重要体现，税收法定原则有着深刻的历史积淀，与现代法治国家的产生和发展过程紧密相连，内含民主法治价值。税收作为国家财政收入的命脉，影响国民经济生活的方方面面，是各国宪法所必须规定的重大事项。历经 1215 年《自由大宪章》和 1628 年《权利请愿书》的提炼和概括后，英国通过不成文宪法的方式确立了税收法定原则，对后世产生了广泛而深远的影响。时至今日，无论在经济水平、文化观念、社会传统、意识形态等方面存在何种差异，只要是倡导和实行法治

---

〔1〕 参见梁鹰：《2020 年备案审查工作情况报告述评》，载《中国法律评论》2021 年第 2 期。

的国家,无不普遍遵循税收法定原则,并往往将该原则写入宪法之中。例如:意大利《宪法》规定,“不根据法律,不得规定任何个人税或财产税”;马来西亚《宪法》第 96 条规定,“除依据联邦法律的规定外,不得由联邦或者为联邦用途而征收任何税或者地方税”;法国《宪法》第 34 条规定,“各种性质的税收的征税基础、税率和征收方式必须以法律规定”;俄罗斯联邦《宪法》第 75 条规定,“将税款纳入联邦预算的税收制度和俄罗斯联邦收费的一般原则,由联邦法律予以规定”;日本《宪法》第 84 条规定,“新征税收或变更现行税收必须有法律或法律规定的条件为依据”;美国《宪法》第 1 条第 8 款规定,“国会应有下列权力:规定和征收直接税、间接税、进口税与货物税,以偿付国债、提供合众国共同防御与公共福利,但所有间接税、进口税与货物税应全国统一”;马绍尔群岛《宪法》第 8 章“财政”第 1 条规定,“除非依法授权,不应征收任何税或提高其他财政收益,不应扩大任何公共资金”;等等。也有一些国家没有直接从征税权归属的角度规定,而是以公民义务的形式在宪法中加以体现,明确公民仅负有法定的纳税义务,不承担法律规定以外的纳税义务,从而将公民纳税义务与税收法定原则结合起来。例如,阿拉伯联合酋长国《宪法》第 42 条规定,“按照法律规定交税和缴纳公共费用是每个公民的义务”;乌克兰《宪法》第 67 条规定,每个人均有依照法律规定的程序和数额缴纳税收的义务。可见,各国宪法大多是从征税主体的征税权与纳税主体的纳税义务这两个方面对税收法定加以规定,其中尤其强调征税权的行使必须限定在法律范围内,征纳双方的权利义务必须以法律规定的税收要素为依据。[1]

税收与宪法具有非常紧密的关联,其概念中的每一个环节都受到宪法和法律的制约保障。正如李炜光所言,如果没有宪法做指导和保障,公共财政制度和现代税制就不可能真正建立起来。[2] 我国《宪法》对税收问题从

---

〔1〕 参见刘剑文:《落实税收法定原则的意义与路径》,载《中国人大》2017 年第 19 期。
〔2〕 参见李炜光:《论税收的宪政精神》,载《财政研究》2004 年第 5 期。

不同角度作了规定,其核心是《宪法》第 56 条关于“中华人民共和国公民有依照法律纳税的义务”的规定。同时,《宪法》“序言”中规定了“沿着中国特色社会主义道路,集中力量进行社会主义现代化建设”的国家任务,《宪法》第 2 条第 1 款规定“中华人民共和国的一切权力属于人民”,《宪法》第 13 条第 1 款规定“公民的合法的私有财产不受侵犯”,以及第 14 条规定“国家建立健全同经济发展水平相适应的社会保障制度”等。此外,通过制定修改法律法规以及具体的税收实践,进一步充实和丰富了宪法关于税收规定的制度内涵。党的十八大以来,以习近平同志为核心的党中央高度重视落实税收法定原则,大力推进税收法治建设。党的十八届三中全会决定中明确提出“落实税收法定原则”这一提法,这是新中国成立以来党的重要纲领性文件中首次出现。为贯彻落实党的十八届三中、四中全会精神,党中央审议通过了《贯彻落实税收法定原则的实施意见》,2015 年全国人大修改《立法法》,明确税收法定的具体制度内涵;截至 2022 年 1 月,我国已制定通过《税收征收管理法》及 12 部税收实体法律和房地产税试点决定,税收法定工作不断深入落实推进。

(一)制定出台《贯彻落实税收法定原则的实施意见》

“落实税收法定原则”是党的十八届三中全会决定提出的一项重要改革任务。2014 年 10 月,党的十八届四中全会通过的《中共中央关于全面推进依法治国若干重大问题的决定》将财政税收领域立法作为要加强的重点领域立法。根据党的十八大和十八届三中、四中全会精神,为全面落实依法治国基本方略,加快建设社会主义法治国家,按照中央全面深化改革领导小组的统一部署,全国人大常委会法工委牵头起草了《贯彻落实税收法定原则的实施意见》。该实施意见明确,开征新税的,应当通过全国人大及其常委会制定相应的税收法律,同时对现行 15 个税收条例修改上升为法律或者废止的时间作出了安排。该实施意见报经党中央审议后通过,并由全国人大常委会法工委负责人以答记者问形式就该实施意见主要内容向社会作了介绍。《贯彻落实税收法定原则的实施意见》关于相关立法的工作安排主要包括：

(1)不再出台新的税收条例；拟新开征的税种，将根据相关工作的进展情况，同步起草相关法律草案，并适时提请全国人大常委会审议。

(2)与税制改革相关的税种，将配合税制改革进程，适时将相关税收条例上升为法律，并相应废止有关税收条例。在具体工作中，有一些税种的改革涉及面广、情况复杂，需要进行试点，可以在总结试点经验的基础上先对相关税收条例进行修改，再将条例上升为法律。

(3)其他不涉及税制改革的税种，可根据相关工作进展情况和实际需要，按照积极、稳妥、有序、先易后难的原则，将相关税收条例逐步上升为法律。

(4)待全部税收条例上升为法律或废止后，提请全国人民代表大会废止《关于授权国务院在经济体制改革和对外开放方面可以制定暂行的规定或者条例的决定》。

(5)全国人大常委会将根据上述安排，在每年的立法工作计划中安排相应的税收立法项目。[1]

《贯彻落实税收法定原则的实施意见》的出台，有利于推动我国宪法确立的税收法定原则的贯彻落实，进一步规范政府行为，推动完善我国税收法律制度，使其在国家治理中发挥更加积极、有效的作用，为实现国家治理体系和治理能力现代化提供更坚实的制度保障。

(二)2015年修改《立法法》明确税收法定的具体制度内涵

为贯彻落实党的十八届三中、四中全会精神，在提交2014年12月全国人大常委会审议的立法法修正案草案二审稿中，将税收制度单列一项，规定"税种、纳税人、征税对象、计税依据、税率和税收征收管理等税收基本制度"

---

〔1〕参见《全国人大常委会法工委负责人就〈贯彻落实税收法定原则的实施意见〉答问》，载中国政府网，http://www.gov.cn/xinwen/2015-03/25/content_2838356.htm。

只能由法律规定。但在全国人大常委会审议中，出现了不同的意见。[1] 在根据全国人大常委会审议意见进行修改后提交十二届全国人大三次会议审议的立法法修正案草案中，将税收基本制度的内容移至该条第6项，并采用了较二审稿更为原则的表述，即“税种的开征、停征和税收征收管理的基本制度”。在十二届全国人大三次会议审议过程中，一些代表提出将税收基本要素特别是税率予以明确列举。[2] 全国人大法律委员会在《关于〈中华人民共和国立法法修正案（草案）〉审议结果的报告》中提出：“经研究认为，税率是税种的基本要素，凡是单行税法都要对税率作出规定，比如企业所得税法，在设立这一税种的同时，规定税率为25%；明确税率由法律规定，并不排除税收单行法律同时明确由国务院对具体税率作出调整，比如车船税法，在规定税目税额的同时，相应也规定了幅度，并授权国务院或者地方可以在幅度内确定具体税额或者调整。为此，按照落实税收法定原则的要求，根据代表们的意见，建议将这一项的表述修改为：‘税种的设立、税率的确定和税收征收管理等税收基本制度’。”（见表5-2）

表5-2 《立法法》制定修改过程中关于税收法定规定的变化情况

来源	时间	规定内容
立法法	2000年3月九届全国人大三次会议通过	下列事项只能制定法律：……（八）基本经济制度以及财政、税收、海关、金融和外贸的基本制度；

---

〔1〕 关于税收制度在2015年《立法法》第8条中的位置，第一种意见认为，将税收基本制度与基本经济制度、财政制度等在一项中规定是适当的，不宜将其单独出来与上述事项并列规定。第二种意见认为，税收固然是财政收入的重要来源，但更重要的属性是对公民财产的无偿、强制征收。从保护公民权利的角度，应当将税收放在第8条第5项关于公民政治权利和人身权利事项之后。关于税收制度的表述，第一种意见认为，将“税收基本制度”细化后缺乏弹性，建议慎重。第二种意见建议进一步完善，修改为“税种的设立和取消，纳税人、征税对象、计税依据、税率和税收优惠等税收基本要素，以及税收征收管理等税收基本制度”。第三种意见认为，税率调整是宏观调控的重要手段之一，需要根据情况适时调整；关税等涉及的货品种类很多，其税目、税率都由法律规定无法做到。参见武增：《2015年〈立法法〉修改背景和主要内容解读》，载《中国法律评论》2015年第1期。

〔2〕 参见《立法法修改，明确“税率法定”——专访全国人大常委会法工委副主任郑淑娜》，载《人民日报》2015年3月16日，第8版。

续表

来源	时间	规定内容
立法法修正案草案一审稿	2014年8月十二届全国人大常委会第十次会议	下列事项只能制定法律：……（八）基本经济制度以及财政、税收、海关、金融和外贸的基本制度；
立法法修正案草案二审稿	2014年12月十二届全国人大常委会第十二次会议	下列事项只能制定法律：……（九）税种、纳税人、征税对象、计税依据、税率和税收征收管理等税收基本制度；
立法法修正案草案	2015年3月8日十二届全国人大三次会议第二次全体会议	下列事项只能制定法律：……（六）税种的开征、停征和税收征收管理的基本制度；
关于修改《中华人民共和国立法法》的决定	2015年3月15日十二届全国人大三次会议通过	下列事项只能制定法律：……（六）税种的设立、税率的确定和税收征收管理等税收基本制度；

根据这一规定，制定单行税法时应当对税率作出规定，但对于不同税种，税率调整则有不同情形。有的税率调整需由法律规定，如个人所得税、企业所得税；有的税种如车船税，法律在规定税目税额的同时，相应也规定了幅度，并授权国务院或者地方可以在幅度内确定具体税额或者调整。也就是说，明确税率由法律规定，并不排除在税收单行法律中同时明确由国务院对具体税率作出调整。[1]《立法法》的上述修改，为贯彻实施宪法确立的税收法定原则提供了制度保障，对今后单行税收立法具有重要意义。

（三）通过税收立法贯彻实施宪法税收法定原则

为贯彻落实党中央决策部署，根据《宪法》和《立法法》规定，全国人大及其常委会积极推动税收立法工作，在《个人所得税法》《企业所得税法》《车船税法》的基础上，按照税制平移思路，在保持现行税制框架和税负水平基本不变的基础上，2016年以来，先后将有关税种暂行条例通过税制平移等上

〔1〕 参见武增：《2015年〈立法法〉修改背景和主要内容解读》，载《中国法律评论》2015年第1期。

升为《环境保护税法》《烟叶税法》《船舶吨税法》《耕地占用税法》《契税法》《资源税法》《印花税法》等法律，明确税制要素，规范地方税中关于确定具体适用税率等授权性规定并取得积极成果。修改《个人所得税法》《企业所得税法》，优化税制设计，规范税收征管。2021 年 10 月，为积极稳妥推进房地产税立法与改革，十三届全国人大常委会第三十一次会议通过了《关于授权国务院在部分地区开展房地产税改革试点工作的决定》，同时要求国务院按照积极稳妥的原则，统筹考虑深化试点与统一立法。截至 2023 年 11 月，我国已制定通过包括作为程序法的《税收征收管理法》和 12 部税收实体法及试点决定，增值税法草案和关税法草案已提请全国人大常委会审议，税收法定工作不断深入落实推进。

根据对我国财政法律制度体系的分析，可在全面落实税收法定的基础上，研究制定税收总则及推进各个税种的立法工作。在财政收入领域，早在 2003 年已有人大代表提出《关于制定税收基本法的议案》并提交至全国人大，[1]在十届全国人大常委会立法规划中，“税收基本法”被列入“研究起草、成熟时安排审议的法律草案”。作为财政收入领域的宪法性法律，税收总则应当是税收领域的基本法律规范，在财政收入法律体系中将起到核心作用。具体而言，税收总则的主要内容应包括：(1)厘清税收定义及其相关原则；(2)确定税收管理体制；(3)划分税收管理权限；(4)完善税收征管程序；(5)明确税收监察及法律责任，并在此基础上制定各项税收的实体法。税收总则旨在调整国家与公民、法人和其他组织之间的税收关系以及中央与地方之间的税收关系等内容。其一，国家与公民、法人和其他组织之间的税收关系。税收作为重要的宪法事项，与每个纳税人的个人利益都有密切关联，税收总则应建立在财政宪法规范的秩序之下，调整国家与公民个体之

〔1〕 2003 年，在十届全国人大一次会议期间，由桂中岳等 30 名代表提出的《关于制定税收基本法的议案》正式提交至全国人大财经委审议。参见姚来燕：《我国人大财政权研究》，中国检察出版社 2010 年版，第 221-223 页。

间的税收关系。在现代国家财政治理背景下,变税收管制为权利保障,通过民主参与与法治规范,保障公民、法人和其他组织等应税个体的权益。其二,中央与地方之间的税收关系。财政部原部长楼继伟曾表示,在收入划分方面,未来将收入波动较大、具有较强再分配作用、税基分布不均衡、税基流动性较大的税种划为中央税或中央分成比例多一些。将地方掌握信息比较充分、对本地资源配置影响较大、税基相对稳定的税种,划为地方税或地方分成比例多一些。收入划分调整后,地方形成的财力缺口由中央财政通过税收返还的方式解决。中央税由国税部门征收,地方税由地税部门征收,共享税依据税种属性和方便征管原则来确定。这一切税收关系的调整划分,在财税法定的背景下,都需要税收总则及其配套法律规范来强化完成。

(四)探索完善政府非税收入的法治规范

政府收入由税收和非税收入组成,根据财政部《政府非税收入管理办法》的规定,政府非税收入指除税收以外,由各级国家机关、事业单位、代行政府职能的社会团体及其他组织依法利用国家权力、政府信誉、国有资源(资产)所有者权益等取得的各项收入。建立现代财政制度,实现政府收入法定,不仅要求税收法定,还要求政府全部收入法定化。这是税收法定原则对公民财产的征收要经过公民同意的制度内涵所决定的,是非税收入法定的宪法逻辑,也是公共财政民主原则、法治原则的必然要求和具体体现。十四届全国人大常委会立法规划在需要继续研究论证的第三类项目中首次明确提出规范非税收入等财政税收制度,这为探索完善政府非税收入的法治规范提出了更高要求。

我国当前的非税收入主要包括行政事业性收费、政府性基金、罚没收入、国有资本收益等。实践中,当下我国行政事业性收费和政府性基金等非税收入方面的法律制度仍有缺失,政府性基金和行政事业性收费的依据规范立法层级较低,法治化不足,公开透明度不足;罚没收入实践中仍有不规范之处,人大审查监督难以深入。具体而言,一是要进一步推进行政事业性收费和政府性基金的清理规范。2014 年修改后的《预算法》第 9 条明确规定,政府性基金的设立须有法律法规依据。根据对财政部网站公布的全国政府性基金和行政事业性收费目录清单的梳理,目前仍有 20 余项政府性基金和行政事业性收费的依据源于国务院有关规范性文件,没有法律法规的依据。实践中,对于需要保留的项目,要及时将规范性文件上升为法律法规,并清理规范没有法律法规依据的非税收入项目。二是要进一步加强对地方政府罚没收入的监督。2021 年 9 月,河北霸州市政府办公室印发《霸州市非税收入征管工作考核奖惩办法》,违规提出将非税收入与征收单位支出相挂钩,并将非税收入完成情况纳入领导干部绩效考核。为弥补财力紧张和不合理支出产生的缺口,霸州市违规向下辖乡镇分解下达了 3.04 亿元的非税收入任务。2021 年 10 月 1 日至 12 月 6 日,霸州市 15 个乡镇罚没收入 6718.37 万元,是当年 1—9 月罚没收入的 11 倍,被罚款的商户企业平均被罚款 2.64 万元。事发后,国务院办公厅督查室第一时间对其进行了纠正和通报,有力维护和规范了相关罚没收入权力的行使。

三、健全完善公共财政法律规范体系

完善公共财政权的宪法构造,构建财政宪法规范体系,不仅需要研究阐释和发展完善公共财政宪法规范制度内涵,具体的制度规范中还需要《预算法》等财政领域的宪法性法律来规定保障。完备的财政法律体系是公共财政体制的法律制度构架,它是由多门类、多层次,内容相辅相成、和谐一致的财政法律规范构成的有机联系的统一整体。[1] 党的十八大以来,全国人大及其常委会修改《全国人民代表大会组织法》《全国人民代表大会议事规则》《全国人民代表大会常务委员会议事规则》《地方各级人民代表大会和地方各级人民政府组织法》及通过有关财税领域法律等,国务院制定税收方面的

---

〔1〕 参见财政部条法司课题组:《财政法律体系研究》,载《财政研究》2003 年第 8 期。

行政法规和规范性文件，地方人大及其常委会制定地方性法规，新时代我国公共财政法律规范体系不断健全完善，成为我国公共财政有效运行的制度保障，为推进国家财政领域治理体系现代化做出了重要贡献。根据财政法律规范调整范围和内容的不同，我国已初步形成了包括预算和计划监督领域法律、税收领域法律以及公共财政管理领域法律的公共财政法律规范体系（见表 5-3），并在此基础上积极探索制定财政支出和分配领域基本法律规范，完善相关配套实施条例等行政法规、部门规章等规范性法律文件，不断健全完善我国公共财政法律规范体系。

表 5-3　中国公共财政法律规范体系

类别	法律名称	制定时间
宪法	宪法	1982 年制定，1988 年、1993 年、1999 年、2004 年、2018 年修改
公共财政预算和计划监督领域法律	预算法	1994 年制定，2014 年、2018 年修改
	全国人民代表大会组织法	1982 年制定，2021 年修改
	全国人民代表大会议事规则	1989 年制定，2021 年修改
	全国人民代表大会常务委员会议事规则	1987 年制定，2009 年、2022 年修改
	地方各级人民代表大会和地方各级人民政府组织法	1979 年制定，1982 年、1986 年、1995 年、2004 年、2015 年、2022 年修改
	各级人民代表大会常务委员会监督法	2006 年制定
	关于加强经济工作监督的决定	2000 年制定，2021 年修改
	关于加强中央预算审查监督的决定	1999 年制定，2021 年修改
	关于加强国有资产管理情况监督的决定	2020 年制定

续表

类别	法律名称	制定时间
公共财政税收领域法律	税收征收管理法	1992 年制定，1995 年、2001 年、2013 年、2015 年修改
	个人所得税法	1980 年制定，1993 年、1999 年、2005 年、2007 年、2007 年（第二次）、2011 年、2018 年修改
	企业所得税法	2007 年制定，2017 年、2018 年修改
	车船税法	2011 年制定，2019 年修改
	环境保护税法	2016 年制定，2018 年修改
	船舶吨税法	2017 年制定，2018 年修改
	烟叶税法	2017 年制定
	车辆购置税法	2018 年制定
	耕地占用税法	2018 年制定
	资源税法	2019 年制定
	城市维护建设税法	2020 年制定
	契税法	2020 年制定
	印花税法	2021 年制定
	关于授权国务院在部分地区开展房地产税改革试点工作的决定	2021 年制定
公共财政权管理领域法律	审计法	1994 年制定，2006 年、2021 年修改
	会计法	1985 年制定，1993 年、1999 年、2017 年修改
	企业国有资产法	2008 年制定
	政府采购法	2002 年制定，2014 年修改
	关于实行分税制财政管理体制的决定[①]	1993 年发布

①《关于实行分税制财政管理体制的决定》在法律位阶上只属于规范性文件，但鉴于其是公共财政权法律规范体系的重要组成部分，本表暂将其列入其中。

（一）修改《全国人民代表大会组织法》

一是修改《全国人民代表大会组织法》，明确全国人大财政经济委员会职责。我国《宪法》第70条规定："全国人民代表大会设立民族委员会、宪法和法律委员会、财政经济委员会、教育科学文化卫生委员会、外事委员会、华侨委员会和其他需要设立的专门委员会。在全国人民代表大会闭会期间，各专门委员会受全国人民代表大会常务委员会的领导。各专门委员会在全国人民代表大会和全国人民代表大会常务委员会领导下，研究、审议和拟订有关议案。"但并未对各专门委员会的职责作出具体规定。1983年，六届全国人大一次会议设立财政经济委员会。1994年，八届全国人大二次会议制定通过《预算法》，2014年、2018年又对其作了修改完善。1999年和2000年，全国人大常委会先后通过了关于加强中央预算审查监督和加强经济工作监督的决定，2021年又对这两个决定作了全面修订。这些法律和决定对财政经济委员会的有关工作作了具体规定。2021年3月，十三届全国人大四次会议通过了《关于修改〈中华人民共和国全国人民代表大会组织法〉的决定》。其中，有的人大常委会组成人员、专家学者和有关专门委员会提出，对国民经济和社会发展计划、规划和预决算进行监督，是全国人大及其常委会的一项重要职权，具体工作主要由财政经济委员会承担，建议进一步明确其工作职责。经研究，在全国人民代表大会组织法修正草案二次审议稿中增加一条规定："财政经济委员会对国务院提出的国民经济和社会发展计划草案、规划纲要草案、预算草案及相关调整方案和中央决算草案进行初步审查，向全国人民代表大会主席团或者常务委员会提出审查结果报告；其他有关专门委员会可以就有关草案向财政经济委员会提出意见。"二审后，在2021年3月提交十三届全国人大四次会议审议的全国人民代表大会组织法修正草案中，进一步将财政经济委员会的相关职责修改为对国务院提出的国民经济和社会发展计划草案、规划纲要草案、预算草案、中央决算草案及相关报告和调整方案进行审查。在大会审议中，有的代表提出，根据

《预算法》规定和实践做法,财政经济委员会除在大会期间对计划草案、预算草案等提出审查结果报告外,在大会前还对计划草案、预算草案等进行初步审查,提出初步审查意见。宪法和法律委员会经研究,在《关于〈中华人民共和国全国人民代表大会组织法(修正草案)〉审议结果的报告》中提出,增加规定财政经济委员会对计划草案、预算草案等提出"初步审查意见"的内容。2021年3月11日,十三届全国人大四次会议通过的《关于修改〈中华人民共和国全国人民代表大会组织法〉的决定》规定:"财政经济委员会对国务院提出的国民经济和社会发展计划草案、规划纲要草案、中央和地方预算草案、中央决算草案以及相关报告和调整方案进行审查,提出初步审查意见、审查结果报告;其他专门委员会可以就有关草案和报告向财政经济委员会提出意见。"

二是修改《全国人民代表大会组织法》和《地方各级人民代表大会和地方各级人民政府组织法》,明确设立人大常委会预算工作委员会。1998年12月,九届全国人大常委会第六次会议批准全国人大常委会设立预算工作委员会。1999年12月,九届全国人大常委会第十三次会议通过了《关于加强中央预算审查监督的决定》,明确预算工作委员会是全国人大常委会的工作机构,协助全国人大财政经济委员会承担全国人大常委会审查预决算、审查预算调整方案和监督预算执行方面的具体工作。受全国人大常委会委员长会议委托,承担有关财政、预算、税收等方面法律草案的起草工作;协助全国人大财政经济委员会承担有关法律草案审议方面的具体工作。2021年修改《全国人民代表大会组织法》,根据实际情况,在第28条第1款明确规定:"常务委员会设立法制工作委员会、预算工作委员会和其他需要设立的工作委员会。"2022年修改《地方各级人民代表大会和地方各级人民政府组织法》,根据中央人大工作会议精神,在第59条第1款中明确规定:"常务委员会根据工作需要,设立办事机构和法制工作委员会、预算工作委员会、代表工作委员会等工作机构。"至此,全国人大常委会及地方各级人大常委会预算工作委员会的法律地位在组织法中先后得到了明确。

(二)修改《全国人民代表大会议事规则》《全国人民代表大会常务委员会议事规则》

一是《全国人民代表大会议事规则》《全国人民代表大会常务委员会议事规则》等明确规范规划纲要的审查批准和调整程序。根据实践发展,2020年8月《全国人民代表大会议事规则》的一审稿中专门增加了关于五年规划纲要审查的规定:“国民经济和社会发展五年规划纲要的审查、批准和调整,参照本法第三十五条、第三十六条和第三十七条的规定执行。”有的常委会组成人员和有关专门委员会建议在此基础上,进一步明确国民经济和社会发展中长期规划的审查批准程序。宪法和法律委员会经研究,在二审稿中吸纳了上述意见。2021年3月11日,十三届全国人大四次会议通过的《关于修改〈中华人民共和国全国人民代表大会议事规则〉的决定》规定:“国民经济和社会发展五年规划纲要和中长期规划纲要的审查、批准和调整,参照本章有关规定执行。”2022年修改《地方各级人民代表大会和地方各级人民政府组织法》,在对计划的规定之外,第11条县级以上地方人大、第50条县级以上地方人大常委会和第73条县级以上地方人民政府的职权中,新增加了对国民经济和社会发展规划纲要的审查、调整、监督和编制的规定。2022年6月,全国人大常委会修改《全国人民代表大会常务委员会议事规则》,增加了批准国民经济和社会发展规划纲要、计划的调整方案,其中第24条第1款规定:“提请批准国民经济和社会发展规划纲要、计划、预算的调整方案和决算的议案,交财政经济委员会审查,也可以同时交其他有关专门委员会审查,由财政经济委员会向常务委员会会议提出审查结果的报告。有关专门委员会的审查意见印发常务委员会会议。”

二是修改后的《全国人民代表大会议事规则》将计划草案初步方案提交财政经济委员会汇报的时间提前至45日。1989年《全国人民代表大会议事规则》规定:“全国人民代表大会会议举行的一个月前,国务院有关主管部门应当就国民经济和社会发展计划及计划执行情况、国家预算及预算执行情况的主要内容，向全国人民代表大会财政经济委员会和有关的专门委员会汇报，由财政经济委员会进行初步审查。”对于这个问题，1994 年《预算法》将预算情况的汇报时间提前至大会举行前 45 日。2021 年《全国人民代表大会议事规则》修改中，根据各方面意见，进一步完善了计划和预算的审查程序。2020 年 8 月的一审稿将国务院有关主管部门向财政经济委员会汇报计划和预算事项的时间由大会举行的“一个月”前统一修改为了“四十五日”前。但一审后，根据有关方面意见，二审稿对计划和预算作了区分规定，即计划是 1 个月前，预算是 45 日前。2021 年 3 月，十三届全国人大四次会议审议期间，有的代表提出，计划草案的初步方案应当与预算草案的初步方案一样，在大会举行前 45 日由国务院有关主管部门向财政经济委员会进行汇报。经与国家发展和改革委员会等部门沟通，宪法和法律委员会在《关于〈中华人民共和国全国人民代表大会议事规则(修正草案)〉审议结果的报告》中提出，将原规定的“一个月”修改为“四十五日”。2021 年 3 月 11 日，十三届全国人大四次会议通过的《关于修改〈中华人民共和国全国人民代表大会议事规则〉的决定》规定：“全国人民代表大会会议举行的四十五日前，国务院有关主管部门应当就上一年度国民经济和社会发展计划执行情况的主要内容与本年度国民经济和社会发展计划草案的初步方案，上一年度中央和地方预算执行情况的主要内容与本年度中央和地方预算草案的初步方案，向全国人民代表大会财政经济委员会和有关的专门委员会汇报，由财政经济委员会进行初步审查。财政经济委员会进行初步审查时，应当邀请全国人民代表大会代表参加。”同时，2022 年《全国人民代表大会常务委员会议事规则》修改，进一步明确了国民经济和社会发展规划纲要、计划和预算的调整方案初步审查的时间要求。2022 年《全国人民代表大会常务委员会议事规则》第 24 条第 2 款、第 3 款规定：“国民经济和社会发展规划纲要、计划的调整方案应当在常务委员会举行全体会议审查的四十五日前，交财政经济委员会进行初步审查。预算调整方案、决算草案应当在常务委员会举行全体会议审查的三十日前,交财政经济委员会进行初步审查。”

三是《全国人民代表大会常务委员会议事规则》《地方各级人民代表大会和地方各级人民政府组织法》增加完善听取和审议工作报告的内容。1987 年《全国人民代表大会常务委员会议事规则》规定:“常务委员会全体会议听取国务院及国务院各部、各委员会和最高人民法院、最高人民检察院向常务委员会的工作报告。”2009 年修改《全国人民代表大会常务委员会议事规则》,为了更准确地体现常委会会议听取和审议工作报告的内容,根据 2006 年《各级人民代表大会常务委员会监督法》的规定,增加常务委员会全体会议听取国民经济和社会发展计划、预算执行情况报告,听取决算报告和审计工作报告的规定。2022 年修改《全国人民代表大会常务委员会议事规则》,根据实践发展,规定常务委员会召开全体会议,定期听取下列报告:“(一)关于国民经济和社会发展计划、预算执行情况的报告,关于国民经济和社会发展五年规划纲要实施情况的中期评估报告;(二)决算报告、审计工作报告、审计查出问题整改情况的报告……(四)国务院关于国有资产管理情况的报告;(五)国务院关于金融工作有关情况的报告……”在原规定的基础上又增加了五年规划纲要实施情况的中期评估报告、审计查出问题整改情况的报告以及关于国有资产管理情况的报告、关于金融工作有关情况的报告。2022 年修改《地方各级人民代表大会和地方各级人民政府组织法》,同时明确了县级以上地方人大常委会听取和审议本级人民政府关于国有资产管理情况的报告的职权。

(三)修改《地方各级人民代表大会和地方各级人民政府组织法》

一是《地方各级人民代表大会和地方各级人民政府组织法》丰富完善了地方人大和地方政府关于计划和预算监督的职权。首先,根据中央有关文件和地方近年来的实践,增加规定县级以上地方人大及其常委会讨论、决定城乡建设等“重大事项和项目”,在乡镇人大职权中“根据国家计划,决定本行政区域内的经济、文化事业和公共事业的建设计划”后，增加“项目”。其次，将原规定中县级以上人大常委会决定计划和预算变更修改为“审查和批准本行政区域内的国民经济和社会发展规划纲要、计划和本级预算的调整方案”，同时增加其监督本行政区域内的国民经济和社会发展规划纲要、计划和预算的执行，审查和批准本级决算，监督审计查出问题整改情况，审查监督政府债务的规定。再次，明确乡镇人大监督本级预算的执行，审查和批准本级预算的调整方案，审查和批准本级决算。最后，关于地方各级人民政府职权，将原“执行”计划和预算的规定修改为“编制和执行”本行政区域内的计划和预算。

二是对“计划”相关概念作了统一规范。2022 年《地方各级人民代表大会和地方各级人民政府组织法》修改前，与计划有关的概念主要有“国家计划”“国民经济和社会发展计划”“经济和社会发展计划”等。其中，关于“国家计划”的表述，《地方各级人民代表大会和地方各级人民政府组织法》共有两处规定：其一，县级以上地方各级人大保证国家计划和国家预算的执行；其二，乡镇人大根据国家计划，决定本行政区域内的经济、文化事业和公共事业的建设计划。此外，《宪法》《地方各级人民代表大会和地方各级人民政府组织法》《全国人民代表大会议事规则》《民族区域自治法》等也有相关规定。1978 年《宪法》中规定，地方各级人大保证国家计划的执行，这是宪法法律中首次出现“国家计划”的概念。1979 年制定的《地方各级人民代表大会和地方各级人民政府组织法》在地方各级人大职权中也使用了“国家计划”的表述并延续至今。1982 年《宪法》也使用了“国家计划”，但未延续 1978 年《宪法》关于地方各级人大保证国家计划的执行的规定。在 1982 年《宪法》中，“国家计划”一词主要用于三处：第一处是国营企业在服从国家的统一领导和全面完成国家计划的前提下，在法律规定的范围内，有经营管理的自主权；第二处是集体经济组织在接受国家计划指导和遵守有关法律的前提下，有独立进行经济活动的自主权；第三处是民族自治地方的自治机关在国家计划的指导下，自主地安排和管理地方性的经济建设事业。随着市场经济的快速发展，1993 年《宪法修正案》删去了前两处“国家计划”的表述，此后《宪法》仅在民族自治地方的自治机关一处使用“国家计划”。1989 年制定的《全国人民代表大会议事规则》第 3 章的标题为“审议工作报告、审查国家计划和国家预算”，但在具体条款中没有“国家计划”的表述，而是表述为“国民经济和社会发展计划”，2021 年修改《全国人民代表大会议事规则》时在章节标题中仍然沿用“国家计划”的表述。《民族区域自治法》与《宪法》规定相衔接，也有“国家计划”。此外，2022 年《地方各级人民代表大会和地方各级人民政府组织法》修改统一了关于“国民经济和社会发展计划”的表述。此前《地方各级人民代表大会和地方各级人民政府组织法》共有三处表述：第一处是县级以上地方各级人大审查和批准本行政区域内的国民经济和社会发展计划、预算以及它们执行情况的报告；第二处是县级以上地方各级人大常委会根据本级人民政府的建议，决定对本行政区域内的国民经济和社会发展计划、预算的部分变更；第三处是县级以上地方各级人民政府执行国民经济和社会发展计划、预算。在 2022 年《地方各级人民代表大会和地方各级人民政府组织法》修改前，规定乡镇政府执行本行政区域内的“经济和社会发展计划”的职权，2022 年《地方各级人民代表大会和地方各级人民政府组织法》将其修改为“国民经济和社会发展计划”，与县级以上人大、政府职权条款中使用的“国民经济和社会发展计划”相一致。

三是对“预算”相关概念作了统一规范。《地方各级人民代表大会和地方各级人民政府组织法》中，与预算有关的概念主要有“国家预算”“预算”“财政预算”，其中直接用“预算”的情况居多，“国家预算”“财政预算”的表述各有 1 处，即县级以上地方人大保证国家预算的执行，乡镇人大审查和批准本行政区域内的财政预算。首先，关于“国家预算”。2022 年《地方各级人民代表大会和地方各级人民政府组织法》第 11 条规定，县级以上地方各级人大保证国家计划和国家预算的执行，这一规定是在 1979 年写入《地方各级人民代表大会和地方各级人民政府组织法》的,此后该表述未作修改。从《宪法》和《地方各级人民代表大会和地方各级人民政府组织法》等相关法律规定来看,“国家预算”是在特定的体制和历史背景下产生的概念,包括中央预算和地方预算,这一概念最早写入1954年《宪法》,1994年以前,全国人大审查和批准的也是整体的“国家预算”;1994年制定的《预算法》没有采用“国家预算”的表述,实践中的用法也发生了一些变化,但“国家预算”作为一个整体性概念在《宪法》《地方各级人民代表大会和地方各级人民政府组织法》《全国人民代表大会议事规则》等法律中仍继续使用,2022年《地方各级人民代表大会和地方各级人民政府组织法》仍在第11条中保留了这一表述。同时,2022年《地方各级人民代表大会和地方各级人民政府组织法》将乡镇人大审查和批准本行政区域内的“财政预算”和预算执行情况的报告中的“财政预算”修改为“预算”,同县级以上地方人大职权的表述相一致。

其次,关于“本行政区域内的预算”和“本级预算”的表述。现行《地方各级人民代表大会和地方各级人民政府组织法》在人大、政府职权条款中有关计划、预算的表述,多处使用“本行政区域内的”作为限定词,如规定县级以上地方人大审查和批准“本行政区域内的”国民经济和社会发展计划、预算以及它们执行情况的报告;乡镇人大审查和批准“本行政区域内的”财政预算和预算执行情况的报告;县级以上地方人大常委会决定对“本行政区域内的”国民经济和社会发展计划、预算的部分变更;乡镇政府执行“本行政区域内的”经济和社会发展计划、预算。1982年《宪法》规定,县级以上地方各级人大“审查和批准本行政区域内的国民经济和社会发展计划、预算以及它们的执行情况的报告”。《预算法》对地方预算的审查、批准和监督作了区分:县级以上地方人大审查本级总预算草案及本级总预算执行情况的报告,其中既包括本级政府预算,又包括汇总的下一级总预算;但批准的只有本级预算和本级预算执行情况的报告。县级以上地方人大常委会监督本级总预算的执行,但审查和批准的预算调整方案、决算都只限于本级。从上述规定来看,《宪法》《地方各级人民代表大会和地方各级人民政府组织法》采用了与《预算法》不同的表述,但二者并不矛盾。《宪法》和《地方各级人民代表大会和地方各级人民政府组织法》规定县级以上地方人大审查和批准预算时使用“本行政区域内的”作为限定词,是一种较为概括性的表述,侧重于强调人大的预算审查监督职权;具体到《预算法》这一专门法律中,采用概括性表述则不够明确,需要更具可操作性的具体规定,因此对各级预算的审查、批准、监督等权限作了细致的区分。2022 年《地方各级人民代表大会和地方各级人民政府组织法》修改,将县级以上地方人大职权修改为“审查和批准本行政区域内的国民经济和社会发展规划纲要、计划和预算及其执行情况的报告,审查监督政府债务,监督本级人民政府对国有资产的管理”;将乡镇人大关于“审查和批准本行政区域内的财政预算和预算执行情况的报告”的职权修改为“审查和批准本行政区域内的预算和预算执行情况的报告,监督本级预算的执行,审查和批准本级预算的调整方案,审查和批准本级决算”;将县级以上地方人大常委会的职权明确为“审查和批准本行政区域内的国民经济和社会发展规划纲要、计划和本级预算的调整方案”,明确了县级以上地方人大对本行政区域内预算的审查批准,县级以上地方人大常委会对本级预算调整的审查批准,乡镇人大对本级预算、决算的审查批准。

（四）研究修改完善《各级人民代表大会常务委员会监督法》

监督权是宪法赋予人大的一项重要职权,人大监督是党和国家监督体系的重要组成部分。公共财政权的制度化保障需要依靠完善的监督规范实现财政法治化。我国关于公共财政权监督规范散见于《各级人民代表大会常务委员会监督法》《预算法》等相关法规中。《预算法》在第 92 条至第 96 条对相关预算责任做了具体规定,但也有学者认为还缺少对于问责主体的规定,如何启动追究的程序亦不明确。[1] 除了对于预算、收入、支出、管理

---

〔1〕 韦森认为,我们只是把预算制度的笼子造起来了,但是实际上没有看笼子的人,或者说没有足够的专门看管制度的笼子的人和机构。参见王婧:《人大如何看好“钱袋子”》,载《财新周刊》2015 年第 28 期。

的制度规定,在财政监督领域,应进一步修改完善《各级人民代表大会常务委员会监督法》,健全和完善公共财政权体系监督规范。2006 年 8 月,全国人大常委会通过了《各级人民代表大会常务委员会监督法》,明确赋予全国人大"审查和批准决算,听取和审议国民经济和社会发展计划、预算的执行情况报告"的监督权力,并在第 3 章对预算监督进行了较为详细的规定,包括对国务院向全国人大提交预算草案的时间、决算草案的编制形式、汇报预算执行情况时间、预算调整的主体、预算审查的重点内容、预算审议意见的处理等。[1] 这对于各级人大常委会依法行使监督职权,健全监督机制,增强监督实效,发挥人民代表大会制度的特点和优势,具有重要意义。近年来,在党中央领导下,人大监督工作不断得到加强、改进和提升,人大对预算决算审查、国有资产管理、审计查出问题整改、政府债务等财政经济工作监督不断拓展和深化,经济工作监督不断取得新成效。落实党中央重大决策部署和中央人大工作会议精神,有必要认真总结监督法施行以来特别是党的十八大以来人大监督工作实践经验,适应新形势新要求,对监督法作出修改完善,进一步明确人大监督的指导思想和原则理念,健全监督体制机制和方式方法,增强监督针对性、实效性,更好发挥人大监督作用。

总结各级人大在预算监督的实践需求和经验做法,进一步修改完善《各级人民代表大会常务委员会监督法》是建立完善公共财政法律规范体系的重要一环。2023 年 12 月,十四届全国人大常委会第七次会议对监督法修正草案进行了初次审议。其中,关于完善人大财政经济工作监督的内容和机制,一是将《各级人民代表大会常务委员会监督法》第 3 章章名修改为"财政经济工作监督",使之表述简洁、主旨鲜明;同时,增加 1 条规定,明确"财政经济工作监督"的内容。二是明确国有资产管理情况报告制度,增加规定:常委会应当加强对国有资产管理情况的监督,建立健全监督机制,实行全口

[1] 参见王淑杰:《政府预算的立法监督模式研究》,中国财政经济出版社 2008 年版,第 109-110 页。

径、全覆盖国有资产管理情况报告制度。国务院应当在每年10月向全国人大常委会报告上一年度国有资产管理的情况。县级以上地方各级人民政府应当按照本级人大常委会工作安排,每年向常委会报告上一年度国有资产管理的情况。三是明确对政府债务情况的监督,增加规定:常委会应当加强对政府债务的监督,建立健全政府债务情况报告制度。四是明确对金融工作情况的监督,增加规定:全国人大常委会加强对金融工作的监督。国务院应当在每年10月向全国人大常委会报告金融工作有关情况。五是在有关条文中增加规定:常委会听取和审议审计查出问题整改情况的报告,必要时可以对审计工作报告、审计查出问题整改情况报告作出决议。六是增加规定:常委会开展财政经济工作监督,可以组织本级人大有关专门委员会或者常委会有关工作机构开展专题调查研究,提出报告。专题调查研究报告印发常委会会议;必要时,委员长会议或者主任会议可以决定将有关专题调查研究报告提请常委会会议进行审议。七是增加规定:常委会运用现代信息技术开展联网监督,建立健全信息共享和工作贯通协调机制,提高财政经济工作监督效能。

第二节　促进政府间公共财政分权制度化

“徒善不足以为政,徒法不足以自行。”进行公共财政权的宪法构造不仅需要建立一套完善的宪法法律规范体系,更需要在制度实践中将文本规范落到实处,真正规范公共财政权的运行,保障公民财产权利。因此在进行宪法层面的考察时,除了规范宪法学意义上的财政法治化以外,纵向财政分权是我们在分析公共财政权时一个重要的考量视角。如果说公共财政权的法治化进路是公共财政决策机制公共化的基本要求,那么在存在多层级政府的情况下,中央与地方政府间财政关系的明晰、规范和合理是公共财政制度的基本要求。

一、中央与地方权限的科学配置

中央和地方财政关系是政府间权责划分的基本组成部分,是现代国家治理的重要方面。习近平总书记在党的十八届三中全会上指出,“财政是国家治理的基础和重要支柱,科学的财税体制是优化资源配置、维护市场统一、促进社会公平、实现国家长治久安的制度保障”,要求“加快形成有利于转变经济发展方式、有利于建立公平统一市场、有利于推进基本公共服务均等化的现代财政制度,形成中央和地方财力与事权相匹配的财税体制,更好发挥中央和地方两个积极性”。习近平总书记在党的十九大报告中强调:“加快建立现代财政制度,建立权责清晰、财力协调、区域均衡的中央和地方财政关系。”党的十九届四中全会进一步要求:“优化政府间事权和财权划分,建立权责清晰、财力协调、区域均衡的中央和地方财政关系,形成稳定的各级政府事权、支出责任和财力相适应的制度。”面对转型中国的央地关系的财政制度重塑,在深化财税治理体系改革过程中,中国面临着单一制国家目标建构与财政联邦化的双重压力。历史的实践表明,单纯的权力下放或上收集权都会带来巨大现实压力。从制度设计上来说,科学配置中央和地方事权应该平衡好中央集权和地方分权、公共服务均等化和调动地方政府积极性这两个方面的关系。故而我们需要在地方财政权的制度重构中基于自身国情,从权力配置与立法模式上对央地财政关系进行重塑考量。

(一)强化中央政府财政收入与支出能力

根据宪法学理论观点,国家结构形式,是指一国中央与地方、地方与地方之间根据什么原则方式来调整划分国家整体和各部分之间的政治、经济权力关系,其主要特征表现是中央与地方政府的权力关系。现代国家结构形式的类型主要有两种:单一制和联邦制。作为单一制国家的典型代表,1949 年新中国成立之后,国家财政权的高度集权极大提高了国家的汲取能力,充分实现了中国作为新兴国家的后发比较优势。然而随着各地区经济的快速发展,传统的单一制国家财政体制遇到了新的挑战,各地方提出更高的财政自主诉求,引发人们对于中国当前单一制国家财政联邦化的讨论。根据各国实践,国家财政体制大体可以分为绝对分权型权力配置、绝对集权型财政权力配置以及混合型分权配置三种模式。[1] 处理中央与地方财政集权和分权的关系,应该以能否建立起高质量的公共财政权,确保公共政策产生合意的、持久的效果为目标,而不是以分权或集权本身为目标。因此,我们不应照搬其他国家的现成做法,而应该根据中国的政治、社会情况,在中国既定的制度约束下设计出合适的财政制度。[2]

首先,中国纵向财政权力配置要坚持主要财政权力集中在中央财政。合理配置、划分中央与地方的公共财政权限,既是对中央政府的制约,也是对地方政府的制约。中央与地方最重要的财政关系也在很大程度上由国家结构形式所决定,并反向影响国家结构形式的发展。目前我国中央财政收入占总收入50%左右,集中程度并不高,从国际比较看,英国、法国、意大利、澳大利亚等国家,中央财政收入比重都在70%以上,美国常规年份也在65%左右。在中国单一制的宪法治理体制下,如何分配规范中央与地方财政权力与义务是中国公共财政的一项重要任务。[3] 作为财政体制公共财政化的结果和重要组成部分,构建符合中国国情、与市场经济体制相一致的中央与地方关系的制度框架,在中国公共财政权的制度构建中居于十分重要的地位。

---

〔1〕 参见刘剑文:《强国之道——财税法治的破与立》,社会科学文献出版社2013年版,第177页。

〔2〕 参见胡书东:《经济发展中的中央与地方关系——中国财政制度变迁研究》,上海人民出版社、上海三联书店2001年版,第167-169页。

〔3〕 在事权与财权相统一的基础上,地方成为某种权责自负的独立法人,通过削弱中央权力中枢的财政能力来削弱中央无限的政治权力,使中枢的国家权力不能再简单依靠命令和武装去指挥全国,而必须在宪制和法治的制度中,去和地方之间相互妥协、相互合作。这样既可避免极端的专制集权,也可避免极端的地方自治导致国家分裂。参见赖勤学:《转型与立序》,载《天府新论》2005年第1期。

其次,强化中央政府公共财政支出责任。政府财政分权制度化并非为了分权而分权,而是基于重塑转型中国的央地关系,建立完善的符合中国国情的现代国家政府间财政关系体系。为此,应明确并强化中央政府的公共财政支出责任,避免本书第四章中公共财政权中央缺位的情况继续出现。规范合理的国家财政层级体制是强化中央政府公共财政权的基础。近年来,基层财政运行中的矛盾日益突出,县乡财政困难、不同层级政府财力与支出责任不匹配、地方政府职能界定与支出责任划分不明、中央财政转移支付缺乏规范性等情况已经成为影响经济发展和社会稳定的重大问题。为此应促进中央财政事权与支出责任相匹配的制度构造,进一步在规范分权的原则之下加大中央财政的支出调控力度,满足基层政府财政自主和灵活的需求,通过政府层级调整在有条件的地方实施“乡财县管”和“省直管县”改革,从而减少政府财政层级,建立更为合理的政府层级结构,改变财政层级繁杂不清的局面。为此,在纵向权力运行领域,政府间财政层级调整应该维护将国民经济之收益适当地分配给中央及其地方各成员之财政秩序。此种财政分配及层级调整是维持国家运作能力之必要前提,因为各地区成员只有在充分财政配置之基础上,才能发挥其独特之国家性。

(二)地方财政自主权的保障与规范

中国纵向财政权力配置要发挥地方的自主性和积极性。调节中央和地方政府财政关系的结构性失衡,一个重要问题是地方财政自主权的尊重与保障。财政分权的出现与现代国家各地区发展速度不均、节奏不一密切相关,中央财政无法实行绝对统一的财政政策,而选择将财政自主权下放地方。在中国的公共财政权构建过程中,地方政府基于地方经济发展寻求更大财政自主权的诉求不绝于耳。1994 年分税制改革初步确立了中央与地方的财政体制,但并没有确定统一的地方政府财政体制,而是由各地根据自身情况自行决定,如何处理地方财政自治与国家结构目标间的平衡直接挑战着公共财政权的机制构建。

一是保障规范地方政府财政自主权。地方政府作为承接中央、联结广大社会成员的中间环节，是国家整个行政管理体制中最为基础的环节，直接承担着组织、协调和管理辖区内经济社会发展事务和向本辖区内的公众提供公共服务的任务。地方政府在行使公共服务功能和社会管理责任方面，与中央政府具有明显不同。当前部分地方中央和地方财政收入结构性失衡，其直接表现是地方发展不均衡下的财政自治。地方自治的根基，在于地方得以自主对其事务加以决定且执行，其权限不外是组织自治权、财政自治权、立法自治权。就财政自治权而言，近年来在分权化、民营化及市场化潮流推波助澜之下，地方分担中央政府对于公共服务的财政支出的责任比重日益上升，伴随而来的是财政需求与财政规模日益庞大。然而地方财政长久以来却一直面临财源不足的困境，严重影响地方自治权的保障。[1] 强化地方政府财政收入权限应解决两个基本问题：其一，中央与地方之间收入的划分，体现为中央财政收入占总财政收入的比重。在中央与地方支出责任划分一定的情况下，中央政府集中较多的收入有助于中央政府通过转移支付手段缓解区域之间经济社会发展的不均衡，实现区域间公共服务的均等化；但如果中央政府集中收入过多，或者转移支付制度不完善，则有可能损害地方政府因地制宜为地方居民提供公共服务的能力。其二，地方基层政府的财政权限问题。许多学者基于地方基层政府作为一级财政的地位，提出赋予地方政府包括更大的税收征管权限在内的更多财政收入自主权力的主张。[2] 实践中，地方政府特别是偏远基层政府在税收上的收入并

---

[1] 参见简玉聪：《地方基准财政收支法律问题探讨》，“2009年两岸税法与经济法学术研讨会”论文。

[2] 杨之刚提出在不影响中央税税基的前提下，只影响本级管辖区域内的地方税税种应由地方自行决定其是否开征，以及税率的高低。孙开认为，税收基本法和税种具体征纳程序法，可视情况划归中央或地方，或中央与地方共享。许善达同样主张给予地方税收立法权，他认为，政府收费与征税，在许多时候只是名称的差别，名义上地方政府没有税收立法权，但实际上，种种收费体现的就是税收立法权，更多考虑的是在进一步分权的基础之上，如何进一步规范的问题。参见杨之刚：《深化税制改革 适应经济社会发展》，载《财贸经济》1999年第12期；孙开：《县乡财政改革的基本分析》，载《开发研究》2004年第1期。

不稳定,经常无法满足地方经济建设和日常行政经费开支。因此,要不断推进健全地方税体系,在地方税相关立法中,可进一步探索自《环境保护税法》开始,推动建立健全地方税收立法决定机制,规范授予地方更充分的税收管理权限,使相关税种更好地体现出不同地区经济社会发展和公共服务差异性需求,充分发挥地方税收的调节功能,促进地方提升治理能力,提升地方财税法治水平。

二是监督规范地方财政自主权,防止地方财政自主权的滥用。对于地方财政自治权建构,学界与实务界多着眼于地方财政收入而较少关注支出层面的自治权监督限制。除了地方财政收入部分,地方财政支出权限亦攸关地方财政自主与健全的实践。中央政府有必要统一进行框架式立法管理,即内容上有关地方预算的基本原则由中央统一规定。对此,我国《预算法》第 35 条即规定省级地方政府“举借债务的规模,由国务院报全国人民代表大会或者全国人民代表大会常务委员会批准”,其目的也正是防止因为地方财政权力滥用而出现地方财政债务危机,并传导演变为国家财政危机。该规定在监督限制地方财政自主权中作出了有效的制度尝试。基于地方财政自主权,有关地方预算管理、债务发行等事务,皆属于地方自治财政权的范畴,由于地方预算收支、地方债务管理最终将集合在国家层面,攸关国家整体财政能力,我国应在保障地方财政自主权行使的同时,进一步通过法律手段监督限制其财政权力的使用。

二、健全财政事权和支出责任划分

党的十八届三中全会对全面深化改革作出部署,明确提出要深化财税体制改革、建立现代财政制度。2014 年 6 月 30 日,中共中央政治局会议审议通过的《深化财税体制改革总体方案》,确定了财政事权和支出责任划分改革的基本原则和总体要求。根据建立事权和支出责任相适应的制度、适度加强中央事权和支出责任、推进各级政府事权规范化、法律化的要求,

2016 年 8 月，国务院印发《关于推进中央与地方财政事权和支出责任划分改革的指导意见》，就央地财政关系改革的核心范畴——财政事权和支出责任划分作出规定。根据该指导意见要求，2016 年以来，国务院办公厅发布的《基本公共服务领域中央与地方共同财政事权和支出责任划分改革方案》、《医疗卫生领域中央与地方财政事权和支出责任划分改革方案》、《科技领域中央与地方财政事权和支出责任划分改革方案》、《教育领域中央与地方财政事权和支出责任划分改革方案》以及生态环境、自然资源、应急救援等分领域改革也相继确定中央与地方财政事权和支出责任，初步形成了中央和地方财政事权和支出责任划分框架。以往中央与地方财政事权和支出责任划分不够清晰的局面，得到了明显改变。

（一）清晰划分财政事权和支出责任

政府支出责任的划分是我国深化财税体制改革的难点，这也是公共财政权宪法构造的关键。支出责任的界定是收支划分的依据，有多大财力办多大事情，这应是我们理顺央地关系规范纵向财政权力的实质。政府间财政关系有三个基本问题，即支出责任划分、收入划分和转移支付。其中支出责任划分要放在第一位，中央和地方划分支出责任，首先要明确中央和地方的职责各自是什么，然后才是收入划分。正确处理财政体制中央与地方的关系的一个前提就是合理界定中央政府与地方政府的支出责任，支出责任分配的规范化能够给各相关主体一个确定性预期，从而容易作出相应的决策。因此，支出责任分配的规范化机制是一个重要问题。就此而言，要建立规范化、法治化的政府间分权体制，明确各级政府在公民权利保护和经济发展上的职责分工，构建财力调整制度与财政平衡机制，推进全国范围内的财政均等化进程。

政府支出责任划分是在不同层级的政府之间、政府与市场之间划分资源配置、进行收入分配，以期实现经济稳定的财政事项。首先，应坚持单一制国家功能与目标不动摇，进一步加强中央政府职能，弱化对地方政府的干预。将地方政府支出责任适度向中央政府转移,教育、社保、医疗、环境等基本公共服务应由中央承担。具体实践中,多数国家中央(联邦)政府通常承担国防、外交、国家安全、出入境管理、跨域生态环境保护、反垄断和知识产权保护等方面的职能;地方政府主要承担基础教育、社会救助、社会治安、市政交通等方面的事务;中央和地方共同承担跨区域基础设施、高等教育、科技研发、公共文化以及基本医疗和公共卫生等外部性较强的事务。财政实践中,及于全国的公共性物品应当由中央政府提供;而倘若一种公共产品的外部效应仅覆盖一个城市范围,则供给责任就应由该城市财政承担。带有外部性的地方性公共产品可以由中央政府直接提供,也可以由中央政府补贴并主要由地方政府提供,还可以由地方政府通过协商联合提供。收入分配和经济稳定职能一般属于中央政府。《关于推进中央与地方财政事权和支出责任划分改革的指导意见》中明确:"坚持基本公共服务的普惠性、保基本、均等化方向,加强中央在保障国家安全、维护全国统一市场、体现社会公平正义、推动区域协调发展等方面的财政事权。""要逐步将国防、外交、国家安全、出入境管理、国防公路、国界河湖治理、全国性重大传染病防治、全国性大通道、全国性战略性自然资源使用和保护等基本公共服务确定或上划为中央的财政事权。"

其次,合理确定地方财政事权,要符合发展社会主义市场经济的要求,在宪法和其他相关法律的框架内进行。2022 年《地方各级人民代表大会和地方各级人民政府组织法》修改,在《宪法》第 107 条关于"县级以上地方各级人民政府依照法律规定的权限,管理本行政区域内的经济、教育、科学、文化、卫生、体育事业、城乡建设事业和财政、民政、公安、民族事务、司法行政、计划生育等行政工作"规定的基础上,进一步明确县级以上地方各级人民政府"管理本行政区域内的经济、教育、科学、文化、卫生、体育、城乡建设等事业和生态环境保护、自然资源、财政、民政、社会保障、公安、民族事务、司法行政、人口与计划生育等行政工作",乡、民族乡、镇的人民政府"管理本行政区域内的经济、教育、科学、文化、卫生、体育等事业和生态环境保护、财政、民政、社会保障、公安、司法行政、人口与计划生育等行政工作”，地方政府事权进一步明确。与之相适应，在财政事权层面，《关于推进中央与地方财政事权和支出责任划分改革的指导意见》明确：“加强地方政府公共服务、社会管理等职责。将直接面向基层、量大面广、与当地居民密切相关、由地方提供更方便有效的基本公共服务确定为地方的财政事权……要逐步将社会治安、市政交通、农村公路、城乡社区事务等受益范围地域性强、信息较为复杂且主要与当地居民密切相关的基本公共服务确定为地方的财政事权。”关于共同财政事权，《关于推进中央与地方财政事权和支出责任划分改革的指导意见》明确，“要逐步将义务教育、高等教育、科技研发、公共文化、基本养老保险、基本医疗和公共卫生、城乡居民基本医疗保险、就业、粮食安全、跨省（区、市）重大基础设施项目建设和环境保护与治理等体现中央战略意图、跨省（区、市）且具有地域管理信息优势的基本公共服务确定为中央与地方共同财政事权，并明确各承担主体的职责”。

再次，充分发挥共同财政事权的功能作用。在推进财政事权和支出责任划分改革过程中，合理确定共同财政事权范围，确立以基本公共服务为主体的中央和地方共同财政事权框架，并以共同财政事权转移支付作为支撑，符合我国实际情况和国家治理需要，有利于发挥中央和地方的积极性，保障相关政策的落实。在各级财政之间，界定较多的共同财政事权，也是为了应对发展不平衡不充分的需要。考虑到我国各地人均一般公共预算收入在区域间分布严重不平衡，以财政事权为基础，形成共同负担机制，对具体共同财政事权事项可以分地区实行差异化区分，弥补均衡性转移支付计算方式上的不足，更有利于基本公共服务均等化，更有利于满足人民日益增长的美好生活需要。2019年，共同财政事权转移支付占转移支付的比重为43%，纳入共同财政事权的支出责任，在全国范围内得到了更高水平的均等化。总体上看，各地人均一般公共预算支出得到较好平衡。[1]

---

[1] 参见刘昆：《我国的中央和地方财政关系》，载中国人大网2020年8月12日，http://www.npc.gov.cn/npc/c30834/202008/08bd6bb3168e4916a2da92ac68771386.shtml。

最后,政府支出责任划分应简政放权,对于一些不需要政府承担的事务,放手让市场承担。[1] 市场和政府的理性都是有限的,都可能失灵,两者之间的分工是现代法律必须重点解决的问题。在公共财政权领域,公共财政权法律体系承认市场主体在先天的资源禀赋上存在根本差异,而追求发展结果的相对公平。党的十八届三中全会确立了市场和政府在稀缺资源分配上分别发挥基础性和补充性作用,共同承担促进社会财富公平分配的重要职责。故而在转型中国国家建设中,在市场和政府间确立制度化的财政分权便成为当然之意。

(二)进一步完善财政转移支付制度

中央政府对地方政府的转移支付,是中央控制地方、上级控制下级的一种有效的技术性举措。各级政府财政是相对独立的,这在客观上要求中央政府对地方政府进行适当的控制,保证国家政策和管理的统一。从公平角度出发,中央政府通过转移支付确保落后地方达到所规定的最低支出标准,保证各地方政府进行民生保障等必要的支出需要,有助于推动一些具有外部性的地方公共项目的投资。转移支付通常构成地方财政收入的重要来源,应通过进一步完善中央转移支付制度,规范中央调控分配。1994—2019年,中央对地方转移支付增加了125倍,年均增长21.3%,高出同期中央财政支出增幅4.7个百分点,占地方财政支出的比重从15%提高到36.5%,有效均衡了地区间财力差异。[2]

首先,完善财政转移支付制度,应健全转移支付体系,总体上形成以财政事权和支出责任划分为依据,以一般性转移支付为主体,共同财政事权转移支付和专项转移支付有效组合、协调配套、结构合理的转移支付体系。规范化的转移支付制度,有助于各级财政职能的实现,特别是关系到地方政府

〔1〕 参见刘剑文:《财税法专题研究》,北京大学出版社2015年版,第147页。

〔2〕 参见刘昆:《我国的中央和地方财政关系》,载中国人大网2020年8月12日,http://www.npc.gov.cn/npc/c30834/202008/08bd6bb3168e4916a2da92ac68771386.shtml。

提供公共产品和公共服务作用的发挥。转移支付制度设计是否合理,规模是否合适,方法是否得当,制度是否规范,都会给地方政府的财政行为带来很大的影响。党的十八届三中全会通过的《中共中央关于全面深化改革若干重大问题的决定》提出理顺财政关系,提高地方自主,完善一般性转移支付增长机制,中央出台增支政策形成的地方财力缺口,原则上通过一般性转移支付调节,推动了转移支付制度的改革规范。实践中,通过设立共同财政事权转移支付,按照各地财力状况确定转移支付比例,既保障了相关领域政策有效落实,又体现了财力均等化的导向;既维持了中央和地方财力格局基本稳定、保护了东部地区增加收入的积极性,又促进了区域协调发展,实现了多元政策目标的有机统一。

其次,应规范中央公共财政权的有限性,逐步完善专项转移支付制度。分税制改革以来,专项转移支付的作用总体上是积极有效的。2014 年修正《预算法》,对于一般转移支付与专项转移支付的制度安排作出了设计规范,但专项转移支付项目多,立项随意性强,部门自由裁量权大,“跑部钱进”现象和中央部门对地方事权的不适当干预时有发生,负面反映不少。为了进一步优化转移支付结构,提高转移支付资金分配的科学性、公平性和公开性,改革转移支付制度一方面应完善一般性转移支付,通过强化中央财政支出责任,加大一般性转移支付量和比重的政策出台;另一方面增强国家重大战略任务财力保障,调整专项转移支付的使用范围和方向,并压减不符合上述目标的专项转移支付项目,对于争议较大的专项转移支付项目,通过清理、整合和规范,强化中央统筹,逐步取消竞争性领域专项支付项目和地方资金配套。2014 年我国专项转移支付已从 220 项减少到 150 项左右,效果逐步显现。展望未来,应进一步规范中央财政权力有限性,压减专项转移支付事项,最终实现中央政府财力与支出责任的匹配。

再次,规范省以下财政体制,增强基层财政保障能力。分税制改革以来,各地参照中央做法逐步建立健全省以下财政体制。明确划分地方各级政府收入范围,注重调动基层政府发展经济的积极性。2022 年 5 月,国务院办公厅印发《关于进一步推进省以下财政体制改革工作的指导意见》,为进一步推进省以下财政体制改革作出具体部署。规范省以下政府间财政事权和支出责任划分,将部分适合更高一级政府承担的财政事权和支出责任上移,强化省级政府在义务教育、医疗卫生、社会保障等基本公共服务领域的支出责任,提高民生支出保障水平。建立较为规范的省对下转移支付制度,引导财力向下倾斜,着力增强县乡政府提供基本公共服务能力,促进省内地区间基本公共服务均等化。在注意处理好与现行行政管理体制和其他经济管理权限关系的基础上,积极推进"省直管县"和"乡财县管"财政管理方式改革,减少财政管理层级,提高财政资金使用效率。

最后,加快推进基本公共服务均等化。通过逐步明确主要基本公共服务项目的支出标准以及中央与地方分担办法,建立健全中央与地方共同财政事权清单管理制度。制定义务教育公用经费保障、城乡居民基本养老保险补助、基本公共卫生服务等 9 项统一的国家基础标准,并引入合理增长机制,确保共同财政事权落实和财政可持续。[1]

三、推进中央与地方关系法治化

地方财政权规范化,是指一国财政分权制度通过宪法及相关宪法性法律规则确立中央政府与地方政府之间的财政权力关系。在分权规则的制定中,因为各国的地域差异与特殊国情,标准同一化的中央地方分权规则并不现实,故而在本研究中,不同层级政府满足社会成员公共需要的分工规则是否清晰、规范、合理应是我国在建构地方财政权规范化时的考量要素和重要目标。在规范地方财政权的具体立法模式选择上,各国各地区做法不尽相同,总体上主要包括规范财政分权的立宪模式、地方财政权的单行立法模式

[1] 参见刘昆:《我国的中央和地方财政关系》,载中国人大网 2020 年 8 月 12 日,http://www.npc.gov.cn/npc/c30834/202008/08bd6bb3168e4916a2da92ac68771386.shtml。

以及地方财政权的分散立法模式。在此，主要从这些制度是否规范、是否能够明确划分各相关经济主体的权限、是否能给各经济主体带来确定性着手进行分权法治化的机制构建。笔者认为，我国应建立完善以宪法为纲领，部门单行立法为支撑的财政分权立法模式。

（一）丰富规范中央与地方关系的宪法制度内涵

《宪法》第 3 条第 4 款规定："中央和地方的国家机构职权的划分，遵循在中央的统一领导下，充分发挥地方的主动性、积极性的原则。"财政立宪是财政分权规范地方财政权的首要任务，财政分权涉及的是公共权力和国家公共财政资源的调配和运用，是对各级政府的责任权利关系的安排，关系到如何处理中央和地方之间的财政权关系、划分和配置各财政主体之间的财政权限、确定各级政府的财政收入和支出的范围。这些事项属于一国财政制度最基本的内容，因此有关财政分权的基本模式选择和基本内容都有必要以宪法的形式确定下来。〔1〕作为国家财政收支多层级体系划分之基础，央地财政关系是公共财政权纵向运行的制度前提，更是各国财政宪法所规定的基础事项，根据本书第二章的统计，世界各国在传统国家转型到现代国家建设过程中，192 个国家中共计有 100 个国家采用第二种方式，即在宪法中将财政作为宪法的专门章节进行规定，凸显出财政在国家宪法治理中的重要地位。〔2〕几乎所有实行联邦制的国家宪法中均有关于联邦与地方财政权限划分的条款，如马来西亚、奥地利、俄罗斯、美国、加拿大等，其他实行地方自治的国家的宪法一般也有关于中央与自治地方税收权限划分的条款，如日本等。〔3〕公共财政权的行使应当以宪法为依据，在现代国家，宪法作为国家治理的基础与纲领，主要解决财政领域的根本事项，包括了国家财

〔1〕参见张晏：《分权体制下的财政政策与经济增长》，上海人民出版社 2005 年版，第 13 页。

〔2〕如德国《基本法》第 104 条规定，联邦和各州发生的支出由各自承担，属于共同事项的财政法律，由联邦立法，税收的比例划分也由联邦规定。同时规定，财政收入较高的州由联邦通过法律规定（联邦制定的《财政平衡法》）来补助收入较少的州。

〔3〕参见刘剑文：《关于我国税收立宪的建议》，载《法学杂志》2004 年第 1 期。

政活动的基本原则、财政管理体制、国家财政权力的分配、中央与地方财政关系等。根据黄俊杰教授的观点,财政宪法维护着将国民经济收益适当地分配给国家及其地方成员的财政秩序。此种分配是维持国家运作能力的必要前提,因为各地方政府成员只有在充分财政配置之基础上,才能发挥其独特之国家性。[1]

表 5-4 一些国家在宪法文本中规定财政立宪的相关情况

国家	财政权相关宪法文本	制定年份
加拿大	第 8 章财政;债务;资产;税收	1867
卢森堡	第 8 章财政	1868
奥地利	第 6 章审计和财政管理	1920
黎巴嫩	第 4 章第 2 节财政	1926
爱尔兰	第 4 章国民议会第 5 节财政法案	1937
印度尼西亚	第 8 章财政事务、金融和预算	1945
日本	第 7 章财政	1946
德国	第 10 章财政制度	1949

我国《共同纲领》第 40 条第 1 款“关于财政:建立国家预算决算制度,划分中央和地方的财政范围,厉行精简节约,逐步平衡财政收支,积累国家生产资金”的规定,即对财政分权问题作出了简要的规定;1982 年《宪法》第 89 条第 4 项“统一领导全国地方各级国家行政机关的工作,规定中央和省、自治区、直辖市的国家行政机关的职权的具体划分”的规定,进一步明确了国务院的职权范围,但并未对中央与地方政府之间的财政分权作出具体规范。基于财政分权在我国公共财政体制中的重要地位,在我国财政宪法制度规范中,有必要通过宪法层面的制度化分权规范厘清中央与地方的权力关

[1] [德]Joachim Wieland:《财政宪法、税捐国家与联邦调配》,黄俊杰译,载[德]Peter Badura、[德]Horst Dreier 主编,苏永钦等译注:《德国联邦宪法法院五十周年纪念论文集(下册)》,台北,联经出版事业股份有限公司 2010 年版,第 809 页。

系,可进一步研究丰富宪法关于财政分权的基本原则与权力配置的制度内涵,减少财政关系的不确定性和博弈的成本,并在此法律规范体系内,通过专门立法以及相互配套的法律层级来规范中央与地方财政收支的划分。

（二）研究完善中央与地方关系宪法性法律规范

相关具体立法是地方财政权规范化的重要支撑。公共财政纵向分权主要指中央与地方等不同层次的权力的合理配置,支出责任与财权重组改革使中央与地方都分别承担起各自应有的责任,赋予地方与支出责任相匹配的地方财税收入和管理权限。[1] 以上内容,单纯由宪法规定并不现实,这便需要通过相关单行立法完善财政分权的制度规范,财政分权单行立法涉及的内容通常包括政府间支出责任的划分、收入权限的划分和转移支付制度的确定。我国在公共财政领域已经出台了《预算法》《政府采购法》等单行部门法律,并于 2014 年 8 月完成《预算法》的修正工作。但是在地方财政权规范领域,财政基本法、财政转移支付法等专门部门法规仍属空白,应进一步完善财政支出领域配套法律规范,研究制定财政转移支付法等基本法律规范,规范细化纵向分权中中央政府与地方政府之间的权力关系。

首先,进一步完善落实《预算法》及其实施条例的实施。历经 10 年,两届人大、四易其稿、征求 30 余万条意见,全面修正后的《预算法》于 2015 年 1 月 1 日开始实施。修正后的《预算法》在政府全口径预算管理、预算公开、地方发债权、转移支付评估和退出机制以及人大审查监督权等方面作出了详尽的规定,具有重要意义。[2] 2014 年修正后的《预算法》共分 11 章,完善了立法宗旨,明确"为了规范政府收支行为,强化预算约束",体现了从"管理法"向"控权法"的转变,其对政府和人大在预算中的地位和职责作了原则性的规定。其中政府方面,在预算管理制度、预算控制方式、地方债务风险、转

[1] 参见胡书东:《经济发展中的中央与地方关系——中国财政制度变迁研究》,上海人民出版社、上海三联书店 2001 年版,第 167-169 页。

[2] 参见刘剑文:《财税法专题研究》,北京大学出版社 2015 年版,第 125 页。

移支付制度、预算支出约束等方面均实现重大突破。2014 年《预算法》加强了预算透明度和法治化进程,规范了政府公共财政权的行使,细化四本预算的编制内容、步骤安排以及经理国库业务,明确各级政府应配合接受本级人大常委会监督,进一步推动我国深化财税体制改革的进程。

其次,研究制定财政转移支付法,建立现代国家财政事权与支出责任相适应制度。2003 年第十届全国人大常委会五年立法规划曾将财政转移支付法列入条件成熟时安排审议的第二类立法项目,但是此后却并没有提请审议或列入后续立法计划。十四届全国人大常委会立法规划在需要继续研究论证的第三类项目中明确提出规范非税收入、政府债务、转移支付等财政税收制度。同时,财政部先后制定了《2011 年中央对地方均衡性转移支付办法》《2012 年中央对地方均衡性转移支付办法》《2012 年中央对地方资源枯竭城市转移支付管理办法》等规范性文件。2014 年 6 月 6 日,中央全面深化改革领导小组会议审议了《深化财税体制改革总体方案》,确定了财税改革方案的三大任务:改进预算管理制度、完善税收制度、建立事权与支出责任相适应制度。其中在立法层面,预算管理制度可由 2014 年《预算法》及 2020 年《预算法实施条例》进行完善;税收制度宜通过确立税收法定原则,推进税收总则与各税种立法完成;而建立事权与支出责任相适应制度则是本次改革的难点,也应是我们研究制定财政转移支付法所应解决的重点。2014 年《预算法》第 16 条对转移支付作出了原则性规定。2014 年 12 月,国务院颁布《关于改革和完善中央对地方转移支付制度的意见》,提出通过顶层设计,分步实施,使转移支付制度与事权和支出责任划分相衔接;但考虑到实际情况,该意见聚焦于先行解决改革中的紧迫问题和有关方面认识比较一致的问题,并提出应加快转移支付立法和制度建设。事权与支出责任相适应制度不仅包括中央和地方的收入划分及此后的财力平衡问题,还包括广义政府间财政关系中各级政府间事权与支出责任的划分。通过研究制定财政转移支付法,一方面适度加强中央事权和支出责任;另一方面将一部分社会保障、跨区域重大项目建设维护等作为中央和地方共同事权,逐步理顺事权关系,保障公共财政权的顺畅行使。究其最终目的,即按照支出责任划分中央和地方的财政收入,中央通过一般性转移支付,将部分支出责任交由地方政府承担,促进地区间基本公共服务的均等化;同时,对于少量的引导类、救济类、应急类事务,中央通过专项转移支付以实现特定政策目标。

最后,研究制定财政基本法。与我国财政领域实践发展相对照,我国公共财政法治化进程中,包括财政收入、财政支出和财政管理领域仍有相关法律规范有待进一步完善。[1] 在全面落实税收法定要求,修改完善《预算法》《全国人民代表大会组织法》《全国人民代表大会议事规则》《全国人民代表大会常务委员会议事规则》《地方各级人民代表大会和地方各级人民政府组织法》《各级人民代表大会常务委员会监督法》等基础上,进一步研究制定财政基本法律规范。根据《立法法》的规定,"基本经济制度以及财政、海关、金融和外贸的基本制度"只能制定法律。有专家学者及有关部门建议,研究制定财政基本法。鉴于我国宪法对公共财政问题规定较为原则,研究制定财政基本法,规定国家对财政部门的基本方针和政策,以及国家管理监督财政权的基本原则和重大制度,似是贯彻落实宪法规定,促进财政领域法治化的一条可行思路。具体而言,在法律定位上,财政基本法可作为统领财政领域改革全局的纲领性法律,是支撑整个公共财政制度的基本框架,也是制定其他财政单项法律的原则和基础,统筹协调预算、税收、财政管理领域相关法律、法规及规范性文件的冲突适用,有助于消除财税法体系内部的分散化现象,克服有可能出现的法条之间的矛盾与冲突,推进财政领域的制度化变革。在立法事项上,财政基本法应是统领财政体制改革的纲领性文件,既要有稳定性又要有灵活性,日本、韩国、巴西等国已为制定财政基本法提供了

[1] 有学者建议,进一步推动财政收入、财政支出、财政管理领域税收总则和财政转移支付法、财政基本法、国库法、国债法等相关法律的制定工作。参见徐孟洲等:《财税法律制度改革与完善》,法律出版社 2009 年版,第 43 页。

丰富的立法经验。[1] 因此,财政基本法的章节结构,建议除明确规定立法宗旨与基本原则外,应包括财政主体、财政行为、财政支出、财政收入、财政管理与监督救济等章节。通过厘清财政支出责任、公共财政权行使的权力配置结构,进一步细化宪法对于全国人民代表大会及其常务委员会相关的财政权力的内容规定,并对财政年度、财政程序与执行作出具体规定。

第三节　新时代加强计划和预算审查监督的实践与发展

加强计划和预算监督是坚持和完善人民代表大会制度的内在要求。党的十八大以来,以习近平同志为核心的党中央把加强规划计划等经济工作监督、人大预算决算审查监督、国有资产监督职能,作为坚持和完善人民代表大会制度、完善国家监督体系、推进国家治理体系和治理能力现代化的一个重要抓手,作出一系列重要决策部署。党的十八大提出"加强对政府全口径预算决算的审查和监督"。党的十八届三中全会提出"加强人大预算决算审查监督、国有资产监督职能"。党的十九届三中全会提出"加强人大对预算决算、国有资产管理等的监督职能"。党的十九届四中全会提出"支持和保证人大及其常委会依法行使职权,健全人大对'一府一委两院'监督制度"。党的十九届五中全会提出"有效发挥法治固根本、稳预期、利长远的保障作用"。按照党中央的决策部署,相关法律修改和改革文件等一系列重要

[1] 为贯彻实施日本《宪法》中有关财政条款的基本原则,1947 年日本制定《财政法》作为日本财政的母法,成为财政管理的基本准则。经过多次修改,其基本结构由财政总则、会计预算的划分、预算、决算、杂则五章构成。

举措相继出台，不断推动人大监督制度不断深化拓展。[1]

一、深化拓展人大预算审查监督职能

全国人大及其常委会根据党中央决策部署和加强人大预算决算审查监督职能的改革要求，深入推进人大预算审查监督重点向支出预算和政策拓展、建立健全审计查出问题整改长效机制。2014年，全国人大常委会修改《预算法》，重点从实行政府全口径预算管理、完善财政转移支付制度、健全地方政府债务管理机制、推进预算公开和绩效管理、加强人大预算决算审查监督等方面，全面完善了《预算法》，推动建立全面规范、公开透明、标准科学、约束有力的预算制度。2015年，改进审计查出突出问题整改情况向全国人大常委会报告机制；2016年，建立预算审查前听取人大代表和社会各界意见建议机制，拓宽代表和公众对预算审查工作的参与；2018年中共中央办公厅出台《关于人大预算审查监督重点向支出预算和政策拓展的指导意见》，赋予了人大监督新职责，对人大监督提出了新要求，推动人大监督制度不断深化拓展。在总结实践经验的基础上，2021年3月十三届全国人大四次会议通过了《关于修改〈中华人民共和国全国人民代表大会组织法〉的决定》，2022年6月十三届全国人大常委会第三十五次会议通过了《关于修改〈中华人民共和国全国人民代表大会常务委员会议事规则〉的决定》，对全国人大及其常委会预决算审查监督工作进一步作出明确规定。2021年4月，十三届全国人大常委会第二十八次会议通过了修订后的《关于加强中央预算审查监督的决定》，把有关改革举措、成功经验和有效做法上升为法律规定，加强全口径审查和全过程监管，体现预算审查监督重点向支出预算和政策拓展的要求。

---

[1] 参见史耀斌：《贯彻落实习近平法治思想　修订加强中央预算审查监督的决定　制定加强国有资产管理情况监督的决定》，载中国人大网，http://www.npc.gov.cn/c2/c30834/202108/t20210820_313094.html。

（一）修订《关于加强中央预算审查监督的决定》

2021年全国人大常委会《关于加强中央预算审查监督的决定》（以下简称2021年《决定》），对1999年全国人大常委会《关于加强中央预算审查监督的决定》（以下简称1999年《决定》）进行了修改、补充和完善。2021年《决定》总体框架没有变，还是12条，保留了仍然有效的内容，体现了修订前后的继承关系。但内容上有了较多丰富、深化和拓展，篇幅从2200余字增加到5500余字，相关规定进一步明确和细化，针对性和可实施性更强。按照党中央对加强人大预算决算审查监督职能提出的新要求，新增了4条内容。分别是加强全口径审查和全过程监管，加强预算绩效审查监督，加强审计查出突出问题整改情况监督，更好发挥全国人大代表作用。其中，人大对政府预算开展全口径审查、全过程监管，是党中央关于人大预算审查监督重点拓展改革提出的明确要求。这个要求贯穿2021年《决定》全文，目的是充分发挥全国人大及其常委会的监督作用，保障党中央重大方针政策和决策部署在政府预算编制、预算执行中得到更好贯彻落实。为与《预算法》相衔接、避免重复，删去了3条内容、将2条内容合并为1条内容。分别是：1999年《决定》关于代表大会会议审查预算、关于预算超收收入使用的2条内容，因在《预算法》中已有具体规定，不再重复；因预算外收入2011年已经取消，原预算外收入规定自然失效；将预算调整、预算调剂2条关联内容合并为1条。

具体而言，这次修订重点突出了十个方面的内容：一是加强全口径审查和全过程监管。为贯彻落实党中央部署要求，2021年《决定》将全口径审查和全过程监管作为第1条，并分7款对审查监督内容作了具体规定，进一步明确了审查监督的重点，拓展了审查监督的广度和深度。这7款内容分别是加强财政政策审查监督，加强一般公共预算审查监督，加强政府债务审查监督，加强政府性基金预算审查监督，加强国有资本经营预算审查监督，加强社会保险基金预算审查监督，进一步推进预算决算公开。二是加强中央预算编制的监督工作。为夯实预算审查监督的工作基础，2021年《决定》第2

条对一般公共预算、政府性基金预算、国有资本经营预算、社会保险基金预算“四本预算”草案的编制和列示作出具体规定,体现进一步向“事前”审查延伸和拓展的要求。三是加强和改善中央预算的初步审查工作。为更好发挥专门委员会作用,提升审查监督的针对性和实效性,2021 年《决定》第 3 条进一步健全完善了预算初步审查的程序和机制。全国人大常委会预算工作委员会要开展前期沟通调研、充分听取意见建议、提出分析报告;完善全国人大财政经济委员会预算初步审查的程序和内容,开展专题审议;有关专门委员会就联系部门的部门预算、相关领域专项资金和政策开展专项审查。四是加强中央预算执行的监督工作。为切实解决中央预算执行监督存在的信息不对称、监督手段有限等问题,2021 年《决定》第 4 条明确了国务院有关部门提供预算执行相关政策制度和数据信息的时间频度与方式方法,为常态化监督中央预算执行情况筑牢基础。规定利用现代信息技术开展预算联网监督,提高预算审查监督效能。五是加强中央预算调整方案的审查工作。为强化预算严肃性,2021 年《决定》第 5 条进一步明确预算执行中必须作出预算调整的情形,健全出台重要财税政策和预算重要变化情况的通报机制。明确预算执行中出台重要财政收支政策或者预算收支结构发生重要变化的情况,财政部应及时向全国人大常委会预算工作委员会通报,必要时向全国人大常委会报告。六是加强中央决算的审查工作。按照全口径支出决算审查和细化透明的要求,2021 年《决定》第 6 条对一般公共预算支出、政府性基金预算支出、国有资本经营预算支出、社会保险基金预算支出的编报作了具体规定。七是加强预算绩效的审查监督工作。为贯彻落实党中央关于全面实施预算绩效管理的改革要求,2021 年《决定》第 7 条对预算绩效审查监督作出规定。明确各部门、各单位应当全面实施预算绩效管理,加强绩效评价结果运用。将重要绩效评价结果与决算草案同步报送全国人大常委会审查。必要时,召开预算绩效听证会。八是加强审计监督和审计查出问题整改情况的监督工作。为更好发挥审计监督作用,形成监督工作合力,2021 年

《决定》第 8 条对加强审计监督、第 9 条对加强审计查出问题整改情况监督分别作出规定。审计工作报告应全面客观反映审计查出的问题,揭示问题产生原因,提出改进工作建议。审计查出的问题要依法处理,强化责任追究,完善审计查出问题整改工作机制。全国人大常委会每年定期听取和审议国务院关于审计查出问题整改情况的报告,开展跟踪监督。九是依法执行备案制度、强化预算法律责任。为进一步贯彻实施《预算法》,2021 年《决定》第 10 条对依法执行备案制度、审查监督发现问题的处理等作出规定。对预算审查监督发现的问题,区分及时研究处理、依法追究法律责任、需要给予政务处分等不同情况作出规定。十是更好发挥全国人大代表作用。为充分发挥人大代表的主体作用,2021 年《决定》第 11 条规定,国务院财政等部门应认真听取代表意见建议,主动回应代表关切。全国人大常委会有关工作机构应加强与全国人大代表的沟通联系。健全预算审查联系代表工作机制。[1]

(二)强化人大对预算审查监督

预算因其高度的专业性可使财政民主对公共财政权的监督讨论更加理性、专业,[2]为进一步提高财政预算的科学化水平,保证国家财政收支平衡,应进一步研究强化人大对预算的审查监督。

具体而言,一是进一步强化人大对预算草案的审查。总结全国人大审查批准计划和预算的实践发展,目前实践中还存在“重报告、轻草案”的情况。根据《宪法》第 62 条规定,全国人大审查和批准“国民经济和社会发展计划和计划执行情况的报告”(第 10 项)、“国家的预算和预算执行情况的报告”(第 11 项)。其中第 10 项的内容,包括上一年度计划执行情况的报告和下一年度的计划(草案);第 11 项的内容,包括上一年度预算执行情况的报

---

〔1〕 参见史耀斌:《贯彻落实习近平法治思想 修订加强中央预算审查监督的决定 制定加强国有资产管理情况监督的决定》,载中国人大网,http://www.npc.gov.cn/c2/c30834/202108/t20210820_313094.html。

〔2〕 参见季卫东:《政体改革的两大棋眼:征税权与预算案》,载《同舟共进》2007 年第 5 期。

告和下一年度的预算(草案)。目前实践中的问题,其一是因为计划和预算草案专业性较强,而代表们的专业审议能力尚有欠缺,审议发言时多讨论报告说明,较少围绕计划和预算草案发言;其二是因为人民代表大会制度对于计划和预算监督的自身特点和审议安排决定了代表们对计划和预算草案作整体性审查批准,较少针对财政部编制的预算案中的具体条目数字提出修改建议。为贯彻落实宪法规定,进一步明确计划预算草案和报告的法律定位和关系,建议进一步研究明确预算的议案性质。《宪法》第62条关于计划和预算的规定既包括了国民经济和社会发展计划草案、国家的预算草案,也包括计划(预算)执行情况的报告。"报告"在一定意义上成为对计划和预算草案的文字说明,"草案"和"报告"共同构成了"国民经济和社会发展计划和计划执行情况的报告""国家的预算和预算执行情况的报告"。目前《全国人民代表大会议事规则》第2章规定了"议案的提出和审议",第3章规定了"审议工作报告、审查国家计划和国家预算",实践中对于计划和预算是否属于议案出现了一定争议,由此也出现了目前大会关于计划和预算的会议文件以计划和预算报告为主,计划和预算草案分别作为报告附件提供的情况。通过查阅20世纪50年代全国人大审议预算案的会议文件发现,当时对于预算案的审议已有了较为规范的操作实践。以1957年一届全国人大四次会议文件为例,包括了国务院《关于1956年国家决算和1957年国家预算草案的来文》以及所附的《1956年国家决算草案和1957年国家预算草案》《关于1956年国家决算和1957年国家预算草案的报告》,这三份文件共同构成了国务院提出的关于国家预算的议案。预算作为每年国务院向全国人民代表大会提出的重要事项,宪法和相关法律中均作了详细规定,其在性质上与国务院、最高人民法院和最高人民检察院的工作报告不同,其与国务院等部门提出的法律案具有同样的议案属性。为贯彻落实宪法规定,在议事规则层面,可进一步研究完善预算被作为议案提出和审议的程序规范,明确预算草案和报告的法律定位和关系。在会务操作层面,明确预算的会议文件应包括国务院来文、报告及草案三个部分，并根据预算草案的体量页数及其可操作性，研究考虑将计划、预算草案与其报告一并提交，不再作为附件。

二是研究考虑是否恢复采取预算口头报告的形式。审查和批准政府预决算、监督预算执行情况，是宪法和预算法等法律赋予各级人大及其常委会的重要职权，是人大行使国家权力的重要体现。在各国议会制度中，由政府向议会作预算口头报告是较为通行的做法，是议会审查预算的重要程序。在全国人民代表大会会议上听取和审议预算草案及其报告，是审查和批准政府预算的必要程序和重要保障。2005 年以前，每年的全国人民代表大会会议上，都安排一次全体会议，由财政部部长受国务院委托向全体代表作预算报告。从 2005 年十届全国人大三次会议起，预算报告改为以书面形式印发大会审查，不再向大会全体会议作口头报告。近年来关于加强预算报告审查的呼声和期待很多，也有全国人大代表、政协委员提出提案、议案和建议，建议完善关于预算审查的程序规定。有意见提出，预算报告改成书面报告后，代表团大多聚焦审议政府工作报告，仔细研读和审议预算报告的时间少了，对预算报告的关注下降了，预算审查质量难以保障。随着我国全面依法治国战略布局的展开，在国家治理体系和治理能力现代化的时代背景下，有必要进一步强化对预算草案和预算报告的审议，提高代表对于预算工作的理解和认识，通过大会对预算草案和报告的审议和讨论，更好地凝聚共识、服务大局。对此，似可以进一步研究考虑预算报告在全体会议上进行口头报告的可行性。其一，有利于代表更加重视预算、提高预算审查质量和水平。恢复作口头报告，可以使代表集中精力，跟随报告人阅读预算报告，加强对预算报告的理解，从而有利于代表更加关注预算内容，更好理解预算的安排和重要收支政策，有利于代表更好地了解财税政策措施和财政资金保障情况，有利于代表有针对性地提出审查意见建议，增强预算审查深度、广度和有效性。其二，有利于更好地审议和落实政府工作报告。预算反映国家的战略、规划、政策，反映政府的职责、活动范围、方向。预算草案和报告与政府工作报告具有内在的一致性和相关性,是对政府工作报告提出的政策、措施和任务在财税政策措施上的细化展开、在资金安排上的财力支持、在财政改革和预算管理上的制度保障,而不是重复政府工作报告的内容。通过作预算口头报告,代表可以对照政府工作报告内容和要求,以审查的视角听报告,从印证的视角看报告。因此,恢复作预算口头报告,不仅有利于提高代表审查预算的质量和水平,也有利于更好地保障政府工作报告提出各项目标、任务和措施的贯彻落实。其三,有利于更好落实党中央加强人大预算审查监督职能改革部署要求。党的十八届三中全会提出,加强人大预算决算审查监督职能,人大预算审查监督重点向支出预算和政策拓展,指导意见等多项重要改革文件相继印发实施。这些改革举措的制定出台,体现了党中央对加强人大预算审查监督的高度重视,赋予了人大预算监督新职责。恢复作预算口头报告,有利于代表更好地按照改革部署要求对预算进行深入审查,推动落实党中央重大方针政策和决策部署。适应新的形势和任务要求,恢复作预算口头报告,能够体现人大及其常委会对预算审查监督工作的重视,对代表依法履行预算审查职责的重视。

三是探索强化人大在预算审查中对预算草案的修改完善。人大对预算草案是否拥有直接修改权是理论界和实务界长期以来讨论关注的一个重要的老问题。2014 年修改《预算法》,并未将人大对预算草案的修改作一明确。根据各国议会组织(Inter-Parliamentary Union)对世界 81 个国家议会修改预算的权力分析统计,有 32 个国家修改预算的权力不受限制,17 个国家可以增加预算但必须征得政府同意或删减其他预算以达到平衡,而还有 17 个国家权限仅限于减少既定的预算项目,另有 15 个国家权力不明确。[1](见表 5-5)

---

[1] Inter-Parliamentary Union, *Parliaments of the World. A Comparative Reference Compendium*, 2nd edition, Aldershot(Gower), 1986.

表 5-5　一些国家立法机构对预算的修改程度

国家	几乎没有修改	只做小的修改	进行大的修改
澳大利亚	√		
奥地利		√	
加拿大	√		
捷克			√
丹麦			√
芬兰		√	
法国		√	
德国		√	
匈牙利			√
冰岛		√	
爱尔兰		√	
意大利		√	
日本	√		
韩国		√	
荷兰		√	
挪威		√	
西班牙		√	
瑞典		√	
英国	√		
美国			√
总计	4	12	4

资料来源:Organization for Economic Cooperation and Development, *The OECD Budgeting Database*, OECD Journal on Budgeting, Vol. 1:3, p. 155-171. 转引自上海财经大学公共政策研究中心编:《2006 中国财政发展报告》,上海财经大学出版社 2006 年版,第 331-332 页。

党的十八大以来,全国人大及其常委会贯彻落实人大预算审查监督重点拓展的改革要求,不断丰富完善预算审查监督体制机制,积极探索预算审查监督形式，在同财政部前期沟通、预算工作委员会预算分析报告、财政经济委员会预算初步审查意见、财政经济委员会预算草案审查结果报告等多环节，对完善相关重点支出政策提出具体的修改意见，充分保障预算监督审查中的全过程人民民主。如表 5-6 所示，2015 年至 2020 年，全国人大财政经济委员会关于预算和决算的审查结果报告中共提出了 69 条具体的意见建议，涵盖了落实积极财政政策、减税降费、严格规范预决算管理、防范化解政府债务等多个方面。此外，全国人大财政经济委员会、全国人大常委会预算工作委员会还通过提出改进完善预决算编报建议、预决算分析报告、预决算初步审查意见等形式提出对于预算和决算草案及报告的具体意见建议，取得了积极的成效。2020 年十三届全国人大三次会议期间，全国人大财政经济委员会《关于 2019 年中央和地方预算执行情况与 2020 年中央和地方预算草案的初步审查意见》中，对草案中两处预算分配方案提出具体意见，并得到采纳。[1] 这些工作有力推动了广大人民群众通过人民代表大会制度参与预算审查，坚持和落实人民主体地位。近年来代表们对预算决议的赞成率从 2011 年的 80.1%提高到 2021 年的 98.2%。

表 5-6　全国人大财政经济委员会关于预算和决算审查结果报告中提出的意见建议统计

报告名称	2015 年	2016 年	2017 年	2018 年	2019 年	2020 年
预算审查结果报告	5 条	6 条	7 条	6 条	7 条	6 条
决算审查结果报告	5 条	5 条	5 条	5 条	6 条	6 条

（三）健全完善预算的审查批准程序

2014 年修改的《预算法》明确在全国人大会议审查批准预算草案之

[1] 根据林尚立等人对新中国成立以来 33 份预算审查报告的分析，只有 1956 年、1957 年、1958 年、1994 年、1997 年的预算审查报告提出了对于预算的具体修改意见。参见马骏、侯一麟、林尚立主编：《国家治理与公共预算》，中国财政经济出版社 2007 年版，第 217 页。

前,由全国人大财政经济委员会进行初步审查。2021 年《决定》进一步明确,全国人大常委会预算工作委员会应当结合听取全国人大代表和社会各界意见建议情况,与国务院财政等部门密切沟通,研究提出关于年度预算的分析报告。实践中,全国人大财政经济委员会、全国人大常委会预算工作委员会在原有制度程序基础上,不断探索完善预算的审查批准程序,初步形成了目前预算审查的“三次审查、四个阶段”[1]见表 5-7。一是在前期沟通准备阶段,研究梳理中央经济工作会议确定的重点任务、重要举措和工作部署,将党中央方针政策和决策部署落实到预算审查工作的各环节、各方面,研究提出关于完善预算编报的建议,征求全国人大代表、专家学者等意见建议,召开预算编制工作通报会,听取财政部向全国人大各专门委员会、部分全国人大代表所作的预算情况的通报。二是在预先审查阶段,听取国税总局、海关总署关于上一年度税收收入完成和新一年度税收收入安排情况的介绍,听取财政部关于预算执行和预算安排情况主要内容的通报,研究提出预算分析报告,编写政府预算解读。三是在初步审查阶段,全国人大财政经济委员会召开全体会议,会同其他专门委员会依法对预算草案和上一年度预算执行情况进行初步审查,提出预算初步审查意见,并按照《预算法》规定送财政部研究。全国人大财政经济委员会召开全体会议,讨论提出预算审查结果报告(稿)。四是在大会审查批准阶段,全国人大全体会议书面听取和审查预算草案和预算报告后,各代表团对预算草案和预算报告进行审查,全国人大财政经济委员会召开会议,根据代表意见,形成预算草案审查的报告,先后向全国人大主席团常务主席会议、主席团会议汇报,并由主席团会议审议通过后,连同关于预算的决议草案一并印发全体代表,最后经全国人大全体会议表决批准关于预算的决议草案,批准中央预算。

---

[1] 地方实践中,广州市人大已确立预算审查三审制,一审由人大常委会预算工作委员会牵头组织预先审查;二审由市人大财政经济委员会进行初步审查;最终由市人大审查和批准并作出决议。参见王婧:《监督政府财权的“广州实验”》,载《财新周刊》2015 年第 28 期。

表 5-7　完善定型人大预算审批流程规范

阶段	日期	具体工作
前期沟通准备	上年度第四季度起	与财政部初步沟通，研究提出关于完善预算编报的建议
		征求全国人大代表、专家学者等意见建议
	1月	召开预算编制工作通报会
预算工作委员会预先审查	1月	听取财政部关于预算执行和预算安排情况主要内容的通报
		听取税务部门关于税收收入完成和安排情况的介绍
		听取有关部门预算情况介绍
		研究提出预算分析报告
		编写政府预算解读
财政经济委员会初步审查	大会召开前45日	财政经济委员会召开全体会议，会同其他专门委员会依法对预算草案和预算执行情况进行初步审查
		提出预算初步审查意见，并按照《预算法》规定送财政部研究
	2月	讨论提出预算审查结果报告（稿）
大会审查批准	3月	大会全体会议听取和审查预算草案和预算报告
		各代表团对预算草案和预算报告进行审查
		财政经济委员会召开会议，形成预算草案审查结果的报告
		财政经济委员会向大会常务主席、主席团汇报预算草案审查结果的报告
		大会主席团会议通过预算草案审查结果的报告，提出关于预算的决议草案，一并印发全体代表
		大会全体会议表决批准关于预算的决议草案，批准中央预算

同时，进一步研究完善全口径、全过程预算审查监督。首先，在预算管理范围上，以《预算法》为中心，完善全口径预算制度，进一步加大全口径预算范畴，将政府收支一律纳入预算并公开，变综合预算为全口径预算。其次，细化预算公开的机制设计。为进一步推进财政民主化进程，我们应细化完善预算公开的机制设计，加强对公共财政权的监督制约，细化预算公开可操作性具体规定。关于预算公开，《预算法》第 14 条是唯一具有实质执行内

容的条款，其第1款规定“经本级人民代表大会或者本级人民代表大会常务委员会批准的预算、预算调整、决算、预算执行情况的报告及报表，应当在批准后二十日内由本级政府财政部门向社会公开，并对本级政府财政转移支付安排、执行的情况以及举借债务的情况等重要事项作出说明”。其中“二十日”这一时间限定明确了预算公开的时间要求，但具体怎么公开，要透明到什么程度，《预算法》并没有明确法律界限，有待进一步细化其可操作性。推进细化预算公开条目。李克强同志在2015年2月9日国务院第三次廉政工作会议上专门指出，阳光是最好的防腐剂，必须把公共资金置于公众的监督之下。我们过去的预算公开条目过于简略，民众往往无法知晓其中的具体内容，而要加强民众对于财政的民主参与程度，就需要我们进一步细化财政预算的编制，将功能分类向社会民众公开至“款”级、“项”级科目，逐条公示相关财政行为，让公共资金和权力在“探照灯”和“摄像头”下运行。[1] 根据《预算法》第46条细化人大在预算审议中预算草案编制的要求，本级一般公共预算支出，按其功能分类应当编列到项；按其经济性质分类，基本支出应当编列到款。在此基础上，预算公开领域应同步完成预算公开的细化。通过对于经济性质分类的公开，比如多少用来发工资、福利、买车接待等，真正实行预算监督。

此外，完善人大制度领域财政宪法规范还应研究处理以下几点重要的技术性问题。第一，议会不通过预算案的后续处理。例如，爱沙尼亚《宪法》第118条规定，由议会通过的国家预算，应当自预算年度开始时生效。如果在预算年度开始之前议会未能通过国家预算，那么允许每月支出上一个预算年度支出的1/12。[2] 立陶宛等国均有类似规定。第二，预算年度调

---

〔1〕 李克强同志在国务院第三次廉政工作会议上提出：“要进一步完善政府预算体系，加大政府性基金预算、国有资本经营预算与一般公共预算统筹力度，做到预算一个‘盘子’、收入一个‘笼子’、支出一个‘口子’。要改革和完善中央转移支付制度，专项转移支付项目今年再减少三分之一。”参见李克强：《在国务院第三次廉政工作会议上的讲话》，载新华网，http://news.xinhuanet.com/politics/2015-02/28/c_127526063.htm。

〔2〕 参见孙谦、韩大元：《世界各国宪法（欧洲卷）》，中国检察出版社2012年版，第41页。

整,当前我国全国人大对于财政预算的审批是在 3 月,但是现实情况是每年 1 月就已经开始本财政年度的相关开支了。根据《预算法》第 54 条第 1 款的规定,预算年度开始后,各级预算草案在本级人民代表大会批准前,可以安排下列支出:(1)上一年度结转的支出;(2)参照上一年同期的预算支出数额安排必须支付的本年度部门基本支出、项目支出,以及对下级政府的转移性支出;(3)法律规定必须履行支付义务的支出,以及用于自然灾害等突发事件处理的支出。

二、加强对经济工作监督和国有资产监督的实践探索

人大对计划和国有资产的监督均是宪法规定的内容。同时,随着经济社会发展,党中央对人大经济工作监督和国有资产的监督又提出了新的要求,赋予了人大新的使命任务。全国人大及其常委会贯彻落实宪法和法律赋予的监督职责,不断加强对经济工作监督和国有资产监督的实践探索。2020 年 12 月,十三届全国人大常委会第二十四次会议通过了《关于加强国有资产管理情况监督的决定》,首次全面地对全国人大常委会开展国有资产管理情况监督作出规定。2021 年 12 月,为贯彻落实中央人大工作会议精神,时隔 20 多年,十三届全国人大常委会第三十二次会议通过了修订后的《关于加强经济工作监督的决定》,进一步加强和完善了人大对经济工作的监督。

(一)修订《关于加强经济工作监督的决定》

修订后的《关于加强经济工作监督的决定》,根据新形势和新要求,聚焦经济监督工作在实践中遇到的突出问题,细化完善年度计划、五年规划纲要初步审查及执行监督的有关规定,进一步健全经济工作监督有关工作机制,充分发挥全国人大各专门委员会在计划规划初步审查等工作中的作用,对加强和规范国民经济和社会发展规划、计划的审查具有重要意义。

具体而言,2021 年修订的《关于加强经济工作监督的决定》主要体现了

六个方面的内容。一是明确全国人大常委会开展经济工作监督的指导思想。为充分体现新时代党的创新理论成果,《关于加强经济工作监督的决定》规定:全国人大常委会开展经济工作监督,应当坚持中国共产党的领导,坚持以马克思列宁主义、毛泽东思想、邓小平理论、“三个代表”重要思想、科学发展观、习近平新时代中国特色社会主义思想为指导,坚持以人民为中心,坚持和完善社会主义基本经济制度,保障和促进市场在资源配置中起决定性作用和更好发挥政府作用,立足新发展阶段,贯彻新发展理念,构建新发展格局,推动高质量发展。二是细化和完善年度计划、五年规划纲要初步审查及执行监督的有关规定。《关于加强经济工作监督的决定》第3—17条作出以下规定:(1)细化年度计划初步审查的程序,明确初步审查的重点、国务院需要提交的材料、审查结果报告的主要内容等。(2)明确年度计划执行和经济运行监督的方式和重点。(3)明确五年规划纲要初步审查和执行监督的程序、重点和需提交的材料。(4)细化计划规划调整的条件和程序,规定可以对计划规划进行调整的三种情况,明确调整报告时间。三是围绕党和国家经济工作中心和全局明确监督重点。在计划规划初步审查和执行监督基础上,全国人大常委会应当围绕党和国家经济工作中心和全局,对重点工作、重点任务和重点项目的落实情况依法加强监督。为此,《关于加强经济工作监督的决定》第18—22条作出以下规定:(1)明确经济工作监督的重点。主要是深化经济体制改革、优化营商环境、加强科技创新、推动区域协调发展、坚持绿色低碳发展、保障和改善民生、促进共同富裕、推进高水平对外开放、维护国家经济安全等方面工作的落实情况。(2)界定重大事项报告的范围。根据《关于健全人大讨论决定重大事项制度、各级政府重大决策出台前向本级人大报告的实施意见》,明确国务院应当报告的四种重大决策或重大事项。(3)强化对重大工程项目的监督。(4)从货币政策执行等五个方面加强对金融工作的监督。四是健全完善经济工作监督有关工作机制。《关于加强经济工作监督的决定》第24—26条和第28条分别作出以下规定：(1)加强对全国人民代表大会及其常委会决议、决定和审议意见执行、处理情况的跟踪监督。(2)运用审计监督成果、第三方评估、大数据技术等，为开展经济工作监督提供支持。(3)参照监督法等法律，规定全国人大常委会行使经济工作监督职权的情况，应当向全国人民代表大会报告。(4)对国务院及其有关部门自觉接受人大监督提出一些具体要求。五是充分发挥有关专门委员会在经济工作监督中的作用。《关于加强经济工作监督的决定》规定，财政经济委员会和有关专门委员会在全国人大及其常委会领导下，承担有关具体工作。(1)在计划规划初步审查阶段，有关专门委员会可以开展专项审查，提出专项审查意见。(2)有关专门委员会根据常委会统一安排，围绕五年规划纲要编制工作开展专题调研，有针对性地对规划纲要执行进行监督。(3)在全国人大或者常委会决定国家特别重大建设项目时，由财政经济委员会会同有关专门委员会进行初步审查并报告审查情况。六是充分发挥代表在经济工作监督中的主体地位和作用。《关于加强经济工作监督的决定》新增1条，对充分发挥全国人大代表在经济工作监督中的作用分4款作了规定。

(二)加强对国民经济和社会发展规划、计划的审查

习近平总书记指出："用中长期规划指导经济社会发展，是我们党治国理政的一种重要方式。我们要着眼长远、把握大势，开门问策、集思广益，把加强顶层设计和坚持问计于民结合起来，把社会期盼、群众智慧、专家意见、基层经验充分吸收到规划编制中来。"根据《宪法》规定，全国人大审查和批准国民经济和社会发展计划和计划执行情况的报告。2021年3月，十三届全国人大四次会议审查和批准了《国民经济和社会发展第十四个五年规划和2035年远景目标纲要》《关于2020年国民经济和社会发展计划执行情况与2021年国民经济和社会发展计划的决议》。关于进一步加强规划和计划的审查，可从宪法视角就以下几点再做进一步完善。

一是加强对规划纲要的审查、批准和调整。2021年至2022年，全国人

大及其常委会先后修改了《全国人民代表大会议事规则》《地方各级人民代表大会和地方各级人民政府组织法》《全国人民代表大会常务委员会议事规则》,在法律中明确全国人大对规划纲要的审查批准和调整程序。2021 年修改后的《全国人民代表大会议事规则》第 37 条规定:“国民经济和社会发展五年规划纲要和中长期规划纲要的审查、批准和调整,参照本章有关规定执行。”2022 年修改后的《地方各级人民代表大会和地方各级人民政府组织法》也新增加了县级以上地方人大及其常委会、县级以上地方人民政府对国民经济和社会发展规划纲要的审查、调整、监督和编制的规定。2022 年 6 月,全国人大常委会修改《全国人民代表大会常务委员会议事规则》,增加了批准国民经济和社会发展规划纲要、计划的调整方案。

二是加强对重大建设项目的监督。《各级人民代表大会常务委员会监督法》对这个问题没有直接作出规定。2021 年修订后的《关于加强经济工作监督的决定》第 21 条第 1 款规定:“全国人民代表大会常务委员会对国民经济和社会发展年度计划、五年规划纲要确定的重大工程项目和本决定第二十条所述的国家特别重大建设项目等,根据需要听取国务院的工作汇报,进行审议,认为必要时可以作出决议。”在一般情况下,人大在审查和批准计划和预算及执行情况报告时,可以对其中涉及重大建设项目的内容一并进行审查和批准。如果列入经人大批准的计划和预算的重大建设项目,在实施过程中遇有重大问题,人大常委会可以通过听取和审议专项工作报告进行监督。比如,2003 年 12 月十届全国人大常委会第六次会议听取和审议了国务院南水北调办公室主任张基尧关于南水北调工程建设情况和下一步安排的报告。此外,听取和审议审计工作报告时,也会涉及重大建设项目的资金到位和使用情况,这也是一种监督。2022 年《地方各级人民代表大会和地方各级人民政府组织法》也增加规定县级以上地方人大讨论、决定城乡建设等“重大事项和项目”,在乡镇人大职权中“根据国家计划,决定本行政区域内的经济、文化事业和公共事业的建设计划”后,增加“和项目”。

三是进一步研究完善计划及其报告的效力。《宪法》第 62 条规定,全国人大"审查和批准国民经济和社会发展计划和计划执行情况的报告",但对于计划草案文本,各方面还存在不同认识。2006 年 3 月 14 日十届全国人大四次会议批准了《中华人民共和国国民经济和社会发展第十一个五年规划纲要》,该纲要中明确规定:"本规划确定的约束性指标,具有法律效力,要纳入各地区、各部门经济社会发展综合评价和绩效考核。约束性指标要分解落实到有关部门,其中耕地保有量、单位国内生产总值能源消耗降低、主要污染物排放总量减少等指标要分解落实到各省、自治区、直辖市。"目前实践中,国务院向全国人大提交的是计划执行情况和计划草案的报告以及包括 46 个预期性指标和 19 个约束性指标的国民经济和社会发展计划总表草案、包括多个专项投资计划的政府预算内投资计划草案。建议进一步研究完善国民经济和社会发展计划总表草案和政府预算内投资计划草案的性质定位,将提请全国人大审议的"关于上一年度国民经济和社会发展计划执行情况和本年度国民经济和社会发展计划草案的报告"定位为计划执行情况的报告和计划草案的说明。同时,建议在大会闭幕后,将大会批准的国民经济和社会发展计划总表同预算及计划和预算的报告一道及时向社会公开。通过第一时间公开大会批准的计划文本,改变过去只公布报告、不公布或简略公布计划的做法,有助于进一步提高社会公众对于人民代表大会制度的理解,避免给社会公众造成大会只审查报告不审查草案的错误认识,也更加符合计划审查工作的规律要求。

此外,关于计划报告的方式问题。《宪法》第 62 条关于"审查和批准国民经济和社会发展计划和计划执行情况的报告"的规定来自 1954 年《宪法》关于"决定国民经济计划"的规定,在社会主义建设中特别是计划经济时代,国民经济和社会发展计划发挥了重要作用。随着在宪法中确立了市场经济地位,2004 年修改《宪法》时,有意见提出应取消审查和批准国民经济和社会发展计划和计划执行情况的报告的规定。在实践中,国民经济和社会发展计划报告同政府工作报告在内容上也有不少的重复,代表审议时也经常将计划报告和政府工作报告混在一起。加之预算审查专业性较强、代表预算审查履职能力不强等原因,从 2005 年十届全国人大二次会议开始,计划和预算报告改为书面印发代表审议,不再安排作口头报告。笔者认为,国民经济和社会发展计划是国家在一定时期内进行经济活动和社会发展活动的预期目标,是国家用以组织指导国民经济和社会发展的重要手段。随着我国 1993 年修改《宪法》,从计划经济转为市场经济,在大会审议中将国民经济计划由口头报告改为书面报告是符合宪法规定和宪法精神的。

(三)探索完善加强人大国有资产监督职能

加强人大国有资产监督职能,是党中央赋予人大的新职责。《宪法》第 7 条规定:“国有经济,即社会主义全民所有制经济,是国民经济中的主导力量。国家保障国有经济的巩固和发展。”第 9 条第 1 款规定:“矿藏、水流、森林、山岭、草原、荒地、滩涂等自然资源,都属于国家所有,即全民所有;由法律规定属于集体所有的森林和山岭、草原、荒地、滩涂除外。”依据宪法和法律,国务院代表国家行使国有资产所有权并负有管理职责,全国人大及其常委会负有国有资产监督职责。2008 年通过的《企业国有资产法》作了人大对政府履行出资人情况监督的原则性规定,但覆盖范围较窄、人大监督要求也不够明确。实践中,十一届、十二届全国人大常委会各听取和审议了 1 次国务院关于国有资产管理情况的报告。2017 年,党中央出台《关于建立国务院向全国人大常委会报告国有资产管理情况制度的意见》,赋予了人大监督新职责,对人大监督提出了新要求。2018 年 10 月 24 日,十三届全国人大常委会第六次会议审议了国务院《关于 2017 年度国有资产管理情况的综合报告》和国务院《关于 2017 年度金融企业国有资产的专项报告》,落实了党中央关于建立国务院向全国人大常委会报告国有资产管理情况决策部署,国务院首次向全国人大常委会报告国有资产“家底”,向全体人民交出一份涵盖各级各类国有资产的“明白账”。

对国务院的国有资产管理工作进行监督，有利于推进国有资产管理和治理体系建设，使国有资产更好服务发展、造福人民。根据《关于加强国有资产管理情况监督的决定》的要求和有关规划安排，2018 年 10 月 24 日，十三届全国人大常委会第六次会议审议了国务院《关于 2017 年度国有资产管理情况的综合报告》和国务院《关于 2017 年度金融企业国有资产的专项报告》。2021 年 10 月，根据《中共中央关于建立国务院向全国人大常委会报告国有资产管理情况制度的意见》，全国人大常委会审议了国务院《关于 2020 年度国有资产管理情况的综合报告》，并首次听取审议国务院《关于 2020 年度国有自然资源资产管理情况的专项报告》。专项报告介绍了国有自然资源资产基本情况，全面加强自然资源管理采取的举措和取得的成效，提出了下一步工作考虑：要强化自然资源保护，提高自然资源利用效率，优化国土空间开发保护格局，提升生态系统质量和稳定性，建立健全国有自然资源资产管理制度体系。为贯彻党中央关于建立国有资产管理情况报告制度改革要求，全国人大常委会预算工作委员会和全国人大财政经济委员会、全国人大环境与资源保护委员会组成专题调研组，对国有自然资源资产管理情况进行了调研。会议听取了《关于 2020 年度国有自然资源资产管理情况的调研报告》。报告介绍了国有自然资源资产管理的基本情况、存在的主要问题和不足，提出了有关建议：要进一步强化生态文明建设理念落实机制，健全国家自然资源资产管理体制，加快推进各项改革，不断夯实基础管理工作，加快补齐法治和治理短板。

（四）作出《关于加强国有资产管理情况监督的决定》

总结实践经验和发展需要后，2020 年 12 月，十三届全国人大常委会第二十四会议通过了《关于加强国有资产管理情况监督的决定》，首次全面地对全国人大常委会开展国有资产管理情况监督作出法律性规定，强化对国有资本经营预算和对国有资产管理的监督。《关于加强国有资产管理情况监督的决定》共 9 条，近 3000 字，包括四个部分。第一部分是总体要求，主要规定全国人大国有资产管理情况监督的对象、原则、方式方法等;第二部分是报告和审议工作,主要规定国务院报告的内容、重点、方式和全国人大常委会审议的程序、重点、相关工作等;第三部分是健全工作机制,主要规定建立健全整改与问责机制、与预算审查监督衔接机制、公开透明机制、信息共享机制等;第四部分规定地方人大常委会参照建立健全国有资产管理情况监督制度。

具体而言,《关于加强国有资产管理情况监督的决定》的主要内容有以下十个方面:一是明确人大监督基本方式。《关于加强国有资产管理情况监督的决定》规定,全国人大常委会将每年听取和审议国务院关于国有资产管理情况的报告作为全国人大履行人大国有资产监督职责的基本方式。全国人大常委会通过制定国有资产监督工作五年规划,对届内国有资产监督工作作出统筹安排;通过制定年度监督工作计划具体实施。全国人大常委会预算工作委员会承担人大国有资产监督具体工作,协助全国人大财政经济委员会等有关专门委员会承担初步审议相关工作。二是规范报告的重点内容。按照综合报告与专项报告相结合的方式,国务院向全国人大常委会报告年度国有资产管理情况。综合报告要全面准确反映各类国有资产和管理的基本情况;专项报告要根据各类国有资产性质和管理目标,分别报告各类国有资产管理工作、成效、问题和改进工作情况。三是建立健全报表体系、管理评价指标体系。为解决国有资产数据不完整不充分、管理情况缺乏量化评价等影响人大监督的基础性工作问题,规定企业国有资产(不含金融企业)、金融企业国有资产和行政事业性国有资产报表应当细化到行业,中央国有资产相关报表应当分企业、部门和单位编列;建立健全反映不同类别国有资产特点的评价指标体系,全面客观精准反映管理情况和成效。四是加强审计监督。为有效发挥审计对人大国有资产监督的支持作用,规定审计部门要落实党中央关于审计全覆盖要求,加强对国有资产、国有资源的审计,并形成专项报告,作为每年审计工作报告的子报告,提交全国人大常委会。五是强化人大常委会审议前的相关工作。规定开展专题调研时,邀请全国人大代表参加,充分发挥代表作用;专题调研情况向全国人大常委会报告;建立健全人大国有资产监督评价指标体系,推进人大监督由定性向定量拓展。六是完善人大审议的重点内容。为进一步提高人大常委会审议质量,《关于加强国有资产管理情况监督的决定》对审议的重点内容作了进一步丰富和规范;按照全覆盖要求,进一步突出对全部国有资产的监督,并明确和完善了对各类国有资产管理情况监督的重点。七是发挥专题询问等监督方式作用。明确全国人大常委会在任期届满前一年内听取和审议国有资产管理情况综合报告时,开展专题询问;其他年份也可根据需要开展专题询问。全国人大常委会针对国有资产管理存在的问题,可依法进行质询和特定问题调查,可根据审议和监督情况依法作出决议。八是推动政府加强整改问责和强化人大跟踪监督。规定国务院建立健全整改与问责机制,推进整改,依法问责,并向全国人大常委会报告整改问责情况。全国人大常委会对突出问题、典型案件建立督办清单制度,由有关专门委员会、预算工作委员会等开展跟踪监督具体工作。建立人大国有资产管理情况监督与国家监察监督衔接机制。九是建立与预算决算审查监督有效衔接机制。规定要健全国有资本经营预算管理制度,强化国有资本经营预算对国有资本的总体布局、投资运作、收益管理等的统筹约束和支撑保障作用。同时,还对健全资产管理和预算管理相衔接的工作机制作了规定。十是建立信息共享机制、推进公开透明。规定国务院有关部门建立全口径国有资产信息共享平台,并通过人大预算与国资联网监督系统定期向预算工作委员会报送相关数据信息。预算工作委员会汇总相关信息向有关专门委员会通报、向全国人大常委会报告。全国人大常委会办事机构将国有资产监督工作五年规划、国有资产管理情况报告及人大审议意见等,向全国人大代表通报并向社会公布;除依法不予公开内容外,国务院及其部门按规定及时公开国家、部门、单位国有资产报表,接受社会监督。[1] 2022 修改后的《地方各级人民代表大会和地方各级人民政府组织法》第 11 条县级以上地方人大的职权中增加规定:审查监督政府债务,监督本级人民政府对国有资产的管理;第 50 条增加规定:县级以上地方人大常委会监督本级人民政府对国有资产的管理,听取和审议本级人民政府关于国有资产管理情况的报告;第 73 条增加规定:县级以上的地方各级人民政府履行国有资产管理职责。

三、加强人大对政府债务和审计查出突出问题整改情况的监督

地方政府债务和审计查出突出问题整改情况的监督是新形势下人大在公共财政监督领域的最新实践发展。全国人大及其常委会、地方各级人大及其常委会落实党中央重大决策部署,切实加强地方人大对政府债务的审查监督,防范和化解政府债务风险,加强人大对审计查出突出问题整改情况的监督。

(一)加强地方人大对政府债务的审查监督

作为国家财政运行的重要内容,公债问题始终是各国经济发展中要处理的棘手难题。2014 年修改《预算法》已将举债决定权上收至中央,并规定省级地方政府举借债务的规模由国务院报全国人大或者全国人大常委会批准。[2] 作为国家财政运行的重要事项[3],为进一步规范政府债务的管控

[1] 参见史耀斌:《贯彻落实习近平法治思想 修订加强中央预算审查监督的决定 制定加强国有资产管理情况监督的决定》,载中国人大网,http://www. npc. gov. cn/c2/c30834/202108/t20210820_313094. html。

[2] 《预算法》第 34 条规定:“中央一般公共预算中必需的部分资金,可以通过举借国内和国外债务等方式筹措,举借债务应当控制适当的规模,保持合理的结构。对中央一般公共预算中举借的债务实行余额管理,余额的规模不得超过全国人民代表大会批准的限额。国务院财政部门具体负责对中央政府债务的统一管理。”

[3] 许多国家在宪法中明文规定了对于国家财政借贷债务的管控和限制,如波兰《宪法》第 216 条第 5 款规定:“如果借贷、提供担保和财政担保造成了超出国内生产总值(GDP)3/5 的国家公共债务,是不被允许的。”参见孙谦、韩大元:《世界各国宪法(欧洲卷)》,中国检察出版社 2012 年版,第 159 页。

与限制,防范和化解政府债务风险,加强地方人大对政府债务的审查监督是地方各级人大及其常委会落实党中央决策部署的重要任务,是人大预算审查监督重点向支出预算和政策拓展的重要内容,是推动防范化解地方政府债务风险的重要保障。

党的十八大以来,以习近平同志为核心的党中央多次就防范化解重大风险、加强地方政府债务管理和监督作出重要部署。全国人大常委会高度重视对地方政府债务的审查监督,按照党中央关于防范化解地方政府债务风险相关文件部署和分工方案要求,预算工作委员会在常委会党组领导下,研究起草相关文件稿。经全国人大常委会党组审议并报党中央批准,2021 年 6 月,中共中央办公厅印发了《关于加强地方人大对政府债务审查监督的意见》。这是党中央加强人大对政府债务的审查监督、防范化解地方政府债务风险的重要举措,就推动完善政府预算决算草案和报告中有关政府债务的内容、规范人大审查监督政府债务的内容和程序、加强人大对政府债务风险管控的监督、加强组织保障等,作出了明确规定,提出了工作要求,助力打好防范化解重大风险攻坚战,推动实现经济持续健康发展和社会大局稳定。2021 年《决定》加强政府债务审查监督。审查监督中央政府债务重点包括:根据中央财政赤字规模和上年末国债余额限额,科学确定当年国债余额限额,合理控制国债余额与限额之间的差额;评估政府债务风险水平情况,推进实现稳增长和防风险的长期均衡。审查监督地方政府债务重点包括:地方政府债务纳入预算管理的情况;根据债务率、利息支出率等指标评估地方政府债务风险水平,审查地方政府新增一般债务限额和专项债务限额的合理性情况;地方政府专项债务偿还的情况;积极稳妥化解地方政府债务风险等情况。

《关于加强地方人大对政府债务审查监督的意见》针对地方政府债务管理中的信息不完整不透明、风险评估较困难等问题,地方人大审查监督政府债务的内容和重点不明确、程序不规范、手段方法不丰富等问题,提出了明确而有针对性的要求。一是政府预算、决算草案应当反映一般债务和专项债务的限额和余额、债务年限、还本付息等情况,反映债务率等债务风险评估指标情况。二是地方人大在上级政府下达的债务限额内,衡量和评价政府债务风险,对新增政府债务限额总规模的合理性作出评价。三是地方人大围绕政府预算、预算调整、决算审查批准和预算执行监督,对政府债务开展全过程监管。四是地方人大加强对以政府投资基金、政府和社会资本合作(PPP)、政府购买服务等名义变相举债行为的监督,严格对下一级人大违法担保、承诺等行为的监督。[1]

(二)加强人大对审计查出突出问题整改情况的监督

审计是独立检查会计账目,监督财政收支、财务收支的真实、合法、效益的专门活动。我国实行审计监督制度的基本法律依据源于宪法。《宪法》第91条规定,国务院设立审计机关,对国务院各部门和地方各级政府的财政收支,对国家的财政金融机构和企业事业组织的财务收支,进行审计监督。审计机关在国务院总理领导下,依照法律规定独立行使审计监督权,不受其他行政机关、社会团体和个人的干涉。《宪法》第109条规定,县级以上的地方各级人民政府设立审计机关。地方各级审计机关依照法律规定独立行使审计监督权,对本级人民政府和上一级审计机关负责。1994年《审计法》对我国审计监督制度作出了全面的、明确的规定。2006年2月,全国人大常委会对《审计法》进行了修正。2021年10月,全国人大常委会修改《审计法》,坚持党对审计工作的领导,扩展审计范围和审计权限,规范审计程序和行为,推动构建集中统一、全面覆盖、权威高效的审计监督体系。

一是听取和审议审计工作报告。我国审计工作报告制度的法律依据即源于《审计法》第4条,《审计法》两次修改都对第4条作了进一步完善。按

---

[1] 参见史耀斌:《贯彻落实习近平法治思想　修订加强中央预算审查监督的决定　制定加强国有资产管理情况监督的决定》,载中国人大网,http://www.npc.gov.cn/c2/c30834/202108/t20210820_313094.html。

照《审计法》第4条的规定,国务院和县级以上地方人民政府应当每年向本级人大常委会提出审计工作报告。审计工作报告应当报告审计机关对预算执行、决算草案以及其他财政收支的审计情况,重点报告对预算执行及其绩效的审计情况,按照有关法律、行政法规的规定报告对国有资源、国有资产的审计情况。必要时,人大常委会可以对审计工作报告作出决议。国务院和县级以上地方人民政府应当将审计工作报告中指出的问题的整改情况和处理结果向本级人大常委会报告。根据《审计法》的规定和多年来的工作实践,《各级人民代表大会常务委员会监督法》第19条规定,常委会每年审查和批准决算的同时,听取和审议本级人民政府提出的审计机关关于上一年度预算执行和其他财政收支的审计工作报告。《各级人民代表大会常务委员会监督法》第20条规定,常委会组成人员对审计工作报告的审议意见交由本级人民政府研究处理。人民政府应当将研究处理情况向常委会提出书面报告。常委会认为必要时,可以对审计工作报告作出决议,本级人民政府应当在决议规定的期限内,将执行决议的情况向常委会报告。常委会听取的审计工作报告及审议意见,人民政府对审议意见的研究处理情况或者执行决议情况的报告,向本级人大代表通报并向社会公布。人大常委会听取和审议审计工作报告,在法律上具有多方面的积极意义。第一,审计机关设置于行政序列、审计工作在政府首长领导下的行政型审计监督制度,与向人大常委会定期报告审计工作并接受监督相结合,形成了新的工作格局。第二,对审计工作报告的审议,虽有监督审计工作的含义,但更主要的是通过这一形式监督本级政府预算执行和其他财政收支情况,增强审计监督的权威性,增强预算执行的严肃性。第三,人大常委会听取和审议审计工作报告,与每年审查和批准决算的工作相结合,突出了审计工作的针对性,同时也使人大常委会对决算的监督更有力度。[1] 2014年修改的《预算法》进一

〔1〕 参见沈春耀:《计划和预算监督》,载中国人大网,http://www.npc.gov.cn/zgrdw/npc/bmzz/falv/2006-11/08/content_1384042.htm。

步规定，县级以上各级人大常委会“应当结合本级政府提出的上一年度预算执行和其他财政收支的审计工作报告，对本级决算草案进行审查”。《预算法》对此首次以法律的形式加以明确和加强，即人大常委会在审查决算草案时，审计工作报告的内容由过去的“可以”结合变成了“应当”结合。这就赋予审计工作报告更强的效力。

二是修改审计法，在宪法框架下扩展审计范围。建立健全涉及宪法问题的事先审查和咨询制度。按照习近平总书记重要讲话精神和党中央指导性文件要求，有关方面起草法律草案，拟出台法规规章、重要政策和重大举措，凡涉及宪法有关规定如何理解、实施、适用问题的，都应当事先经过全国人大常委会合宪性审查。这一重要措施有利于将涉宪性问题和社会重大关切及时解决在起草环节、规范性文件出台之前，确保同宪法规定、原则和精神相符合。为此，在审计法修正草案的起草环节和审议过程中，对审计署职权和审计事项范围的扩展，全国人大常委会法工委及时与有关部门沟通，提出合宪性研究意见。2021 年 5 月，国务院常务会议审议通过了审计法修正草案，并在提请全国人大常委会审议的法律草案说明中明确在宪法框架下扩展审计范围，提出“为维护国家经济安全和公共利益，经国务院批准，审计署可以对其他金融机构进行专项审计调查或者审计监督”。10 月 23 日，十三届全国人大常委会第三十一次会议二审通过了关于修改审计法的决定，根据各方面意见，认真研究《宪法》第 91 条中关于审计署“对国家的财政金融机构”进行审计监督的制度内涵，将拟增加的审计事项进一步修改为“遇有涉及国家财政金融重大利益情形，为维护国家经济安全，经国务院批准，审计署可以对前款规定以外的金融机构进行专项审计调查或者审计”，有力保障了党中央改革审计管理体制的重大部署贯彻落实。[1]

三是持续加强审议查出突出问题整改情况的跟踪监督。2015 年，党中

---

〔1〕 参见武增主编：《辉煌四十年——现行宪法发展与实施报告》，法律出版社 2023 年版，第 606-607 页。

央印发《关于改进审计查出突出问题整改情况向全国人大常委会报告机制的意见》，强调“把督促审计查出突出问题整改工作同审查监督政府、部门预算、决算工作结合起来，改进报告方式，加强督促办理，增强监督实效”。2020年，全国人大常委会办公厅印发的《关于进一步加强各级人大常委会对审计查出突出问题整改情况监督的意见》强调，深化拓展监督内容，用好监督方式方法，强化监督结果的运用。为贯彻落实党中央决策部署，全国人大常委会连续7年听取和审议国务院关于审计查出问题整改情况的报告，多次开展专题询问和专题调研，改进审计查出突出问题整改情况向全国人大常委会报告的机制，把宪法、法律赋予全国人大常委会的监督权用起来，实行正确监督、有效监督，把听取和审议审计查出突出问题整改情况报告同开展专题询问等监督形式结合起来，把督促审计查出突出问题整改工作同审查监督政府、部门预算决算工作结合起来，改进报告方式，加强督促办理，增强监督实效，健全全国人大常委会监督工作制度，推进审计整改工作制度化、长效化，审计监督工作取得良好实效。

小结：公共财政权有效性与有限性的二元平衡构造

新时代公共财政宪法制度的发展完善应坚持公共财政权有效性与有限性的二元平衡，一方面，着力构造实现规范治理的法治体系，制定完善旨在实现有效治理的公共财政宪法法律规范；另一方面，在制度实践中通过公共财政权纵向规范分权与横向预算监督的制度安排，保障公民基本权利，规范公共财政权的权力运行。探寻两者平衡下的逻辑进路，公共财政权宪法构造可以从积极层面的制度型保障机制和消极层面的权利型制约机制两个层面展开。前者是指将国家为提供均等公共服务、保障公共财政权的有效性,而在公共财政权宪法规范中予以积极保障;后者则是指通过纵向分权设计与横向权力制约规范公共财政权的有限性,保护公民财产权利不受国家公权力的恣意侵害。

一、有效性:宪法文本规范的制度建构保障

对于公共财政权力有效性的宪法保障,要从制度建构中探索公共财政的规范路径。公共财政权保障制度的设计配置应当有助于公共财政权的合理公平分配,面对当前我国的公共财政权"一开始堵不住流失,流失后又无法治理"的保护状况,[1]我们需要从制度层面反思公共财政权的权力配置。与西方现代国家公共财政权宪法规范及我国财政领域实践发展相对照,我国公共财政宪法规范领域还存在不完善之处,我国财政法治化进程的步伐尚待进一步加快。由于宪法对于公共财政的规定未单独成章,因此我国财政法治化的规范体系也对包括财政基本法等宪法性法律所构成的公共财政权法律体系提出了更高要求。财政法律结构体系应包括宪法和财政基本法及其财政收入、财政支出、财政管理等专门领域的财政立法,其整体构成了公共财政权的法律规范基础。通过公共财政权宪法规范体系的建立完善,首先在文本制度层面建立公共财政权制度有效性的规范保障,以民主和法治为基础,运用公共财政权维护社会正义和公平,建构符合我国国情的公共财政权制度规范。

二、有限性:财政预算监督的权力制约

公共财政权的有限性机制是建立法治政府、保障公民基本财产权利的基础。消极层面上公民财产不受侵犯的实现,主要表现为公共财政权的限制。面对公共财政权有限性的构建,应在制度实施层面明确公共财政权的

---

〔1〕 参见王利明:《试论物权法的平等保护原则》,载《河南省政法管理干部学院学报》2006 年第 3 期。

直接行使主体及具体权力范围，对当前公共财政权较大裁量幅度的处置自由加强预算监督，让公共财政权的运行在透明的环境下得到最大限度的保障和监督，并通过机制设计，保护公民财产权，构建畅通的民众表达渠道，着力建立民众需求的民主表达机制，保证民众需求表达渠道的畅通，使公共财政权的行使反映民生、尊重民意。

建立完善预算监督机制，需要构建多层次财政预算监督体系，通过科学完整的财政监督法律体系完善相关制度规范，进而在实践中扩大监督参与主体，明确问责主体、扩大监督范围。正如美国学者 Schick 所言，只有不断地强化预算控制监督，政治家、行政官员都必须遵守正式预算制度才能取钱、要钱、用钱，法治原则才能植入政治过程和公共管理过程。[1] 在此过程中，政府首先扩大监督参与主体，组织专业人士向民众和人大代表对预算审议案进行讲解说明，通过对话、商谈等形式推进财政预算的广泛参与，政府的财政决策只有以民意为基础，财政资金的使用方能符合法治精神，公共财政资源才能真正用在刀刃上。拓展财政监督范围，使人大的公共财政权监督职能贯穿政府整个财政活动的始终。要让人大的财政监督工作覆盖到预算编制、预算执行、国家决算等每个环节，充分使用多种监督手段，积极拓宽财政监督的范围，完善预算监督的方式程序，实现公共财政权有限性的构建，坚持财政监督中的全过程人民民主理念，保障公民权利和公共财政权的有效运行。

综上所述，中国的公共财政宪法制度发展是在历史任务的重叠交错中进行的，中国在民族独立和民主建设的初始阶段试图发展和维护公共财政权的有效性，在国家成立的起步之初，通过强化政府权力推动了国家的经济发展，促进国家经济发展与民众生活水平的提高。虽然各国发展道路各有不同，从宪法层面审视，规范公共财政权的权力行使，建构现代责任政府却

---

[1] See Allen Schick, *The Capacity to Budget*, Urban Institute Press, 1990, p. 225.

是现代国家发展的必然趋势。我们要正视中国在改革发展中厘清国家与社会、政府和个人、个人与个人的关系的重要性,在深化改革中进一步完善促进公共财政权的有限性规范,通过宪法构造实现公共财政的现代体制转型。

结语:当代中国公共财政的宪法制度构建

——现代国家、依宪执政、公民个人与公共财政权的内在关联

公共财政权是现代国家权力要素的基石,也是现代国家宪法秩序的起点,在国家权力结构的宪法安排中具有重要意义。完善和发展中国特色社会主义制度,推进国家治理体系和治理能力的现代化,就财政领域而言,就是实现国家财政治理体系与财政治理能力的现代化。财政是国家治理的基础和重要支柱,为什么要从这么高的层面定位财政?笔者认为,一是政府有抱负要施展;二是人民有诉求要实现;三是我国经济运行遇到新的挑战,需要度过这段转型时期。故而在学术研究的视野中,笔者就发现了公共财政权的价值亮光。

研究公共财政权在今天转型中国的制度构建,需要我们明晰中国公共财政权的使命定位。从以上研究中我们深知,任何一个国家无论如何也不会退回到它与现代化相遇之前的状态中去,立宪作为现代化的制度变革的方向是任何一个国家走向现代

公共财政体制的必由之路。[1] 法国历史学家托克维尔曾指出,“小国的目标是国民自由、富足、幸福地生活,而大国则注定要创造伟大和永恒,同时承担责任与痛苦”。与西方现代国家不同,中国作为后发国家走了一条从主权确立到民主建设、经济发展进而法律制度发展的多阶段混合的发展模式,西方现代国家经济压迫更加剧了这个过程的同步性。Jeffrey Sachs、胡永泰、杨小凯等人认为,经济转轨只是转轨的一部分,转轨的核心是宪法规则的大规模改变。如果认识不到经济改革仅仅是大规模宪治转轨的一小部分,对改革绩效的评估就可能误入歧途。国家之间和国家内部政治力量之间的竞争是宪治转轨的推动力量,倘若没有一种稳定的宪法秩序,经济转轨最终可能被国家机会主义所挟持。经济转轨双轨制产生了宪治转轨的非常高的长期代价,也许将大大超过它“赎买”既得利益平滑转型的好处。[2] 宪法秩序的稳定与可靠,直接决定了国家的长治久安与可持续发展。故而,就需要寻求通过宪法规则向现代公共财政权做制度转换,从而进一步厘清政府与市场、国家与个人之间的关系。

“徒善不足以为政,徒法不足以自行。”基于中国发展的道路来思考,即使建立了完善的公共财政权宪法和法律体系,中国公共财政权的发展之路远不止通过治术、完善一部部立法文本及制度设计那么简单,这并不能保障财政权的实现,还需要政府、社会及每一个公民个体在实践中的积极参与。[3] 100 多年前,清政府派五大臣出洋考察外国宪法,此后在激荡的百年近代史中,匆匆制定又匆匆抛弃的宪法如昙花一现,过眼云烟。时至今日,面对当下中国的国家发展之路及多元价值关怀,在宪法共识之下的制度构建对我们在改革进程中的公共财政制度有重要意义。

首先,通过宪法构造追求公共财政权的价值共识。国家公共财政权力

---

[1] 参见潘伟杰:《宪法的理念与制度》,上海人民出版社 2004 年版,第 136 页。

[2] Jeffrey Sachs、胡永泰、杨小凯:《经济改革和宪政转轨》,载《经济学(季刊)》2003 年第 3 期。

[3] 参见贾康、刘薇:《注重民生、优化结构、创新制度、促进发展——中国公共财政的转型之路》,载《经济与管理研究》2007 年第 10 期。

有边界,而宪法之触角正是划定共同体信仰边界的终极来源。西方社会300年,通过所谓的人民主权解决认同危机,借助于所谓的政党选举解决参与危机,找到了税收福利化解分配危机。危机消除之后迎来的便是人们对于宪法之下共同体的共识,有了最大公约数,政治国家便可在此共识下运行发展。今天的中国,亟须通过宪法共同体的构建,凝聚共识促进对话。要在公共财政权领域追求共识,需通过宪法的全面实施,呼唤起全体民众对于宪法价值共同体的热爱和崇拜。在充分承认社会多样化的前提下追求宪法共识,要求我们继续在尊重差异的价值共同体下,尊重个体理性,宣传包含民主意识、普遍接受的权力规则、宽容、同情以及相信矛盾可以通过合法途径解决的法治信念,在财政活动具体事项的妥协处理中凝聚价值共识。

其次,建立符合中国国情的公共财政权宪法制度规范体系。公共财政权的宪法构造在文本规范层面就是要完善宪法对于国家公权力的公共财政权保障规范,通过合理设计,使宪法真正成为制度基石。从公共财政权的角度出发,研究宪法层面的制度规范,为我们宪法秩序的建立提供一个可操作的平台。作为新兴的后发工业化国家,中国在逐步完成民主政治的发展过程,《宪法》"序言"第7段明确揭示了新中国的国家目标是"把我国建设成为富强民主文明和谐美丽的社会主义现代化强国",而这也正是今天我们在构建现代国家财政治理体系下的公共财政权的目标所在。国家经济增长和社会自主性培育到一定程度时就会促进宪法的发展。建立公共财政权的目的之一,就是让财政问题成为单纯的财政技术问题,通过其专业技术理性在逐步的财税改革和预算监督中,引领中国走向宪法之治的道路,这对于改进我国现有的公共财政权制度及宪法的设计颇有启示意义。现代公共财政权的现代性就要求我们尊重个体,在个人权利的尊重下逐步摸索着找到适合中国发展的具体公共财政权方案和步骤。通过预算审议、重大支出听证等形式,公民能够平等且有效地参与公共事务。从宪法规范层面来看,政府在制度体系的构建中起到积极作用,为制度构建创造良好的外部条件和宏观环境,在法律保障、制度建设、公共精神的培养以及知识普及等方面采取必要、合理的措施,最大限度地发挥公民的作用,推进公民政治参与的深度和广度,使现代国家、宪制政府、公民个人与公共财政权的和谐共存真正从理想建构走向现实制度规范。

最后,寻求公共财政权有效性与有限性宪法秩序的有机平衡。活力与稳定是宪法属性的两个维度。[1] 我们在进行制度设计时,始终要进行追问的是如何营造充满活力的制度成长空间,如何规范权力边界、维系稳定的体制能力?在进行现代国家公共财政权制度构建的过程中,二者应当是一个动态平衡的关系。宪法的全面实施,既包含制度有效性的维护,也应包含对于更好生活的变革创新。近代西方各国发展史已经一再向我们证明,宪法是进入现代社会的制度安排,我们需要在尊重制度的不完美中取得前进,避免非此即彼的极端主义倾向,尊重多元,维系共识。而这种共识,正是宪法对于社会政治经济文化权利的承诺与保护。[2] 通过对于宪法秩序的建构,现代国家、宪制政府、公民个人与公共财政权四个元素之间应当是互相促进的内在关联,通过规范公共财政权和保障公民财产等基本权利,进一步平衡经济发展和公民权利、国家与社会、政府与个人之间的内在张力,推进公共财政权向制度化、规范化方向发展,宪法在公共财政领域的构建过程中将宪法精神注入公共财政权的制度内涵之中,从国家治理体系的层面探索今天中国从公共财政权力配置的技术路径最终走向实现社会主义现代化强国的宪法价值目标的制度进路。

---

〔1〕 参见时和兴:《关系、限度、制度:政治发展过程中的国家与社会》,北京大学出版社 1996 年版,第 191 页。

〔2〕 参见闫然:《协商民主下的宪法功效——〈设计民主〉及对转型中国的启示》,载《行政与法》2013 年第 10 期。

附录一:宪法关于公共财政相关条文规定

中华人民共和国宪法(节录)

(1982年12月4日第五届全国人民代表大会第五次会议通过　1982年12月4日全国人民代表大会公告公布施行　根据1988年4月12日第七届全国人民代表大会第一次会议通过的《中华人民共和国宪法修正案》、1993年3月29日第八届全国人民代表大会第一次会议通过的《中华人民共和国宪法修正案》、1999年3月15日第九届全国人民代表大会第二次会议通过的《中华人民共和国宪法修正案》、2004年3月14日第十届全国人民代表大会第二次会议通过的《中华人民共和国宪法修正案》和2018年3月11日第十三届全国人民代表大会第一次会议通过的《中华人民共和国宪法修正案》修正)

第二条　中华人民共和国的一切权力属于人民。

人民行使国家权力的机关是全国人民代表大会和地方各级人民代表大会。

人民依照法律规定,通过各种途径和形式,管理国家事务,管理经济和文化事业,管理社会事务。

第三条　中华人民共和国的国家机构实行民主集中制的原则。

全国人民代表大会和地方各级人民代表大会都由民主选举产生,对人民负责,受人民监督。

国家行政机关、监察机关、审判机关、检察机关都由人民代表大会产生,对它负责,受它监督。

中央和地方的国家机构职权的划分，遵循在中央的统一领导下，充分发挥地方的主动性、积极性的原则。

第六条 中华人民共和国的社会主义经济制度的基础是生产资料的社会主义公有制，即全民所有制和劳动群众集体所有制。社会主义公有制消灭人剥削人的制度，实行各尽所能、按劳分配的原则。

国家在社会主义初级阶段，坚持公有制为主体、多种所有制经济共同发展的基本经济制度，坚持按劳分配为主体、多种分配方式并存的分配制度。

第七条 国有经济，即社会主义全民所有制经济，是国民经济中的主导力量。国家保障国有经济的巩固和发展。

第八条 农村集体经济组织实行家庭承包经营为基础、统分结合的双层经营体制。农村中的生产、供销、信用、消费等各种形式的合作经济，是社会主义劳动群众集体所有制经济。参加农村集体经济组织的劳动者，有权在法律规定的范围内经营自留地、自留山、家庭副业和饲养自留畜。

城镇中的手工业、工业、建筑业、运输业、商业、服务业等行业的各种形式的合作经济，都是社会主义劳动群众集体所有制经济。

国家保护城乡集体经济组织的合法的权利和利益，鼓励、指导和帮助集体经济的发展。

第九条 矿藏、水流、森林、山岭、草原、荒地、滩涂等自然资源，都属于国家所有，即全民所有；由法律规定属于集体所有的森林和山岭、草原、荒地、滩涂除外。

国家保障自然资源的合理利用，保护珍贵的动物和植物。禁止任何组织或者个人用任何手段侵占或者破坏自然资源。

第十条 城市的土地属于国家所有。

农村和城市郊区的土地，除由法律规定属于国家所有的以外，属于集体所有；宅基地和自留地、自留山，也属于集体所有。

国家为了公共利益的需要，可以依照法律规定对土地实行征收或者征用并给予补偿。

任何组织或者个人不得侵占、买卖或者以其他形式非法转让土地。土地的使用权可以依照法律的规定转让。

一切使用土地的组织和个人必须合理地利用土地。

第十一条 在法律规定范围内的个体经济、私营经济等非公有制经济，是社会主义市场经济的重要组成部分。

国家保护个体经济、私营经济等非公有制经济的合法的权利和利益。国家鼓励、支持和引导非公有制经济的发展，并对非公有制经济依法实行监督和管理。

第十二条 社会主义的公共财产神圣不可侵犯。

国家保护社会主义的公共财产。禁止任何组织或者个人用任何手段侵占或者破坏国家的和集体的财产。

第十三条 公民的合法的私有财产不受侵犯。

国家依照法律规定保护公民的私有财产权和继承权。

国家为了公共利益的需要，可以依照法律规定对公民的私有财产实行征收或者征用并给予补偿。

第十四条 国家通过提高劳动者的积极性和技术水平，推广先进的科学技术，完善经济管理体制和企业经营管理制度，实行各种形式的社会主义责任制，改进劳动组织，以不断提高劳动生产率和经济效益，发展社会生产力。

国家厉行节约，反对浪费。

国家合理安排积累和消费，兼顾国家、集体和个人的利益，在发展生产的基础上，逐步改善人民的物质生活和文化生活。

国家建立健全同经济发展水平相适应的社会保障制度。

第十五条 国家实行社会主义市场经济。

国家加强经济立法，完善宏观调控。

国家依法禁止任何组织或者个人扰乱社会经济秩序。

第十六条 国有企业在法律规定的范围内有权自主经营。

国有企业依照法律规定,通过职工代表大会和其他形式,实行民主管理。

第十七条 集体经济组织在遵守有关法律的前提下,有独立进行经济活动的自主权。

集体经济组织实行民主管理,依照法律规定选举和罢免管理人员,决定经营管理的重大问题。

第五十六条 中华人民共和国公民有依照法律纳税的义务。

第五十八条 全国人民代表大会和全国人民代表大会常务委员会行使国家立法权。

第六十二条 全国人民代表大会行使下列职权:

(一)修改宪法;

(二)监督宪法的实施;

(三)制定和修改刑事、民事、国家机构的和其他的基本法律;

(四)选举中华人民共和国主席、副主席;

(五)根据中华人民共和国主席的提名,决定国务院总理的人选;根据国务院总理的提名,决定国务院副总理、国务委员、各部部长、各委员会主任、审计长、秘书长的人选;

(六)选举中央军事委员会主席;根据中央军事委员会主席的提名,决定中央军事委员会其他组成人员的人选;

(七)选举国家监察委员会主任;

(八)选举最高人民法院院长;

(九)选举最高人民检察院检察长;

(十)审查和批准国民经济和社会发展计划和计划执行情况的报告;

(十一)审查和批准国家的预算和预算执行情况的报告;

（十二）改变或者撤销全国人民代表大会常务委员会不适当的决定；

（十三）批准省、自治区和直辖市的建置；

（十四）决定特别行政区的设立及其制度；

（十五）决定战争和和平的问题；

（十六）应当由最高国家权力机关行使的其他职权。

第六十七条 全国人民代表大会常务委员会行使下列职权：

（一）解释宪法，监督宪法的实施；

（二）制定和修改除应当由全国人民代表大会制定的法律以外的其他法律；

（三）在全国人民代表大会闭会期间，对全国人民代表大会制定的法律进行部分补充和修改，但是不得同该法律的基本原则相抵触；

（四）解释法律；

（五）在全国人民代表大会闭会期间，审查和批准国民经济和社会发展计划、国家预算在执行过程中所必须作的部分调整方案；

（六）监督国务院、中央军事委员会、国家监察委员会、最高人民法院和最高人民检察院的工作；

（七）撤销国务院制定的同宪法、法律相抵触的行政法规、决定和命令；

（八）撤销省、自治区、直辖市国家权力机关制定的同宪法、法律和行政法规相抵触的地方性法规和决议；

（九）在全国人民代表大会闭会期间，根据国务院总理的提名，决定部长、委员会主任、审计长、秘书长的人选；

（十）在全国人民代表大会闭会期间，根据中央军事委员会主席的提名，决定中央军事委员会其他组成人员的人选；

（十一）根据国家监察委员会主任的提请，任免国家监察委员会副主任、委员；

（十二）根据最高人民法院院长的提请，任免最高人民法院副院长、审判员、审判委员会委员和军事法院院长；

（十三）根据最高人民检察院检察长的提请，任免最高人民检察院副检察长、检察员、检察委员会委员和军事检察院检察长，并且批准省、自治区、直辖市的人民检察院检察长的任免；

（十四）决定驻外全权代表的任免；

（十五）决定同外国缔结的条约和重要协定的批准和废除；

（十六）规定军人和外交人员的衔级制度和其他专门衔级制度；

（十七）规定和决定授予国家的勋章和荣誉称号；

（十八）决定特赦；

（十九）在全国人民代表大会闭会期间，如果遇到国家遭受武装侵犯或者必须履行国际间共同防止侵略的条约的情况，决定战争状态的宣布；

（二十）决定全国总动员或者局部动员；

（二十一）决定全国或者个别省、自治区、直辖市进入紧急状态；

（二十二）全国人民代表大会授予的其他职权。

第八十九条 国务院行使下列职权：

（一）根据宪法和法律，规定行政措施，制定行政法规，发布决定和命令；

（二）向全国人民代表大会或者全国人民代表大会常务委员会提出议案；

（三）规定各部和各委员会的任务和职责，统一领导各部和各委员会的工作，并且领导不属于各部和各委员会的全国性的行政工作；

（四）统一领导全国地方各级国家行政机关的工作，规定中央和省、自治区、直辖市的国家行政机关的职权的具体划分；

（五）编制和执行国民经济和社会发展计划和国家预算；

（六）领导和管理经济工作和城乡建设、生态文明建设；

（七）领导和管理教育、科学、文化、卫生、体育和计划生育工作；

（八）领导和管理民政、公安、司法行政等工作；

（九）管理对外事务，同外国缔结条约和协定；

（十）领导和管理国防建设事业；

（十一）领导和管理民族事务，保障少数民族的平等权利和民族自治地方的自治权利；

（十二）保护华侨的正当的权利和利益，保护归侨和侨眷的合法的权利和利益；

（十三）改变或者撤销各部、各委员会发布的不适当的命令、指示和规章；

（十四）改变或者撤销地方各级国家行政机关的不适当的决定和命令；

（十五）批准省、自治区、直辖市的区域划分，批准自治州、县、自治县、市的建置和区域划分；

（十六）依照法律规定决定省、自治区、直辖市的范围内部分地区进入紧急状态；

（十七）审定行政机构的编制，依照法律规定任免、培训、考核和奖惩行政人员；

（十八）全国人民代表大会和全国人民代表大会常务委员会授予的其他职权。

第九十九条 地方各级人民代表大会在本行政区域内，保证宪法、法律、行政法规的遵守和执行；依照法律规定的权限，通过和发布决议，审查和决定地方的经济建设、文化建设和公共事业建设的计划。

县级以上的地方各级人民代表大会审查和批准本行政区域内的国民经济和社会发展计划、预算以及它们的执行情况的报告；有权改变或者撤销本级人民代表大会常务委员会不适当的决定。

民族乡的人民代表大会可以依照法律规定的权限采取适合民族特点的具体措施。

第一百条 省、直辖市的人民代表大会和它们的常务委员会，在不同宪法、法律、行政法规相抵触的前提下，可以制定地方性法规，报全国人民代表大会常务委员会备案。

设区的市的人民代表大会和它们的常务委员会，在不同宪法、法律、行政法规和本省、自治区的地方性法规相抵触的前提下，可以依照法律规定制定地方性法规，报本省、自治区人民代表大会常务委员会批准后施行。

第一百零七条 县级以上地方各级人民政府依照法律规定的权限，管理本行政区域内的经济、教育、科学、文化、卫生、体育事业、城乡建设事业和财政、民政、公安、民族事务、司法行政、计划生育等行政工作，发布决定和命令，任免、培训、考核和奖惩行政工作人员。

乡、民族乡、镇的人民政府执行本级人民代表大会的决议和上级国家行政机关的决定和命令，管理本行政区域内的行政工作。

省、直辖市的人民政府决定乡、民族乡、镇的建置和区域划分。

第一百零九条 县级以上的地方各级人民政府设立审计机关。地方各级审计机关依照法律规定独立行使审计监督权，对本级人民政府和上一级审计机关负责。

第一百一十六条 民族自治地方的人民代表大会有权依照当地民族的政治、经济和文化的特点，制定自治条例和单行条例。自治区的自治条例和单行条例，报全国人民代表大会常务委员会批准后生效。自治州、自治县的自治条例和单行条例，报省或者自治区的人民代表大会常务委员会批准后生效，并报全国人民代表大会常务委员会备案。

第一百一十七条 民族自治地方的自治机关有管理地方财政的自治权。凡是依照国家财政体制属于民族自治地方的财政收入，都应当由民族自治地方的自治机关自主地安排使用。

第一百一十八条 民族自治地方的自治机关在国家计划的指导下，自主地安排和管理地方性的经济建设事业。

国家在民族自治地方开发资源、建设企业的时候，应当照顾民族自治地方的利益。

第一百一十九条 民族自治地方的自治机关自主地管理本地方的教育、科学、文化、卫生、体育事业，保护和整理民族的文化遗产，发展和繁荣民族文化。

附录二：公共财政领域宪法性法律情况[1]

《中华人民共和国全国人民代表大会组织法》

（1982年12月10日第五届全国人民代表大会第五次会议通过　1982年12月10日全国人民代表大会公告公布施行　根据2021年3月11日第十三届全国人民代表大会第四次会议《关于修改〈中华人民共和国全国人民代表大会组织法〉的决定》修正）

《中华人民共和国全国人民代表大会议事规则》

（1989年4月4日第七届全国人民代表大会第二次会议通过　根据2021年3月11日第十三届全国人民代表大会第四次会议《关于修改〈中华人民共和国全国人民代表大会议事规则〉的决定》修正）

《中华人民共和国地方各级人民代表大会和地方各级人民政府组织法》

（1979年7月1日第五届全国人民代表大会第二次会议通过　1979年7月4日公布　自1980年1月1日起施行　根据1982年12月10日第五届全国人民代表大会第五次会议《关于修改〈中华人民共和国地方各级人民代表大会和地方各级人民政府组织法〉的若干规定的决议》第一次修正　根据1986年12月2日第六届全国人民代表大会常务委员会第十八次会议《关于修改〈中华人民共和国地方各级人民代表大会和地方各级人民政府组织法〉的决定》第二次修正　根据1995年2月28日第八届全国人民代表大会常务

[1] 此处除列明公共财政领域全国人大及常委会制定修改的宪法性法律外，同时还将全国人大常委会通过的关于加强经济工作监督、中央预算审查监督和国有资产管理情况监督的三个决定列入，特此说明。

委员会第十二次会议《关于修改〈中华人民共和国地方各级人民代表大会和地方各级人民政府组织法〉的决定》第三次修正　根据2004年10月27日第十届全国人民代表大会常务委员会第十二次会议《关于修改〈中华人民共和国地方各级人民代表大会和地方各级人民政府组织法〉的决定》第四次修正　根据2015年8月29日第十二届全国人民代表大会常务委员会第十六次会议《关于修改〈中华人民共和国地方各级人民代表大会和地方各级人民政府组织法〉、〈中华人民共和国全国人民代表大会和地方各级人民代表大会选举法〉、〈中华人民共和国全国人民代表大会和地方各级人民代表大会代表法〉的决定》第五次修正　根据2022年3月11日第十三届全国人民代表大会第五次会议《关于修改〈中华人民共和国地方各级人民代表大会和地方各级人民政府组织法〉的决定》第六次修正)

《中华人民共和国预算法》

(1994年3月22日第八届全国人民代表大会第二次会议通过　根据2014年8月31日第十二届全国人民代表大会常务委员会第十次会议《关于修改〈中华人民共和国预算法〉的决定》第一次修正　根据2018年12月29日第十三届全国人民代表大会常务委员会第七次会议《关于修改〈中华人民共和国产品质量法〉等五部法律的决定》第二次修正)

《中华人民共和国审计法》

(1994年8月31日第八届全国人民代表大会常务委员会第九次会议通过　根据2006年2月28日第十届全国人民代表大会常务委员会第二十次会议《关于修改〈中华人民共和国审计法〉的决定》第一次修正　根据2021年10月23日第十三届全国人民代表大会常务委员会第三十一次会议《关于修改〈中华人民共和国审计法〉的决定》第二次修正)

《中华人民共和国立法法》

（2000 年 3 月 15 日第九届全国人民代表大会第三次会议通过　根据 2015 年 3 月 15 日第十二届全国人民代表大会第三次会议《关于修改〈中华人民共和国立法法〉的决定》第一次修正　根据 2023 年 3 月 13 日第十四届全国人民代表大会第一次会议《关于修改〈中华人民共和国立法法〉的决定》第二次修正）

《中华人民共和国各级人民代表大会常务委员会监督法》

（2006 年 8 月 27 日第十届全国人民代表大会常务委员会第二十三次会议通过）

《中华人民共和国全国人民代表大会常务委员会议事规则》

（1987 年 11 月 24 日第六届全国人民代表大会常务委员会第二十三次会议通过　根据 2009 年 4 月 24 日第十一届全国人民代表大会常务委员会第八次会议《关于修改〈中华人民共和国全国人民代表大会常务委员会议事规则〉的决定》第一次修正　根据 2022 年 6 月 24 日第十三届全国人民代表大会常务委员会第三十五次会议《关于修改〈中华人民共和国全国人民代表大会常务委员会议事规则〉的决定》第二次修正）

《全国人民代表大会常务委员会关于加强经济工作监督的决定》

（2000 年 3 月 1 日第九届全国人民代表大会常务委员会第十四次会议通过　2021 年 12 月 24 日第十三届全国人民代表大会常务委员会第三十二次会议修订）

《全国人民代表大会常务委员会关于加强中央预算审查监督的决定》

（1999 年 12 月 25 日第九届全国人民代表大会常务委员会第十三次会

议通过　2021年4月29日第十三届全国人民代表大会常务委员会第二十八次会议修订）

《全国人民代表大会常务委员会关于加强国有资产管理情况监督的决定》

（2020年12月26日第十三届全国人民代表大会常务委员会第二十四次会议通过）

参考文献

一、中文著作

[1]全国人大常委会法制工作委员会宪法室编:《中华人民共和国修宪制宪重要文献选编》,中国民主法制出版社 2021 年版。

[2]全国人大常委会法制工作委员会国家法室编著:《中华人民共和国立法法释义》,法律出版社 2015 年版。

[3]全国人大常委会法制工作委员会、全国人大常委会预算工作委员会、财政部编:《中华人民共和国预算法释义》,中国财政经济出版社 2015 年版。

[4]全国人大常委会预算工作委员会预决算审查室编:《历届全国人民代表大会及其常务委员会审查通过的预算决算文件集(第一届—第九届)》,中国财政经济出版社 2002 年版。

[5]全国人大常委会预算工作委员会办公室编:《预算审查监督》,中国民主法制出版社 2000 年版。

[6]全国人大常委会预算工作委员会调研室编:《国外预算管理考察报告》,中国民主法制出版社 2005 年版。

[7]彭真:《论新时期的社会主义民主与法制建设》,中央文献出版社1989年版。

[8]《胡乔木文集》(第2卷),人民出版社2012年版。

[9]《张友渔文选》,法律出版社1997年版。

[10]肖蔚云:《我国现行宪法的诞生》,北京大学出版社1986年版。

[11]许崇德:《中华人民共和国宪法史》,福建人民出版社2003年版。

[12]韩大元:《1954年宪法制定过程》,法律出版社2022年版。

[13]蔡定剑:《宪法精解》,法律出版社2006年版。

[14]蔡定剑:《中国人民代表大会制度》,法律出版社2003年版。

[15]许安标、刘松山:《中华人民共和国宪法通释》,中国法制出版社2004年版。

[16]林尚立:《当代中国政治形态研究》,天津人民出版社2000年版。

[17]林尚立:《国内政府间关系》,浙江人民出版社1998年版。

[18]马骏、侯一麟、林尚立主编:《国家治理与公共预算》,中国财政经济出版社2007年版。

[19]潘伟杰:《宪法的理念与制度》,上海人民出版社2004年版。

[20]潘伟杰:《现代政治的宪法基础》,华东师范大学出版社2001年版。

[21]潘伟杰:《法治与现代国家的成长》,法律出版社2009年版。

[22]潘伟杰:《当代中国立法制度研究》,上海人民出版社2013年版。

[23]潘伟杰:《革命后现代国家法律体系构建研究》,复旦大学出版社2015年版。

[24]马骏:《中国公共预算改革:理性化与民主化》,中央编译出版社2005年版。

[25]朱春奎、侯一麟、马骏主编:《公共财政与政府改革》,上海人民出版社2008年版。

[26]马骏:《治国与理财:公共预算与国家建设》,生活·读书·新知三

联书店 2011 年版。

[27]马骏、谭君久、王浦劬主编:《走向“预算国家”:治理、民主和改革》,中央编译出版社 2011 年版。

[28]时和兴:《关系、限度、制度:政治发展过程中的国家与社会》,北京大学出版社 1996 年版。

[29]蔡定剑:《国家监督制度》,中国法制出版社 1991 年版。

[30]何俊志:《作为一种政府形式的中国人大制度》,上海人民出版社 2013 年版。

[31]刘剑文主编:《民主视野下的财政法治》,北京大学出版社 2006 年版。

[32]刘剑文、熊伟:《税法基础理论》,北京大学出版社 2004 年版。

[33]熊伟主编:《政府间财政关系的法律调整》,法律出版社 2010 年版。

[34]熊伟:《财政法基本问题》,北京大学出版社 2012 年版。

[35]周刚志:《财政分权的宪政原理:政府间财政关系之宪法比较研究》,法律出版社 2010 年版。

[36]周刚志:《论公共财政与宪政国家——作为财政宪法学的一种理论前言》,北京大学出版社 2005 年版。

[37]周刚志:《财政转型的宪法原理》,中国人民大学出版社 2014 年版。

[38]刘守刚:《国家成长的财政逻辑:近现代中国财政转型与政治发展》,天津人民出版社 2009 年版。

[39]张献勇主编:《财政立宪与预算法变革:第二届中国财税法前沿问题高端论坛论文集》,知识产权出版社 2013 年版。

[40]王世涛:《财政宪法学研究》,法律出版社 2012 年版。

[41]朱孔武:《财政立宪主义研究》,法律出版社 2006 年版。

[42]崔巍:《财政宪法的民生导向研究》,世界图书出版西安有限公司 2013 年版。

[43]赖勤学:《转型与立序:公共财政与宪政转轨》,知识产权出版社2007年版。

[44]焦建国:《英国公共财政制度变迁分析》,经济科学出版社2009年版。

[45]刘畅:《美国财政史》,社会科学文献出版社2013年版。

[46]张亲培:《公共财政的政治学分析》,吉林人民出版社2004年版。

[47]徐向华:《中国立法关系论》,浙江人民出版社1999年版。

[48]王淑杰:《政府预算的立法监督模式研究》,中国财政经济出版社2008年版。

[49]孙凤仪:《公民社会与公共财政——良政与善治的政治经济学分析》,知识产权出版社2014年版。

[50]李武好等:《公共财政框架中的财政监督》,经济科学出版社2002年版。

[51]蒋洪等:《公共财政决策与监督制度研究》,中国财政经济出版社2008年版。

[52]甘超英主编:《作为制度根源的财产权——中德比较》,北京大学出版社2014年版。

[53]何真、唐清利:《财产权与宪法的演进》,山东人民出版社2006年版。

[54]张晏:《分权体制下的财政政策与经济增长》,上海人民出版社2005年版。

[55]梅夏英:《财产权构造的基础分析》,人民法院出版社2002年版。

[56]王绍光:《分权的底限》,中国计划出版社1997年版。

[57]王绍光:《美国进步时代的启示》,中国财政经济出版社2002年版。

[58]王绍光:《安邦之道:国家转型的目标与途径》,生活·读书·新知三联书店2007年版。

[59]吴敬琏:《当代中国经济改革》,上海远东出版社 2004 年版。

[60]贾康、阎坤:《转轨中的财政制度变革》,上海远东出版社 1999 年版。

[61]贾康、苏明:《部门预算编制问题研究》,经济科学出版社 2004 年版。

[62]楼继伟主编:《新中国 50 年财政统计》,经济科学出版社 2000 年版。

[63]楼继伟:《中国政府预算:制度、管理与案例》,中国财政经济出版社 2002 年版。

[64]财政部办公厅编:《中华人民共和国财政史料》,中国财政经济出版社 1983 年版。

[65]国家统计局编:《中国统计年鉴》,中国统计出版社 1994 年版。

[66]赵梦涵:《新中国财政税收史论纲(1927—2001)》,经济科学出版社 2002 年版。

[67]陈光焱等编:《中国财政通史》,湖南人民出版社 2013 年版。

[68]高培勇、张斌、王宁:《中国公共财政建设指标体系研究》,社会科学文献出版社 2012 年版。

[69]杨小凯、张永生:《新兴古典经济学和超边际分析》,中国人民大学出版社 2000 年版。

[70]何帆:《为市场经济立宪——当代中国的财政问题》,今日中国出版社 1998 年版。

[71]马寅初:《财政学与中国财政:理论与现实》,商务印书馆 2005 年版。

[72]张馨等:《当代财政与财政学主流》,东北财经大学出版社 2000 年版。

[73]周飞舟、谭明智:《当代中国的中央地方关系》,中国社会科学出版

社 2014 年版。

[74]吴国刚、郑永:《论中央—地方关系:中国制度转型中的一个轴心问题》,牛津大学出版社 1995 年版。

[75]陈硕:《中国央地关系历史演进及未来》,复旦大学出版社 2020 年版。

[76]胡书东:《经济发展中的中央与地方关系——中国财政制度变迁研究》,上海人民出版社、上海三联书店 2001 年版。

[77]吕炜主编:《中国新一轮财税体制改革》,东北财经大学出版社 2013 年版。

[78]李萍、刘尚希主编:《部门预算改革理论与实践》,中国财政经济出版社 2003 年版。

[79]梁朋:《中国新一轮财税体制改革:目标与路径》,经济科学出版社 2004 年版。

[80]冯俏彬:《私人产权与公共财政》,中国财政经济出版社 2005 年版。

[81]乔宝云、刘乐峥主编:《公共财政研究报告:中国政府间财政关系与财政风险分担职能》,中国财政经济出版社 2013 年版。

[82]齐守印等:《构建现代公共财政体系:基本框架、主要任务与实现路径》,中国财政经济出版社 2012 年版。

[83]牛美丽、马蔡琛主编:《构建中国公共预算法律框架》,中央编译出版社 2012 年版。

[84]高培勇主编:《世界主要国家财税体制:比较与借鉴》,中国财政经济出版社 2010 年版。

[85]胡鞍钢、王绍光编:《政府与市场》,中国计划出版社 2000 年版。

[86]胡鞍钢:《中国政治经济史论(1949—1976)》,清华大学出版社 2007 年版。

[87]杨雪冬:《市场发育、社会成长和公共权力构建》,河南人民出版社

2002 年版。

[88]陈毅:《责任政府的建设:理性化构建与民主化善治》,北京大学出版社 2012 年版。

[89]蒋劲松:《责任政府新论》,社会科学文献出版社 2005 年版。

[90]陈国权:《责任政府:从权力本位到责任本位》,浙江大学出版社 2009 年版。

[91]李晓新:《中国经济制度变迁的宪法基础》,安徽大学出版社 2011 年版。

[92]桂宇石主编:《中国宪法经济制度》,武汉大学出版社 2005 年版。

[93]谭波:《央地财权、事权匹配的宪法保障机制研究》,社会科学文献出版社 2018 年版。

[94]吴越:《经济宪法学导论——转型中国经济权利与权力之博弈》,法律出版社 2007 年版。

[95]刘丽:《税权的宪法控制》,法律出版社 2006 年版。

[96]张学博:《中国税收立法四十年——历史法学视野中的中国税收立法实证研究》,人民出版社 2018 年版。

[97]任喜荣、鲁鹏宇:《预算权的宪法规制研究》,吉林大学出版社 2019 年版。

[98]邓树雄:《香港公共财政问题研究》,广角镜出版社有限公司 1988 年版。

[99]《现代国家与宪法——李鸿禧教授六秩华诞祝贺论文集》,台北,月旦出版社股份有限公司 1997 年版。

[100]苏永钦主编:《部门宪法》,台北,元照出版公司 2006 年版。

[101]钱端升等:《民国政制史》,上海人民出版社 2008 年版。

[102]葛克昌:《国家学与国家法——社会国、租税国与法治国的理念》,台北,月旦出版社股份有限公司 1997 年版。

[103]葛克昌:《税法基本问题:财政宪法篇》,北京大学出版社 2004 年版。

[104]黄俊杰:《财政宪法》,台北,翰芦图书出版有限公司 2005 年版。

[105]黄俊杰:《税捐正义》,北京大学出版社 2004 年版。

[106]蔡茂寅:《预算法之原理》,台北,元照出版公司 2008 年版。

[107]陈新民:《德国公法学基础理论》(下册),山东人民出版社 2001 年版。

[108]张君劢:《政制与法制》,清华大学出版社 2008 年版。

[109]张君劢:《宪政之道》,清华大学出版社 2006 年版。

[110]何廉、李锐:《财政学》,国立编译馆 1935 年版。

[111]吴贯因:《中国之预算与财务行政及监督》,上海建华书局 1932 年版。

[112]崔敬伯:《财税存稿选》,中国财政经济出版社 1987 年版。

[113]吴崇毅:《财政立法原理》,商务印书馆 1934 年版。

[114]曹国卿:《中国财政问题与立法》,正中书局 1947 年版。

[115]杨汝梅:《国民政府财政概论》,中华书局 1938 年版。

二、中文译著

[1][英]戴雪:《英宪精义》,雷宾南译,中国法制出版社 2001 年版。

[2][英]洛克:《政府论》(下篇),叶启芳,瞿菊农译,商务印书馆 1964 年版。

[3][英]霍布斯:《利维坦》,黎思复等译,商务印书馆 1985 年版。

[4][英]亚当·斯密:《国富论》,郭大力、王亚南译,上海三联书店 2009 年版。

[5][法]孟德斯鸠:《论法的精神》(上),张雁深译,商务印书馆 1961 年版。

[6][德]马克斯·韦伯:《论经济与社会中的法律》,张乃根译,中国大百科全书出版社 1998 年版。

[7][英]詹宁斯:《法与宪法》,龚祥瑞、侯健译,生活·读书·新知三联书店 1997 年版。

[8][美]汉密尔顿、[美]杰伊、[美]麦迪逊:《联邦党人文集》,程逢如等译,商务印书馆 1980 年版。

[9][英]梅因:《古代法》,沈景一译,商务印书馆 1997 年版。

[10][英]迈克尔·曼:《社会权力的来源》(第 1 卷),刘北成、李少军译,上海人民出版社 2002 年版。

[11][日]杉原泰雄:《宪法的历史——比较宪法学新论》,吕昶、渠涛译,社会科学文献出版社 2000 年版。

[12][法]让-马克·夸克:《合法性与政治》,佟心平、王远飞译,中央编译出版社 2002 年版。

[13][美]凯斯·R. 孙斯坦:《设计民主:论宪法的作用》,金朝武、刘会春译,法律出版社 2006 年版。

[14][澳]杰佛瑞·布伦南、[美]詹姆斯·M. 布坎南:《宪政经济学》,冯克利等译,中国社会科学出版社 2004 年版。

[15][美]詹姆斯·M. 布坎南:《民主财政论:财政制度和个人选择》,穆怀朋译,商务印书馆 1993 年版。

[16][美]布坎南:《自由、市场与国家》,平新乔、莫扶民译,三联书店上海分店 1989 年版。

[17][美]詹姆斯·M. 布坎南:《财产与自由》,韩旭译,中国社会科学出版社 2002 年版。

[18][美]詹姆斯·M. 布坎南、[美]里查德·A. 马斯格雷夫:《公共财政与公共选择——两种截然对立的国家观》,类承曜译,中国财政经济出版社 2000 年版。

[19][美]布坎南、[美]瓦格纳:《赤字中的民主:凯恩斯勋爵的政治遗产》,刘廷安、罗光译,北京经济学院出版社 1988 年版。

[20][美]布坎南:《公共财政》,赵锡军等译,中国财政经济出版社 1991 年版。

[21][美]休·赫克罗、[美]艾伦·威尔达夫斯基:《公共资金的私人政府:英国政治中的共同体和政策》,李颖、褚彩霞译,格致出版社、上海人民出版社 2011 年版。

[22][美]阿伦·威尔达夫斯基著、[美]布莱登·斯瓦德洛编:《预算与治理》,苟燕楠译,上海财经大学出版社 2010 年版。

[23][美]阿伦·威尔达夫斯基、[美]内奥米·凯顿:《预算过程中的新政治学》,邓淑英、魏陆译,上海财经大学出版社 2006 年版。

[24][美]理查德·派普斯:《财产论》,蒋琳琦译,经济科学出版社 2003 年版。

[25][美]菲利浦·T. 霍夫曼、[美]凯瑟琳·诺伯格编:《财政危机、自由和代议制政府(1450—1789)》,储建国译,格致出版社、上海人民出版社 2008 年版。

[26][美]艾伦·希克:《联邦预算:政治、政策、过程》,苟燕楠译,中国财政经济出版社 2011 年版。

[27][美]大卫·N. 海曼、张进昌:《财政学:理论在当代美国和中国的实践应用》,北京大学出版社 2011 年版。

[28][美]华莱士·E. 奥茨:《财政联邦主义》,陆符嘉译,译林出版社 2012 年版。

[29][美]赫伯特·斯坦:《美国的财政革命:应对现实的策略》,苟燕楠译,上海财经大学出版社 2010 年版。

[30][美]玛格利特·利瓦伊:《统治与岁入》,周军华译,格致出版社、上海人民出版社 2010 年版。

[31][美]爱伦·S.鲁宾:《阶级、税收和权力——美国的城市预算》,林琳、郭韵译,格致出版社、上海人民出版社 2011 年版。

[32][美]艾伯特·海德:《政府预算:理论、过程和政治》,北京大学出版社 2007 年版。

[33][美]道格拉斯·C.诺斯:《经济史上的结构和变革》,厉以平译,商务印书馆 1992 年版。

[34][美]道格拉斯·C.诺斯:《制度、制度变迁与经济绩效》,刘守英译,上海三联书店 1994 年版。

[35][苏联]迈博罗达:《当代资本主义:所有制、管理和权力》,周恒云、张佩贤译,江苏人民出版社 1984 年版。

[36][美]路易斯·亨金、[美]阿尔伯特·J.罗森塔尔编:《宪政与权利——美国宪法的域外影响》,郑戈等译,生活·读书·新知三联书店 1996 年版。

[37][日]芦部信喜:《宪法》,林来梵等译,北京大学出版社 2006 年版。

[38][美]史蒂芬·霍尔姆斯、[美]凯斯·R.桑斯坦:《权利的成本——为什么自由依赖于税》,毕竞悦译,北京大学出版社 2004 年版。

[39][美]乔纳森·卡恩:《预算民主——美国的国家建设和公民权(1890—1928)》,叶娟丽等译,格致出版社、上海人民出版社 2008 年版。

[40][德]Franz-Xaver Kaufmann:《德国福利国家的挑战》,施世骏译,台北,五南图书出版股份有限公司 2002 年版。

[41][德]Peter Badura、[德]Horst Dreier 主编,苏永钦等译注:《德国联邦宪法法院五十周年纪念论文集(下册)》,台北,联经出版事业股份有限公司 2010 年版。

[42][英]安东尼·B.阿特金森、[美]约瑟夫·E.斯蒂格里茨:《公共经济学》,蔡江南等译,上海三联书店、上海人民出版社 1994 年版。

[43][日]井手文雄:《日本现代财政学》,陈秉良译,中国财政经济出版

社1990年版。

[44][美]比尔特:《美国宪法的经济观》,何希齐译,商务印书馆1949年版。

[45][以]阿耶·L.希尔曼:《公共财政与公共政策:政府的责任与局限》,王国华译,中国社会科学出版社2006年版。

[46][美]弗朗西斯·福山:《国家构建:21世纪的国家治理与世界秩序》,黄胜强、许铭原译,中国社会科学出版社2007年版。

[47][美]麦蒂亚·克莱默:《联邦预算:美国政府如何花钱》,上海金融与法律研究院译,生活·读书·新知三联书店2013年版。

[48][美]孙哲:《全国人大制度研究(1979—2000)》,何俊志、赵可今译,法律出版社2004年版。

三、中文论文

[1]武增:《2015年〈立法法〉修改背景和主要内容解读》,载《中国法律评论》2015年第1期。

[2]武增:《以习近平法治思想为指导　充分发挥宪法在国家治理现代化中的重要作用》,载《中国法律评论》2022年第5期。

[3]马骏、侯一麟:《中国省级预算中的政策过程与预算过程:来自两省的调查》,载《经济社会体制比较》2005年第5期。

[4]马骏:《中国预算改革的政治学:成就与困惑》,载《中山大学学报(社会科学版)》2007年第3期。

[5]林尚立:《行动者与制度效度:以文本结构为中介的分析——以全国人大预算审查为研究对象》,载《经济社会体制比较》2006年第5期。

[6]林尚立:《民主集中制的财政基础——对中国国家建设的一种分析》,载《社会科学》2006年第11期。

[7]王绍光:《从税收国家到预算国家》,载《读书》2007年第10期。

[8]王绍光:《中国财政转移支付的政治逻辑》,载《战略与管理》2002年第3期。

[9]刘剑文:《中国财政转移支付立法探讨》,载《法学杂志》2005年第5期。

[10]刘剑文:《关于我国税收立宪的建议》,载《法学杂志》2004年第1期。

[11]周刚志:《论"财政国家"的宪法类型及其中国模式》,载《法学评论》2012年第1期。

[12]周刚志:《论"公共财政"的宪法内涵——基于宪法释义学的理论视角》,载《学术研究》2009年第7期。

[13]周刚志:《财政宪法学初论》,载《厦门大学学报(哲学社会科学版)》2005年第2期。

[14]周刚志:《财政宪法释义学之理论构建——部门宪法释义学的研究路径初探》,载《税务研究》2008年第10期。

[15]欧树军:《"看得见的宪政":理解中国宪法的财政权力配置视角》,载《中外法学》2012年第5期。

[16]张守文:《财政危机中的宪政问题》,载《法学》2003年第9期。

[17]李龙、朱孔武:《财政立宪主义:我国宪法时刻的理论基础》,载《法学杂志》2004年第3期。

[18]王世涛:《公共财政的核心价值:财政权的控制与财产权的保障》,载《法治论坛》2008年第3期。

[19]苗连营、程雪阳:《分税制、地方公债与央地财政关系的深化改革——基于立宪主义的视角》,载《河南省政法管理干部学院学报》2009年第4期。

[20]周波:《我国政府间事权财权划分的方式演进、面临问题及对策建议》,载《改革》2008年第3期。

[21]寇铁军、周波:《我国政府间事权财权划分的法治化选择》,载《财经问题研究》2008 年第 5 期。

[22]陈新民:《中央与地方法律关系的重建——检讨中国宪法中央与地方权限划分之制度》,“中央与地方关系的法治化”国际学术研讨会论文,2007 年 1 月于北京。

[23]魏陆:《人大预算监督:从形式向实质的艰难转变》,第二届“中国公共预算”研究全国学术研讨会论文,2008 年 10 月于长沙。

[24]陈立齐、马蔡琛:《美国联邦预算法律的演进》,“国家治理与公共预算”国际学术研讨会论文,2006 年 5 月于广州。

[25]吕忠梅、赵立新:《税法的宪政之维》,载刘剑文主编:《财税法论丛》第 5 卷,法律出版社 2004 年版。

[26]王怡:《立宪政体中的赋税问题》,载《法学研究》2004 年第 5 期。

[27]崔敬伯:《制宪与财政监督》,载《大公报》1933 年 5 月 26 日。

[28]崔敬伯:《宪法与预算》,载《大公报》1934 年 3 月 14 日。

[29]贾康:《我国财政体制改革的回顾与评析》,载《财经科学》1999 年第 5 期。

[30]韩大元:《以解决中国宪法问题为学术使命》,载《法制资讯》2012 年第 9 期。

[31]李炜光:《公共财政的宪政思维》,载《战略与管理》2002 年第 3 期。

[32]王绍光、马骏:《走向“预算国家”——财政转型与国家建设》,载《公共行政评论》2008 年第 1 期。

[33]彭健:《中国政府预算制度的演进(1949—2006 年)》,载《中国经济史研究》2008 年第 3 期。

[34]贾康:《关于财政理论发展源流的概要回顾及我的“公共财政观”》,载《经济学动态》2008 年第 4 期。

[35]廖钦福:《两岸财政宪法的对话》,载《月旦财经法学杂志》2006 年

第7期。

[36]张翔:《财产权的社会义务》,载《中国社会科学》2012年第9期。

[37]黄中林、刘耀彬:《论公共财政权的法律性质——对〈宪法〉第12条第1款的一种解释》,载《行政与法》2011年第1期。

[38]林来梵:《论私人财产权的宪法保障》,载《法学》1999年第3期。

[39]杨海坤、金亮新:《公私法视野中的财产权分析》,载《法治研究》2007年第4期。

[40]房绍坤、王洪平:《从财产权保障视角论我国的宪法财产权条款》,载《法律科学(西北政法学院学报)》2011年第2期。

[41]林来梵:《针对国家享有的财产权——从比较法角度的一个考察》,载《法商研究》2003年第1期。

[42]刘剑文、王桦宇:《公共财产权的概念及其法治逻辑》,载《中国社会科学》2014年第8期。

[43]李炜光:《论公共财政的历史使命(上)》,载《财政研究》2002年第3期。

[44]刘守刚:《西方宪政发展中的税收动因探究》,载《华东政法学院学报》2003年第6期。

[45]王列:《关于现代国家职能的理论探讨》,载《经济社会体制比较》1994年第2期。

[46]高全喜:《财富、财产权与宪法》,载《法制与社会发展》2011年第5期。

[47]欧爱民:《财产权的入宪路径与民主检验》,载《河北法学》2008年第2期。

[48]熊伟:《宪政与中国财政转型》,载《法学家》2004年第5期。

[49]王桦宇:《公共财产权及其规制研究——以宪法语境下的分配正义为中心》,载《上海政法学院学报(法治论丛)》2013年第5期。

[50]汪进元、高新平:《财产权的构成、限制及其合宪性》,载《上海财经大学学报》2011 年第 5 期。

[51]赵世义:《论财产权的宪法保障与制约》,载《法学评论》1999 年第 3 期。

[52]王利明:《试论物权法的平等保护原则》,载《河南省政法管理干部学院学报》2006 年第 3 期。

[53]张馨:《话说公共财政》,载《江西财税与会计》1999 年第 6 期。

四、外文文献

[1] James M. Buchanan & Richard E. Wagner, *Fiscal Responsibility in Constitutional Democracy*, Martinus Nijhoff, 1978.

[2] Christine Wong, *Central-Local Relations in an Era of Fiscal Decline: The Paradox of Fiscal Decentralization in Post-Mao China*, China Quarterly, 1991.

[3] Jin Hehui, Qian Yingyi & Barry R. Weingast, *Regional Decentralization and Fiscal Incentives: Federalism, Chinese Style*, Stanford University Working Paper, 1999.

[4] Chambers Ⅱ & John Whiteclay, *The Tyranny of Change: America in the Progressive Era* 1900-1917, St. Martin's Press, 1980.

[5] Bert Hofman, *China: Budgetary Policy and Intergovernmental Fiscal Relations*, World Bank, 1993.

[6] Brennan, Geoffrey & Buchanan, James, *The Power to Tax*, Cambridge University Press, 1980.

[7] Christine Wong, *Fiscal Reform and Local Industrialization: The Problematic Sequencing of Reform in Post-Mao China*, Modern China, 1992.

[8] Roy Bahl, *Comparative Federalism: Trends and Issues in the United*

States, China, and Russia, Macroeconomic Management and Fiscal Decentralization, 1995.

[9] Allen Schick, *The capacity to budget*, Urban Institute Press, 1990.

[10] Susan H. Whiting, *Central-Local Fiscal Relations in China*, the Proceedings of the International Conference on Intergovernmental Fiscal Relations in China, Conference on Centeral-Local Fiscal Relations in China, 2007.

[11] Roy Bahl, *Fiscal Policy in China: Taxation and intergovernmental Fiscal Relations*, 1990 Institute, 1999.

[12] Wang Shaoguang, *The Rise of the Regions: Fiscal Reform and the Decline of Central State Capacity in China*, The Waning of the Communist State: Economic Origins of Political Decline in China and Hungary, 1995.

后　记

财政是宪法的直接起源和主要动力之一，也是宪法规范的核心问题之一。在过往研究中，政治学、财税法学、财政学等学科对预算监督、税收法定等公共财政问题做了大量研究。然而在公法研究中，较为缺乏从宪法视角探讨宪法和公共财政制度的问题，是我国宪法研究中亟待补强的领域。《我国宪法中的公共财政问题研究》是在笔者博士论文基础上，结合自身参与的立法工作形成的个人思考。本书所要论证的核心命题是：如何通过宪法在文本规范与制度实践层面的配置构造，建立与中国国情相适应的公共财政宪法制度规范，实现国家财政治理体系与治理能力的现代化。总结本书的几点学术尝试和努力，一是明确提出宪法中的"公共财政权"这一中国宪法学上的新概念，初步论证引入"公共财政权"概念的可能性、必要性和重要性；二是通过历史考察，对世界各国在宪法文本中规范公共财政权制度运行的实践经验做了详尽的梳理分析，为我国宪法规范提供了有益的制度借鉴；三是深入阐释探讨我国宪法中关于税收、计划和预算、中央和地方关系规定的制度内涵，研究提出并通过大量实例论证了"宪法关于公共财政规定通过制度实践和立法规范进行发展变迁”的原创命题；四是立足我国国情实际，结合自身立法工作，研究提出完善我国公共财政宪法制度的现实路径。拙作出版之际，掩卷回首，时光荏苒，不曾想竟已经历了两个九年。

在本书即将完成之际，我首先要感恩复旦的九年。从2006年踏入复旦校门，我要感谢复旦所给我的一切，让一个18岁的自由而无用的灵魂可以随意地挥洒时间和精力，自由地徜徉在法学、政治学、历史学、经济学、文学的课堂、讲座和书本中。复旦的宽口径多学科的本科通识教育和严谨的研究生学业培养给我以无限的启迪和帮助，也最终在我走遍四个校区、吃遍八个食堂、泡过五个图书馆之后，引导我在博士学业阶段尝试从宪法学入手以更加全面的多学科视角，审视、思考、研究现代国家建设中的公共财政问题。这其中，我想感谢我的导师潘伟杰教授。从大一四教的第一次班会到江湾大草坪的语重心长，再到每次漫漫长夜谈话思索，潘老师的人生态度、家国情怀和胸怀现实的理想主义光芒都深刻地影响了我的人生道路和学术兴趣旨向。学生愚钝，天赋能力不及老师十一，但促使我在博士毕业后继续完成本书研究的最大动力就是希望向老师交上一份过期许久的学业答卷。此外，我还要感谢侯健教授、董茂云教授、刘志刚教授、韦森教授、王士如教授、苟艳楠教授、钟妮老师等在博士论文写作过程中给予我的指导与帮助，感谢0627、1027、1227的每一个小伙伴。特别是在敲下这篇后记的当天，我得知王蔚老师荣休的好消息，也希望能以此书向亦师亦母的王蔚老师献上我最炙热的感恩和祝福。本书完成时潘老师明确交代不给写序，初听一度错愕，后来才明白老师的良苦用心。在学校时老师就没有让学生替老师报销过一次发票、管理过一次邮箱、申请过一次课题，更没有就学生的论文选题提出任何干涉意见。复旦自由的氛围和老师高尚的人格力量让我对《宪法》第33条关于“中华人民共和国公民在法律面前一律平等”的规定有了更为深刻的认识和体悟，母校所教给我的“团结、服务、牺牲”的复旦精神还有待我在未来更长的人生道路上去践行、回馈。

写到这，一篇标准的博士论文致谢似可以完成大半，但本书还不行。如果说这本书的前半部分的理论建构、域外研究和历史梳理是得益于复旦的基础，但后半部分的宪法制度内涵和实践分析基本上是我来到法工委这所大学中重新完成的。在我敲下后记时方才发现，从 2015 年来到法工委，这项研究又已过了九个年头。这期间，我有幸先后在郑主任和武主任的带领下参与了宪法修改和全国人大组织法和议事规则、全国人大常委会议事规则、国务院组织法、地方组织法、立法法、选举法、监督法等一系列宪法性法律的制定修改工作，其中一个重要问题就涉及税收、计划、预算等公共财政问题的制度设计和立法表达，这也促使我在自己博士论文的基础上进一步深化了对于人民代表大会制度下的公共财政问题的思考和认识。特别是党的十九大提出“推进合宪性审查工作”以来，全国人大常委会法工委宪法室应运而生，在沈主任、武主任的悉心指导下，开展的宪法实施、宪法解释、合宪性审查等工作给我以全新的宪法研究视角和分析框架，进一步形成了从历史的观点、实践的观点、体系的观点、发展的观点、使命的观点去研究宪法关于公共财政的规定。在此，我想特别感谢雷建斌、童卫东、王曙光、田威、侯晓光、刘玉涛、陈国刚、蔡人俊等室领导和宪法室、国家法室的小伙伴们，如果说本书在宪法关于公共财政的制度内涵研究阐释中有些许理论和实践上的发展创新的话，我想都是在法工委这所大学校中所得到的来自领导同事们的智慧点拨和交流碰撞。

感谢法律出版社“青年法学学术著作出版基金资助项目”和李群、袁方、易明群等老师的策划选题，感谢王敬波老师、张翔老师和匿名评审专家们宝贵的指导和意见，特别感谢董昱老师细致认真的编辑核校，没有出版社老师们的辛苦付出，就没有本书的出版。

最后，我想感谢我的家人。从河南到上海再到北京，父母、妻子和儿子一路的支持和牵挂是我最大的信心、底气和幸福所在。法律工作有激情澎湃也有苦闷与压力，而家人的支持让我更加明白为之奋斗的意义。唯有为理想努力拼搏,才不枉这永远热泪盈眶的青春。

李老师听闻潘老师让我独立自主前行后深受触动,亲自决定拨冗动笔作跋以示支持。是以记。

In Fudan we trust,

In Law we trust,

In Love we trust.

谨以此书献给我的爷爷,愿您和奶奶在天堂快乐、安详。

闫 然

初稿于 2015 年 9 月 15 日在复旦文图

定稿于 2024 年 4 月 1 日在前门西大街一号

番外篇

今年三月，闫老师忽然问我，是否可以给他的博士论文写一篇序。

起因是闫老师原本邀请他的导师潘老师作序，未获同意。我试图对潘老师动之以情（道德绑架），我说，这样容易让别人觉得，导师已经抛弃了闫老师。没想到，潘老师反向对我晓之以理（理论压制），他说，作为一个现代社会的先锋女性，怎么能有这种一个人需要依附于另一个人的想法呢？我恍然大悟，深以为然。但闫老师执迷不悟，病急乱投医，觉得博士论文这么严肃宏大的事业，还是至少需要依附一个人。

当然我们都知道，让一名高中老师来写一本法学论文的序是很不合适的。从文体上来讲，“序”主要是介绍这本书的成书原因、背景，阐明著作的意义和价值，比如大家熟悉的选入高中课本的《兰亭集序》（王羲之）。这就需要作序人比较了解著作的领域。然而我和法学的关联并不大，唯一的交集就是，我和法学这一学科平分本书作者——一名早八到晚八的法学人，晚八到早八的家庭主夫。实际上，在有孩子以前，很多时候我和法学做不到平分，晚八到早八这个时间段的闫老师也常常被法学占用一部分,比如这本书的写作时间。最终我决定只写一篇番外,聊作分享,权当戏谑。

这本书是闫老师的博士论文,初稿在 2015 年完成。那时候我已经工作,我们在上海租了"一室户"的房子——就是不分客厅卧室,只有一间屋的房子。厕所里没有洗手池,每次方便完都要到厨房去洗手,好在厨房和厕所只有一步之遥,也没有很麻烦。最麻烦的是我每天早上要六点钟起床去搭一个小时的班车,而闫老师总是在夜幕降临之后灵感突发地敲击键盘。所以他在阳台的角落安置了(捡来的)书桌和书架,每天晚上拉起窗帘进行写作,本书的大部分内容都在那个逼仄的阳台里完成。

我第一次完整地知道闫老师的博士论文题目是来到北京以后,有一次,我的备课内容涉及新中国成立初期的法律,想要进行一个现成的咨询。闫老师闻讯兴冲冲地说,我给你拿一本权威著作吧,说着翻出了自己的博士论文……我只好大翻白眼,抖了抖封面的灰。仍然是复旦零号楼打印店出品的熟悉封面。

复旦是我和闫老师认识的地方,我们共同上过一门叫作《法理学》的课。这是法学院的专业课,据说课程最后要求背诵《立法法》全文。而我作为"非法"专业生,完全是为了得到一个通识课的学分,最后只记住了这部法律的名称。后来闫老师真的去做了立法工作,而且是宪法。他对宪法研究的痴迷程度超乎寻常,我刚刚怀孕的时候他曾说,如果是男孩就起名叫"闫立宪",不过由于我们已经按照当时的《婚姻法》"子女可以随父姓,可以随母姓"条款约定,女孩随母姓男孩随父姓,所以我在一开始就斩钉截铁地否决了"李立宪"这个女孩名。

是的,我们经常会在家讨论一些奇怪的问题,也常常出现分歧。作为一名基础教育工作者,我常觉得研究过于抽象的理论不如做些实际工作,但闫老师的想法是,有些东西只有在上位的概念上进行了确立,才能去推动实际的效果,这个过程很漫长,但很必要。

从这点上来讲,我认为闫老师很具备法学思维。我们教育界强调“学科思维”,即,你不能只掌握刷题技巧,而需要理解这个学科的整体运行逻辑,并能够应用。虽然闫老师一再叮嘱我,这是一本学术著作,不要在里面写什么你对法律的看法,不过我也对他进行了反向引导:立法是不是也应该考虑群众的需求?不然你们每次要修改法条的时候为什么要去调研呢?况且,闫老师最喜欢随时随地进行调研。打车的时候,他永远跟司机聊天,想了解司机对于一些社会事件的看法。这导致我每次在出租车上都需要憋笑。但话说回来,作为一个普通群众,我对法律的理解就是“实现公正的重要途径”。闫老师经常说,法律不是万能的,不要指望法律去解决一切社会问题。确实,面对很多观念上的东西,法律也很无力。法律规定了很多平等,而现实往往界限分明又藩篱丛生。于是有的人说形式平等没有意义,它不能改善什么实际的处境。但若没有形式平等,则我们永远不可能期待实质平等。没有一个地方可以声称,我们形式上不平等而实际上很平等,这种平等只能是谎言。这是侯健老师当年在《法理学》课上讲过的给我印象最深刻的一句话,如此看来我学的有限法学知识也不算全忘光了。

闫老师最喜欢说的一句话是,In law we trust, in love we trust. 在我看来,love 和 law 听起来是世界上最南辕北辙的两种东西。Love 是最高的情感需求,law 是最低的权利保障。但我仍然要说,即便是最高需求的 love,也需要最现实的 law 去托底,law 能给我们勇敢和坚定。

此番外献给这本博士论文,以声明我和法学对闫老师的共同所有权。

北京某高中教师　李亦辰

2024 年 4 月 7 日